Louise Michel

Ma Vie.

Mémoires de Louise Michel écrits par elle-même

© 2025, Louise Michel (domaine public)
Édition : BoD · Books on Demand, 31 avenue Saint-Rémy, 57600 Forbach, bod@bod.fr
Impression : Libri Plureos GmbH, Friedensallee 273, 22763 Hamburg (Allemagne)
ISBN : 978-2-8106-2989-3
Dépôt légal : Mai 2025

Mémoires de Louise Michel

Dédicace 3

Première partie — 5
I 7
II 11
III 19
IV 27
V 35
VI 41
VII 55
VIII 65
IX 77
X 87
XI 91
XII 101
XIII 115
XIV 127
XV 135
XVI 151
XVII 159

Deuxième partie — 165
I 167
II 179
III 185

IV	191
V	197
VI	205
VII	237
VIII	243
IX	257
X	265
XI	273
XII	293
XIII	301
XIV	311
XV	321
XVI	337

Appendice. Mes procès — **353**
Premier procès, la commune 357
Deuxième procès. Anniversairee de Blanqui 369
Troisième procès. Manifestation de l'esplanade des invalides 371

Dédicace

✱ ✱ ✱

MYRIAM !!!

Myriam ! leur nom à toutes deux :
Ma mère !
Mon amie !
Va, mon livre sur les tombes où elles dorment !
Que vite s'use ma vie pour que bientôt je dorme près d'elles !
Et maintenant, si par hasard mon activité produisait quelque bien, ne m'en sachez aucun gré, vous tous qui jugez par les faits : je m'étourdis, voilà tout.
Le grand ennui me tient. N'ayant rien à espérer ni rien à craindre, je me hâte vers le but, comme ceux qui jettent la coupe avec le reste de la lie.

Louise Michel.

Première partie

I

Souvent on m'a demandé d'écrire mes Mémoires ; mais toujours j'éprouvais à parler de moi une répugnance pareille à celle qu'on éprouverait à se déshabiller en public.

Aujourd'hui, malgré ce sentiment puéril et bizarre, je me résigne à réunir quelques souvenirs.

Je tâcherai qu'ils ne soient pas trop imprégnés de tristesse.

Marie Ferré, mon amie bien-aimée, avait rassemblé déjà des fragments ; que ces épaves portent son nom ; il est aussi celui de ma chère et bonne mère.

Mon existence se compose de deux parties bien distinctes : elles forment un contraste complet ; la première, toute de songe et d'étude ; la seconde, toute d'événements, comme si les aspirations de la période de calme avaient pris vie dans la période de lutte.

Je mêlerai le moins possible à ce récit les noms des personnes perdues de vue depuis longtemps, afin de ne pas leur causer la désagréable surprise d'être accusées de connivence avec les révolutionnaires.

Qui sait si certaines gens ne leur feraient point un crime de m'avoir connue et s'ils ne seraient pas traités d'anarchistes, sans savoir précisément ce que c'est ?

Ma vie est pleine de souvenirs poignants, je les raconterai souvent au hasard de l'impression ; si je prends pour ma pensée et ma plume le droit de vagabondage, on conviendra que je l'ai bien payé.

J'avoue qu'il y aura du sentiment ; nous autres femmes, nous n'avons pas la prétention d'arracher le cœur de nos poitrines, nous trouvons l'être humain — j'allais dire la bête humaine — assez incomplet comme cela ; nous préférons souffrir et vivre par le sentiment aussi bien que par l'intelligence.

S'il se glisse dans ces pages un peu d'amertume, il n'en tombera jamais de venin : — je hais le moule maudit dans lequel nous jettent les erreurs et les préjugés séculaires, mais je crois peu à la responsabilité. Ce n'est pas la faute de la race humaine si on la pétrit éternellement d'après un type si misérable et si, comme la bête, nous nous consumons dans la lutte pour l'existence.

Quand toutes les forces se tourneront contre les obstacles qui entravent l'humanité, elle passera à travers la tourmente.

Dans notre bataille incessante, l'être n'est pas et ne peut pas être libre.

Nous sommes sur le radeau de la *Méduse* ; encore veut-on laisser libre la sinistre épave à l'ancre au milieu des brisants. On agit en naufragés.

Quand donc, ô noir radeau ! coupera-t-on l'amarre en chantant la légende nouvelle ?

Je songeais à cela sur la *Virginie*, tandis que les matelots levaient l'ancre en chantant les *Bardits d'armor*.

Bac va lestr ce sobian hac ar mor cézobras !

Le rythme, le son multipliaient les forces ; le câble s'enroulait ; les hommes suaient ; de sourds craquements s'échappaient du navire et des poitrines.

Nous aussi, notre navire, pareil à celui du vieux bardit des mers, est petit et la mer est grande !

Mais nous savons la légende des pirates : Tourne ta proue au vent, disaient les rois des mers, toutes les côtes sont à nous !

Je me rappelle que j'écris mes Mémoires, il faut donc en venir à parler de moi : je le ferai hardiment et franchement pour tout ce qui me regarde personnellement en laissant à ceux qui m'ont élevée (dans la vieille ruine de Vroncourt,

Haute-Marne, où je suis née) cette ombre qu'ils aimaient.

Les conseils de guerre de 1871, en fouillant minutieusement jusqu'au fond de mon berceau, les ont respectés ; ce n'est pas moi qui troublerai le repos de leurs cendres.

La mousse a effacé leurs noms sur les dalles du cimetière ; le vieux château a été renversé ; mais je revois encore le nid de mon enfance et ceux qui m'ont élevée se penchant souvent sur moi, on les verra souvent aussi dans ce livre.

Hélas ! du souvenir des morts, de la pensée qui fuit, de l'heure qui passe, il ne reste rien !

Rien, que le devoir à remplir, et la vie à mener rudement afin qu'elle s'épuise plus vite.

Mais pourquoi s'attendrir sur soi-même, au milieu des générales douleurs ? pourquoi s'arrêter sur une goutte d'eau ? Regardons l'océan !

J'ai voulu que mes trois jugements accompagnassent mes Mémoires.

Pour nous, tout jugement est un abordage où flotte le pavillon ; qu'il couvre mon livre comme il a couvert ma vie, comme il flottera sur mon cercueil.

Je les extrais de la *Gazette des tribunaux* qu'on ne peut suspecter de nous être trop favorable.

(A part le second qui, étant en police correctionnelle seulement, n'a point été relaté.)

J'ajouterai pour la foule, la grande foule, mes amours, des observations que je n'ai pas cru devoir faire aux juges. On les trouvera ainsi que les jugements à la fin du volume.

II

Le nid de mon enfance avait quatre tours carrées, de la même hauteur que le corps de bâtiment, avec des toits en forme de clochers. — Le côté du sud, absolument sans fenêtres, et les meurtrières des tours lui donnaient un air de mausolée ou de forteresse, suivant le point de vue.

Autrefois, on l'appelait la Maison forte ; au temps où nous l'habitions je l'ai souvent entendu nommer le Tombeau.

Cette vaste ruine, où le vent soufflait comme dans un navire, avait, au levant, la côte des vignes et le village, dont il était séparé par une route de gazon large comme un pré.

Au bout de ce chemin qu'on appelait la *routote*, le ruisseau descendait l'unique rue du village. Il était gros l'hiver ; on y plaçait des pierres pour traverser.

A l'est, le rideau des peupliers où le vent murmurait si doux, et les montagnes bleues de Bourmont.

Lorsque je vis Sydney environné de sommets bleuâtres, j'y ai reconnu (avec un agrandissement) les crêtes de montagnes que domine le *Cona*.

A l'ouest, les côtes et le bois de Suzerin, d'où les loups, au temps des grandes neiges, entrant par les brèches du mur, venaient hurler dans la cour.

Les chiens leur répondaient, furieux, et ce concert durait jusqu'au matin : il allait bien à la ruine et j'aimais ces nuits-là.

Je les aimais surtout, quand la bise soufflait fort, et que nous lisions bien tard, la famille réunie dans la grande salle, la mise en scène de l'hiver et des hautes chambres froides. Le linceul blanc de la neige, les chœurs du vent, des loups, des chiens, eussent suffi pour me rendre un peu poète, lors même que nous ne l'eussions pas tous été dès le berceau ; c'était un héritage qui a sa légende.

Il faisait un froid glacial dans ces salles énormes ; nous nous groupions près du feu : mon grand-père dans son fauteuil, entre son lit et un tas de fusils de tous les âges ; il était vêtu d'une grande houppelande de flanelle blanche, chaussé de sabots garnis de *panoufles* en peau de mouton. — Sur ces sabots-là, j'étais souvent assise, me blottissant presque dans la cendre avec les chiens et les chats.

Il y avait une grande chienne d'Espagne, aux longs poils jaunes, et deux autres de la race des chiens de berger, répondant toutes trois au nom de *Presta* ; un chien noir et blanc qu'on appelait Médor, et une toute jeune, qu'on avait nommée la Biche en souvenir d'une vieille jument qui venait de mourir.

On avait pleuré la Biche ; mon grand-père et moi nous lui avions enveloppé la tête d'une nappe blanche pour que la terre n'y touchât pas, au fond du grand trou où elle fut enterrée près de l'acacia du bastion.

Les chattes s'appelaient toutes *Galta*, les tigrées et les rousses.

Les chats se nommaient tous Lion ou Raton ; il y en avait des légions.

Parfois, du bout de la pincette, mon grand-père leur montrait un charbon allumé ; alors toute la bande fuyait pour revenir l'instant d'après à l'assaut du foyer.

Autour de la table étaient ma mère, ma tante, mes grand'mères, l'une lisant tout haut, les autres tricotant ou cousant.

J'ai ici la corbeille dans laquelle ma mère mettait ses fils pour travailler.

Souvent, des amis venaient veiller avec nous ; quand Bertrand était là, ou le vieil instituteur d'Ozières, M. Laumond *le petit*, la veillée se prolongeait ; on voulait m'envoyer coucher pour achever des chapitres qu'on ne lisait pas complètement devant moi.

Dans ces occasions-là, tantôt je refusais obstinément (et presque toujours je gagnais mon procès), tantôt, pressée d'entendre ce qu'on voulait me cacher, je m'exécutais avec empressement, et je restais derrière la porte au lieu d'aller dans mon lit.

L'été, la ruine s'emplissait d'oiseaux, entrant par les fenêtres. Les hirondelles venaient reprendre leurs nids ; les moineaux frappaient aux vitres et des alouettes privées s'égosillaient bravement avec nous (se taisant quand on passait en mode mineur).

Les oiseaux n'étaient pas les seuls commensaux des chiens et des chats ; il y eut des perdrix, une tortue, un chevreuil, des sangliers, un loup, des chouettes, des chauves-souris, des nichées de lièvres orphelins, élevés à la cuillère, — toute une ménagerie, — sans oublier le poulain Zéphir et son aïeule Brouska dont on ne comptait plus l'âge, et qui entrait de plain-pied dans les salles pour prendre du pain ou du sucre dans les mains qui lui plaisaient, et montrer aux gens qui ne lui convenaient pas ses grandes dents jaunes, comme si elle leur eût ri au nez.

La vieille Biche avait une habitude assez drôle : si je tenais un bouquet, elle se l'offrait, et me passait sa langue sur le visage.

Et les vaches ? la grande Blanche *Bioné*, les deux jeunes *Bella* et *Néra*, avec qui j'allais *causer* dans l'étable, et qui me répondaient à leur manière en me regardant de leurs yeux rêveurs.

Toutes ces bêtes vivaient en bonne intelligence ; les chats couchés en rond suivaient négligemment du regard les oiseaux, les perdrix, les cailles trottinant à terre.

Derrière la tapisserie verte, toute trouée, qui couvrait les murs, circulaient des souris, avec de petits cris, rapides mais non effrayés ; jamais je ne vis un chat se déranger pour les troubler dans leurs pérégrinations.

Du reste les souris se conduisaient parfaitement, ne rongeant jamais les cahiers ni les livres, n'ayant jamais mis la dent aux violons, guitares, violoncelles qui traînaient partout.

Quelle paix dans cette demeure et dans ma vie à cette époque !

Je n'en valais pas mieux, il est vrai. Étudiant par rage, mais trouvant toujours le temps de faire des malices *aux vilaines gens*, je leur faisais une rude guerre ! Peut-être n'avais-je pas tort !

A chaque événement dans la famille, ma grand'mère en écrivait la relation sous forme de vers, dans deux recueils de gros papier cartonnés en rouge, que j'ai à sa mort enfermés dans un crêpe noir.

Le grand-père y avait ajouté quelques pages, et moi-même, encore enfant, j'osai y commencer une *Histoire universelle*, parce que celle de Bossuet (*A monseigneur le dauphin*) m'ennuyait et que mon cousin Jules avait remporté après les vacances l'histoire générale de son collège. Je compulsais comme je pouvais les faits principaux.

Voyant depuis longtemps la supériorité des cours adoptés dans les collèges sur ceux qui composent encore l'éducation des filles de province, j'ai eu bien des années après l'occasion de vérifier la différence d'intérêt et de résultat entre deux cours faits sur la même partie : l'un pour les *dames*, l'autre pour le sexe *fort* !

J'y allai en homme, et je pus me convaincre que je ne me trompais pas.

On nous débite un tas de niaiseries, appuyées de raisonnements de La Palisse, tandis qu'on essaye d'ingurgiter à nos seigneurs et maîtres des boulettes de science à leur crever le jabot. Hélas ! c'est encore une drôle d'instruction malgré cela, et ceux qui seront à notre place dans quelques centaines d'années feront joliment litière — même de celle des hommes.

Il devait se trouver de fameuses âneries dans mon travail ; j'avais consulté assez de livres infaillibles pour cela, mais on me donna quelques volumes de Voltaire et je plantai là mon œuvre inachevée avec le *grand poème* sur le Cona dont M. Laumont *le grand* avait cru me désenchanter en me racontant sur la montagne de Bourmont assez de légendes burlesques pour faire rire toutes les pierres de la Haute-Marne.

Jadis, là, dans un ermitage, vécut pendant longtemps un malandrin, saint homme pendant le jour, détrousseur de voyageurs pendant la nuit, à qui les braves gens du pays payaient en chère lie des prières pour les délivrer du *peut âbre* qui courait le bois et la plaine, sitôt le lever de la lune.

Et, sitôt aussi le lever de la lune, se retirait le saint homme dans la solitude, car le *peut âbre* c'était lui !

Ce qui m'empêcha de terminer le fameux poème du Cona c'est une dent de mammouth, dont ce même M. Laumont *le grand*, autrement dit le docteur Laumont, parlait avec enthousiasme. Je quittai la *poésie* pour établir, au sommet de la tour du nord, une logette pleine de tout ce qui pouvait passer pour des trouvailles géologiques. J'y joignis des squelettes tout modernes de chiens, de chats, des crânes de chevaux trouvés dans les champs, des creusets, un fourneau, un trépied, et le diable, s'il existait, saurait tout ce que j'ai essayé là : alchimie, astrologie, évocations ; toute la légende y passa, depuis Nicolas Flamel jusqu'à Faust.

J'y avais *mon luth*, un horrible instrument que j'avais fait moi-même avec une planchette de sapin et de vieilles cordes de guitare, — il est vrai que je le raccommodais avec des neuves.

C'est cet instrument barbare dont je parlais pompeusement à Victor Hugo, dans les vers que je lui adressais : — il n'a jamais su ce que c'était que ce *luth du poète*, cette *lyre*, dont je lui envoyais *les plus doux accords* !

J'avais dans ma tourelle une magnifique chouette aux yeux phosphorescents que j'appelais Olympe, et des chauves-souris délicieuses buvant du lait comme de petits chats, et pour lesquelles j'avais démonté les grilles du grand van, leur sécurité exigeant qu'elles fussent en cage pendant le jour.

Ma mère, moitié grondant, moitié riant, m'entendit pendant quelques jours chanter *sur mon luth* la *Grilla rapita*, qu'elle a depuis conservée avec de vieux papiers qui avaient porté le titre de *Chants de l'aube*. Voici cette chanson :

LA GRILLA RAPITA

Ah ! quelle horrible fille !
Elle a brisé la grille
Du grand van pour le grain.
Et l'on vanne demain !
Si fa, fa ré, ré si ; si ré fa, si do ré.

Elle en fait une cage,
De nocturne présage
Pour ses chauves-souris !
Cela n'est pas permis.
Si fa, fa ré, ré si, si ré fa, si do ré.

Mais partout je la cherche :
Sans doute elle se perche
Dans son trou du grenier !
Allons la corriger.
Si fa, fa ré, ré si, si ré fa, si do ré.

Ah ! c'est bien autre chose.
Voici le pot au rose !
Un fourneau, des creusets...
Tout cela sent mauvais !
Si fa, fa ré, ré si, si ré fa, si do ré.

Appelons sa grand'mère !
Appelons son grand-père !
Il faut bien en finir.
Mais comment la punir ?
Si fa, fa ré, ré si, si ré fa, si do ré.

J'ignore avec quel vers rimait le refrain.

Quelques années encore, et j'allais, mes grands-parents étant morts, quitter ma calme retraite.

La vieille ruine ne garda pas longtemps les adieux que j'avais inscrits au mur de la tourelle. — Il n'en reste pas une pierre.

ADIEUX A MA TOURELLE

Adieu dans le manoir ma rêveuse retraite !
Adieu ma haute tour ouverte à tous les vents !
Il reste à tes vieux murs la mousse de leur crête
Et moi, frêle rameau brisé par la tempête,
Je suivrai loin de toi les rapides courants.

Tu reverras sans moi venir les hirondelles
Qui dans les jours d'été chantent au bord des toits.
Mais, si je vais errer fugitive comme elles,
Ne manquera-t-il rien, dis-moi, sous les tourelles,
Quand leurs tristes échos ne diront plus ma voix ?

III

De tous les feuillets écrits par mon grand-père, il m'en reste un seul ; le vent de l'adversité souffle sur les choses comme sur les êtres.

Voici ce feuillet :

A DES ANTIQUAIRES

Vous voulez des antiquités ?
Nous voilà deux dans les tourelles
Que couvrent des nids d'hirondelles :
Ma femme et moi, vieux et cassés.

Les oiseaux sont bien aux fenêtres ;
Nous sommes bien au coin du feu.
Nous aimons l'été, sous les hêtres ;
L'hiver, dans ce paisible lieu.

Ici, tout est vieux et gothique ;
Ensemble tout s'effacera :
Les vieillards, la ruine antique ;
Et l'enfant bien loin s'en ira.

Un autre feuillet ; celui-là de ma grand'mère après la mort de son mari ; c'est tout ce que j'ai d'eux.

LA MORT

Le deuil est descendu dans ma triste demeure :
La Mort pâle au foyer est assise et je pleure.
Tout est silence et nuit dans la maison des morts.
Plus de chants, plus de joie, où vibraient des accords.
On murmure tout bas, et comme avec mystère.

C'est qu'on ne revient plus quand on dort sous la terre.
Pour jamais son absence a fait cesser les chants.

Ces tristes accents sont d'un souffle bien faible, comparés aux vers charmants que je n'ai plus.

Tout s'est évanoui, jusqu'à la guitare de mon grand-père, émiettée pendant que j'étais en Calédonie. Ma mère en pleura longtemps.

Combien étaient différentes mes deux grand-mères ! L'une, avec son fin visage gaulois, sa coiffe de mousseline blanche, plissée à fins plis, sous laquelle passaient ses cheveux arrangés en gros chignon sur son cou ; l'autre, aux yeux noirs, pareils à des braises, les cheveux courts, enveloppée d'une jeunesse éternelle, et qui me faisait penser aux fées des vieux récits.

Mon grand-père, suivant la circonstance, m'apparaissait sous des aspects différents ; tantôt, racontant les grands jours, les luttes épiques de la première République, il avait des accents passionnés pour dire la guerre de géants où, braves contre braves, les blancs et les bleus se montraient comment meurent les héros ; tantôt, ironique comme Voltaire, le maître de son époque, gai et spirituel comme Molière, il m'expliquait les livres divers que nous lisions ensemble.

Tantôt encore, nous en allant à travers l'inconnu, nous parlions des choses qu'il voyait monter à l'horizon. Nous regardions dans le passé les étapes humaines ; dans l'avenir aussi, et souvent je pleurais, empoignée par quelque vive image de progrès, d'art ou de science, et lui, de grosses larmes dans les yeux, posait sa main sur ma tête plus ébouriffée que celle de la vieille Presta.

Ma mère était alors une blonde, aux yeux bleus souriants et doux, aux longs cheveux bouclés, si fraîche et si jolie que les amis lui disaient en riant : Il n'est pas possible que ce vilain enfant soit à vous. Pour moi, grande, maigre, hérissée, sauvage et hardie à la fois, brûlée du soleil et souvent décorée de déchirures rattachées avec des épingles, je me rendais justice et cela m'amusait qu'on me trouvât laide. Ma pauvre mère s'en froissait quelquefois.

Combien je lisais à cette époque, avec Nanette et Joséphine, deux jeunes femmes de remarquable intelligence, qui n'étaient jamais sorties du canton !

Nous parlions de tout ; nous emportions, pour les lire, assises dans la grande herbe, les Magasins pittoresques, les Musées des familles, Hugo, Lamartine, le vieux Corneille, etc. Je ne sais si Nanette et Joséphine ne m'aimaient pas mieux que leurs enfants. Je les aimais beaucoup aussi.

J'avais peut-être six ou sept ans, quand le livre de Lamennais, les *Paroles d'un croyant*, fut détrempé de nos larmes.

A dater de ce jour, j'appartins à la foule ; à dater de ce jour, je montai d'étape en étape à travers toutes les transformations de la pensée, depuis Lamennais jusqu'à l'anarchie. Est-ce la fin ? Non, sans doute ! N'y a-t-il pas après et toujours l'accroissement immense de tous les progrès dans la lumière et la liberté ; le développement de sens nouveaux, dont nous avons à peine les rudiments, et toutes ces choses que notre esprit borné ne peut même entrevoir.

Des vieux parents, des amis vieux et jeunes, de ma mère, il ne reste pas plus aujourd'hui que des songes de mon enfance.

Je n'ai rencontré jamais d'enfants à la fois aussi sérieux et aussi fous ; aussi méchants, et craignant autant de faire de la peine ; aussi paresseux et aussi piocheurs, que mon cousin Jules et moi.

Chaque année, aux vacances, il venait avec sa mère, ma tante Agathe, que j'aimais infiniment, et qui me gâtait beaucoup.

Je suis étonnée maintenant des questions de toutes sortes que nous agitions, Jules et moi ; tantôt perchés chacun dans un arbre où nous suivions les chats, tantôt nous arrêtant pour discuter au milieu d'une répétition de quelque drame d'Hugo, que *nous arrangions pour deux personnages*. Ils ne respectent rien, disait-on !

Pourquoi aimions-nous causer d'un arbre à l'autre ? Je n'en sais vraiment rien ; il faisait bon dans les branches, et puis nous nous jetions l'un à l'autre toutes les pommes que nous pouvions attraper.

Cela faisait des fruits *tombés de l'arbre*, pour Marie Verdet (une vieille de près de cent ans), qui disait si bien les apparitions des lavandières blanches à la Fontaine aux dames, ou du *feullot* rouge comme le feu, sous les saules du Moulin.

Marie Verdet voyait toujours ces choses-là, et nous jamais ! cela ne nous empêchait pas de prendre plaisir à ses récits, tant et si bien que du *feullot* à Faust, j'en vins à m'éprendre tout à fait du fantastique, et que dans les ruines hantées du *châté païot* je déclarai, au milieu de cercles magiques, *mon amour à Satan* qui ne vint pas. Cela me donna à penser qu'il n'existait pas.

Un jour, causant d'arbre en arbre avec Jules, je lui racontai l'aventure et il m'avoua, de son côté, avoir envoyé une déclaration non moins tendre à une femme de lettres célèbre, Mme George Sand, qui n'avait pas plus répondu que le diable : l'ingrate !

Nous résolûmes d'accorder *nos luths* sur d'autres sujets ; j'en avais justement offert un, fabriqué comme le mien, à mon cousin, après une répétition, je crois, des *Burgraves* ou d'*Hernani*, arrangé par nous pour deux acteurs. Dans une discussion orageuse sur *l'égalité des sexes*, Jules ayant prétendu que si j'apprenais dans ses livres, apportés aux vacances (à peu près de manière à être de niveau avec lui), c'est que j'étais *une anomalie*. Nos luths, servant de projectiles, se brisèrent dans nos mains, au milieu du combat.

En regardant au fond de ma mémoire j'y retrouve une chanson de cette époque :

LA CHANSON DES POIRES

On nous dit d'aller,
Pour mettre au fruitier,
Surveiller les poires.
Pouvez-vous le croire ?

Pour certains enfants
Dont on craint les dents,
Les poires sont fraîches ;
Les murs ont des brèches !

Nous les appelons
Et tous nous chantons,
Secouant les poires.
Vous pouvez le croire !

Au bruit des chansons
En rond nous dansons,
Et voilà l'histoire
De garder les poires.

Encore deux strophes de ce temps, avant de jeter au feu une poignée de feuillets jaunis.

Vent du soir, que fais-tu de l'humble marguerite ?
Mer, que fais-tu du flot ? Ciel, du nuage ardent ?
Oh ! mon rêve est bien grand et je suis bien pe-
    tite !
Destin, que feras-tu de mon rêve géant ?

Lumière, que fais-tu de l'ombre taciturne ?
Et toi qui de si loin l'appelles près de toi,

O flamme ! que fais-tu du papillon nocturne ?
Songe mystérieux, que feras-tu de moi ?

Il m'a toujours semblé que nous sentons la destinée, comme les chiens sentent le loup ; parfois cela se réalise avec une précision étrange.

Si on racontait une foule de choses dans de minutieux détails, elles seraient bien plus surprenantes.

On croirait parfois voir les *Contes* d'Edgard Poë.

Que de souvenirs ! Mais n'est-il pas oiseux d'écrire ces niaiseries ? Hier j'avais peine à m'habituer à parler de moi ; aujourd'hui, cherchant dans les jours disparus, je n'en finis plus, je revois tout.

Voici les pierres rondes, au fond du clos, près de la butte et du bosquet de coudriers ; des milliers de jeunes crapauds y subiraient en paix leurs métamorphoses, s'ils ne servaient à être jetés dans les jambes *des vilaines gens.* Pauvres crapauds !

Dans la cour, derrière le puits, on mettait des tas de fagots de brindilles, *des fascines ;* cela nous menait à élever un échafaud, avec des degrés, une plate-forme, deux grands montants de bois, tout enfin ! Nous y représentions les époques historiques, et les personnages qui nous plaisaient : Nous avions mis Quatre-vingt-treize *en drame* et nous montions l'un après l'autre les degrés de notre échafaud où l'on se plaçait en criant : Vive la République !

Le public était représenté par ma cousine Mathilde, et quelquefois par la gent emplumée qui faisait la roue ou picorait et gloussait.

Nous cherchions dans les annales des cruautés humaines. L'échafaud de fascines devenait le bûcher de Jean Huss ; plus loin encore, la tour en feu des Bagaudes, etc.

Comme nous montions un jour sur notre échafaud en chantant, mon grand-père nous fit observer qu'il valait mieux y monter en silence et faire au sommet l'affirmation du principe pour lequel on mourait ; c'est ce que nous faisions après.

Nos jeux n'étaient pas toujours aussi graves : il y avait, par exemple, la grande chasse, où, les porcs nous servant de sangliers, nous allumions des balais pour servir de flambeaux et nous courions avec les chiens au bruit épouvantable de cornes de berger que nous appelions des trompes de chasse ; un vieux garde nous avait appris à sonner je ne sais quoi qu'il appelait l'hallali.

Il paraît que les règles de la vénerie étaient observées dans ces poursuites échevelées qui se terminaient en reconduisant, bon gré, mal gré, les cochons chez eux, et quelquefois, par leur chute dans le trou à l'eau du potager où, la graisse les soutenant, ils faisaient des « oufs » désespérés jusqu'à ce qu'on les retirât. Ce n'était pas toujours facile. Des hommes avec des cordes s'en chargeaient en criant après nous. Je passais particulièrement pour jouer *comme un cheval échappé* : — c'était peut-être vrai.

Il faut me laisser écrire les choses comme elles me viennent !

On dirait des tableaux passant à perte de vue et s'en allant sans fin dans l'ombre, — je ne sais où.

Vous avez vu, dans *Macbeth*, sortir de l'inconnu et y rentrer ainsi les fils de Banquo.

Je vois ceux qui sont disparus d'hier ou de longtemps, tels qu'ils étaient, avec tout ce qui les entourait dans leur vie, et la blessure de l'absence saigne comme aux premiers jours.

Je n'ai pas le mal du pays, mais j'ai le mal des morts.

Plus j'avance dans ce récit, plus nombreuses se pressent autour de moi les images de ceux que je ne reverrai jamais, et la dernière, ma mère, il y a des instants où je me refuse à le croire, il me semble que je vais m'éveiller d'un horrible cauchemar et la revoir.

Mais non, sa mort n'est pas un rêve.

La plume s'arrête, dans cette poignante douleur ; on aimerait à raconter, on n'aime pas à écrire !

Que ma vue se reporte une fois encore sur Vroncourt !

Près du coudrier, dans un bastion du mur du jardin, était un banc, où ma mère et ma grand'mère venaient pendant l'été, après la chaleur du jour.

Ma mère, pour lui faire plaisir, avait empli ce coin de jardin de rosiers de toutes sortes.

Tandis qu'elles causaient, je m'accoudais sur le mur.

Le jardin était frais dans la rosée du soir.

Les parfums, s'y mêlant, montaient comme d'une gerbe ; le chèvrefeuille, le réséda, les roses exhalaient de doux parfums auxquels se joignait l'odeur pénétrante de chacune.

Les chauves-souris volaient doucement dans le crépuscule et, cette ombre berçant ma pensée, je disais les ballades que j'aimais, sans songer que la mort allait passer.

Et les ballades, et la pensée, et la voix s'en allaient au souffle du vent, — il y en avait de belles :

> Enfants, voici les bœufs qui passent.
> Cachez vos rouges tabliers !

Et les *Louis d'or ?* et la *Fiancée du timbalier ?* et tant d'autres ?

Avec ces jours d'aurore s'en sont allés les refrains tristes ou rêveurs. Je ne dis plus même la chanson de guerre : en silence je m'en vais, en silence, comme la mort.

IV

Dans ma carrière d'institutrice, commencée toute jeune dans mon pays, continuée à Paris tant comme sous-maîtresse chez Mme Vollier, 16, rue du Château-d'Eau, qu'à Montmartre, j'ai vu bien des jours de misère ; toutes celles qui ne voulaient pas prêter serment à l'Empire en étaient là.

Mais je fus plus favorisée que bien d'autres, pouvant donner des leçons de musique et de dessin après les classes. Qu'est-ce, du reste, que la souffrance physique, devant la perte de ceux qui nous sont chers ?

O mon amie ! ma chère mère ! mes braves compagnons !

En remuant ces souvenirs, je retourne le poignard, cela fait du bien souvent. Si un être quelconque avait inventé la vie, à quelle horrible chaîne on lui devrait d'être attachés !

Je voudrais bien savoir de quoi ceux qui y croient remercient la Providence ; c'est un mot bien commode et bien vide de sens, et l'œuvre de cette toute-puissance serait affreusement criminelle.

Comme on a découvert tant d'autres choses, on découvrira les principes de nombre et d'affinités qui groupent les sphères et les êtres ; il faudra bien que cela vienne, que la nature domptée serve l'humanité libre, que la science s'en aille en avant au lieu de s'attarder en arrière, arrêtée par toutes les infaillibilités.

Allons, les chasseurs de l'inconnu ! L'étape légendaire qui ouvrira la route ! A bas toutes les forteresses ! Que toutes les portes soient grandes ouvertes et qu'on force tous les mystères ; que tout s'écroule dans les abattoirs, les lazarets où la bêtise humaine nous maintient !

J'oublie toujours que j'écris mes Mémoires !

[Où] en étais-je ?

Là sont quelques poignées de fragments de mon enfance : j'y prends au hasard.

Voici une description de Vroncourt conservée par ma mère.

A combien de choses a survécu ce bout de papier jauni !

> VRONCOURT C'est au versant de la montagne, entre la forêt et la plaine ; on y entend hurler les loups, mais on n'y voit pas égorger les agneaux. A Vroncourt on est séparé du monde. Le vent ébranle le vieux clocher de l'église et les vieilles tours du château ; il courbe comme une mer les champs de blé mûr ; l'orage fait un bruit formidable et c'est là tout ce qu'on entend. Cela est grand et cela est beau.

L'ouvrage était, non moins que la *Haute-Marne légendaire*, illustré de charbonnages par le même auteur.

On y voyait la Fontaine aux Dames avec l'ombre des saules sur l'eau, et sur cette ombre se détachaient les blanches lavandières (d'après la description de Marie Verdet).

— *Déye,* **disait-elle,** *cé serot pas lé peine si va feyiez un live su Vroncot et peu qu'elles n'y serent mie !*

Aussi j'avais mis les trois fantômes sous les saules.

— *Il y en ai eune que brache le temps passé,* **disait Marie Verdet,** *l'autre que gémit lesjés d'auden et l'anté ceux de demain.*

Les pâles lavandières qui gémissent sous les branches, l'une sanglotant les jours passés, l'autre pleurant ceux d'aujourd'hui, la troisième ceux de demain, ne rappellent-elles pas les nornes ?

Une autre illustration du même ouvrage représentait la grande diablerie de Chaumont. Ils sont loin ces barbouillages, cherchant à reproduire la sensation produite par les clairs de lune, les forêts, la neige, la nuit ; quelques-uns, personnifiant cette sensation sous des formes spectrales.

Voici un second fragment (le dernier) de la *Haute-Marne légendaire* ; je le place ici parce qu'il contient la description exacte de ces fêtes septenaires qu'on appelait les Diableries de Chaumont.

> Les diableries de Chaumont tiennent de l'histoire, du roman, de la légende.
>
> La diablerie est un rêve qui a existé et dont on voyait encore des traces à la fin du siècle dernier.
>
> Parmi les institutions bizarres disparues avec le moyen âge, la diablerie de Chaumont est de celles qui, le plus longtemps, survécurent à leur époque.
>
> Le pavillon flotte encore quand le navire est submergé.
>
> Tous les sept ans, disent les chroniqueurs de la Champagne, douze hommes *vêtus en diables*, comme l'on suppose que s'habillent les diables, avec des friperies de l'enfer où se trouvent tous les déguisements, voire même celui de Jéhovah, — les diables de Chaumont trouvent le leur chez la vieille Anne Larousse, à l'enseigne *Brac et joie* : immense paire de cornes et une cagoule noire ; — ils accompagnaient la procession du dimanche des Rameaux, pour honorer le ciel en y représentant l'enfer. Après avoir ainsi figuré pour l'amour de Dieu, nos seigneurs les diables se répandaient dans les campagnes qu'ils avaient le droit de piller à cœur joie pour l'amour du diable.
>
> Pourquoi avait-on choisi ce nombre de douze ? Les chroniqueurs disent que c'était en l'honneur des douze Apôtres quoique cette manière de les honorer ne dût pas leur être infiniment agréable ; les savants prétendaient qu'ils signifiaient les douze signes du Zodiaque, d'autres encore qu'ils étaient l'image des fils de Jacob, mais aucune de ces suppositions n'était généralement adoptée ; il s'élevait à chaque diablerie entre les savants, clercs et astrologues de la bonne ville de Chaumont nombre de querelles qui, se vidant à coups

de plume, faisaient telle dépense de parchemin qu'une multitude d'âmes payaient de leur vie ces combats.

Toujours est-il que messieurs les Diables chantaient *Quis est iste rex gloriæ* avec autant d'entrain qu'auraient pu le faire ceux dont ils portaient le costume, mais avec moins d'ensemble, le diable ayant l'oreille essentiellement musicale.

La diablerie de Chaumont durait du dimanche des Rameaux à la Nativité de saint Jean, et se terminait par les principales actions de la vie de ce saint représentées sur dix théâtres exposés à la dévotion des fidèles.

La fête se terminait par un supplice. (Point de bonne fête sans cela à ces époques-là et même à la nôtre !)

Le supplice n'était *d'ordinaire* que figuré — l'âme d'Hérode qu'on brûlait étant un mannequin.

Mais la dernière année qu'on fit ces saintes orgies eut lieu un événement qui hâta leur fin.

Cet événement (non relaté dans les chroniques écrites) ne faisait pas, pour Marie Verdet, l'ombre d'un doute.

Son grand-père *tenait du sien, qui le tenait d'une arrière-aïeule*, que cette fois l'âme d'Hérode avait si bellement gesticulé que les assistants s'en esbattaient plein le val des escholiers ; tout à coup l'ombre se prit à gémir, on cria : Au miracle ! d'autant plus facilement qu'il y avait des os calcinés dans la cendre du bûcher.

Mais, si on trouva des os dans la cendre, on ne trouvait plus le beau chanteur de lays Nicias Guy ; c'est lui qui, par vengeance d'amour, avait été si méchamment occis.

Lors même qu'il n'y aurait pas eu un peu d'atavisme dans ma facilité à rimer, qui ne serait pas devenu poète, dans ce pays de Champagne et Lorraine, où les vents soufflent en bardits de révolte ou d'amour ! Par les grandes neiges d'hiver, dans les chemins creux pleins d'aubépines au printemps et dans les bois profonds et noirs aux chênes énormes, aux trembles, aux troncs pareils à des colonnes, on suit encore les chemins pavés des Romains dominateurs, dépavés en larges places par les invaincus de la Gaule chevelue.

Oui, là, tout le monde est un peu poète. Nanette et Joséphine, ces filles des champs, l'étaient à la façon de la nature.

Après bien du temps, à travers bien des flots, une de leurs chansons, l'*âgé na du bas* (l'oiseau noir du bois) me revenait dans les cyclones.

La voici, et voici la mienne, faite là-bas, au fond de la mer ; on y trouvera la même corde, la corde noire, qui vibre au fond de la nature.

La leur est plus mystérieuse et plus douce ; on y sent les roses de l'églantier des haies ; mais, d'une même haleine, l'oiseau du champ fauvé égrène ses notes mélancoliques et gronde le flot frappant les écueils.

L'AGÉ NA DEU CHAMP FAUVÉ

Dans l'champ fanné c'etot
Un bel âgé chantot.
Teut na il étot
Il fo y brâchot.
Ka ki dijot l'âge,
L'âge deu champ fauvé ?

C'étot pa les échos
Sous les âbres du bos,
Li bise pleurut
Deven lu brâchot
Ce que dijot l'âgé
L'âgé den champ fauvé ?

Traduction mot à mot :

L'OISEAU NOIR DU CHAMP FAUVE

Dans le champ fauve c'était.
Un bel oiseau chantait.
Tout noir il était.
Si fort sanglotait !
Que disait-il l'oiseau,
L'oiseau du champ fauve ?

C'était par les échos.
Sous les arbres du bois
La bise pleurait,
Avec lui sanglotait
Ce que disait l'oiseau
L'oiseau du champ fauve.

Est-ce la peine, après cela, de mettre mes strophes ? Que le lecteur les passe s'il lui plaît. Elles ne sont là qu'à cause du lien qui existe entre elles et les couplets de l'oiseau noir du champ fauve.

AU BORD DES FLOTS

Voix étranges de la nature,
Souffles des brises dans les bois,
Souffle du vent dans la mâture
Force aveugle ! puissantes voix !
Tempêtes, effluves d'orage,
Que dites-vous, gouffres des âges,
Souffles des brises dans les bois ?

Le cyclone hurle, la mer gronde,
Le ciel a crevé ; toute l'onde
Se verse dans le noir tombeau.
La mer échancre le rivage,

Soufflez, soufflez, ô vents d'orage.
La nuit emplit la terre et l'eau.

La terre frémit, le sol fume
Au milieu de la grande nuit.
La mer, de ses griffes d'écume,
Monte aux rochers avec grand bruit.
Un jour, pour ses œuvres suprêmes,
L'homme prendra tes forces mêmes
Nature, dans la grande nuit.

Toute ta puissance, O nature,
Et tes fureurs et ton amour,
Ta force vive et ton murmure,
On te les prendra quelque jour.
Comme un outil pour son ouvrage,
On portera de plage en plage
Et tes fureurs et ton amour.

J'ai peur de faire trop longue cette première partie de ma vie où si calmes d'événements, si tourmentés de songes, sont les jours d'autrefois ; des choses puériles s'y trouveront, il en est dans les premières années de toute existence humaine (et même dans tout le cours de l'existence). Je la terminerai promptement (mais j'y reviendrai, amenée par une chose ou l'autre dans le cours du récit).

En écrivant, comme en parlant, je m'emballe souvent ! Alors, la plume ou la parole s'en va poursuivant son but à travers la vie comme à travers le monde.

J'ai parlé d'atavisme. Là-bas, tout au fond de ma vie, sont des récits légendaires, morts avec ceux qui me les disaient. Mais aujourd'hui encore, pareils à des sphinx, je vois ces fantômes, sorcières corses et filles des mers, aux yeux verts ; — bandits féodaux ; — Jacques ; — Teutons, aux cheveux roux ; — paysans gaulois, aux yeux bleus, à la haute taille ; — et tous, des bandits corses aux juges au parlement de Bretagne, amoureux de l'inconnu.

Tous transmettant à leurs descendants (légitimes ou bâtards) l'héritage des bardes.

Peut-être est-il vrai que chaque goutte de sang transmise par tant de races diverses fermente et bout au printemps séculaire ; mais à travers tant de légendes racontées sans que pas une ait été écrite, qu'y a-t-il de sûr ?

V

Quelques notes sur mon pays natal.

La charrue y met au jour le cercueil de pierre de nos pères les Gaulois ; le couteau à égorger la victime et l'encens du Romain. Le laboureur, accoutumé à ces trouvailles, les détourne (quelquefois pour faire une auge du cercueil, pour parfumer l'énorme souche qui brûle sous sa grande cheminée avec l'encens augural) et il continue à chanter ses bœufs, tandis que derrière lui les oiseaux ramassent les vers dans les sillons ouverts.

Comme j'aime à songer à ce petit coin de terre ! J'aurais aimé, si ma mère avait pu survivre à mon absence, passer près d'elle quelques jours paisibles, comme il les fallait pour elle, avec moi travaillant près de son fauteuil, et les vieux chats calédoniens ronronnant au foyer.

Tant d'autres vivent si longtemps ! Ces jours-là ne sont pas faits pour nous.

✳ ✳ ✳

Parlons de la Haute-Marne ; elle eut son royaume d'Yvetot, le comté de Montsongeon (royaume du Haut-Gué).

Entre trois cours d'eau qui le font ressembler à une île, au pied des montagnes que dominait sa forteresse, Montsongeon eut ses armées qui, dans les guerres de Lorraine, remportèrent des victoires.

Dans Montsongeon comme dans une place de guerre on fermait les portes. Celle de dom Marius donnait sur la campagne, les autres sur la Saône, la Tille et la Vingeance.

Le petit royaume fut bien des fois vendu et revendu ; les coupes des roitelets étaient plus grandes que les vignes de leurs coteaux ; leurs belles dames, aussi, avaient besoin d'argent pour des libéralités ou pour toute autre chose.

Et puis il y avait les donations aux abbayes, en expiation des crimes que les seigneurs avaient accoutumance de commettre.

Un Pierre de Mauvais-Regard trouva moyen de partager en deux moitiés une somme volée : de l'une, il se servit pour expier, et de l'autre pour continuer *es pêchiers ;* puis, afin d'être tout à fait en règle, il donna, pour *cent sols de Langres*, le droit de pâture, dans une partie du Montsongeonnais, aux moines d'Auberive. Un autre Pierre ayant grand besoin d'argent et sa femme aussi, ils vendirent tout ce qu'ils possédaient à Boissey et autres lieux. Le royaume s'émietta vers la fin du XIIIe siècle.

Le nom de Montsongeon a été l'objet de savantes discussions.

On voulut le faire dériver des prêtres de Mars (les Saliens). Mais comme on ne trouvait pas d'antiquités romaines on se rabattit sur les Francs (*Saliens*).

« *Deyé*, disait Marie Verdet, gué bée temps que c'étot tenlé qu'on ellot cueilli lé *sauge* pou lé méledes même que Mme lé *Bourelle* de Langres en cueillot pou se remedes gné par cent ans. »

Peut-être bien que Marie Verdet avait raison.

A Beurville, sur le cours d'eau du Ceffondret, c'est une histoire d'amour qu'on place. Vers 1580, à l'époque des guerres de religion, Nicolas de Beurville, chef des bandes armées qui couraient le pays, aimait la fille du sire Girard de Hault et comme c'est l'usage entre gens à qui on le défend, elle le paya de retour.

Il semblait que leur mariage fût impossible. La belle Anne de Hault trouva moyen, au moment où la contrée était dans la terreur des bandes de Beurville, qu'on demandât à son père de la *sacrifier* à la paix du territoire.

Une députation affolée vint supplier le père, et au besoin *exiger*, que l'on offrît à Nicolas sa belle Anne en mariage avec une forte dot, à condition qu'il irait dans une autre contrée piller les pauvres gens pour l'entretien de ses compagnies.

C'est ce qui fut fait. Beurville alla piller ailleurs, et le jour étant venu où il eut de quoi se repentir en paix, les deux époux rebâtirent Sainte-Colombe et *vécurent heureux* — la légende ne dit pas s'il en était de même de leurs vassaux.

Une longue rue sur le roc escarpé du Cona, des tombes sous les ruines d'une chapelle au bas de la montagne, si nombreuses qu'elles forment un nid, le nid de la mort, c'est Bourmont entouré de collines bleuâtres ; quelques-unes sont couronnées de forêts. Au sommet de l'une d'elles un ermitage qui a trois légendes : la première lui donne pour fondateur le diable ; la seconde, le bon Dieu ; la troisième, l'amour d'un berger pour la belle Marguerite, fille de Rénier de Bourmont.

Après le siège de la Mothe, dont une horloge et d'autres choses curieuses furent apportées à Bourmont, on y utilisa les épaves de cette ville. Bourmont était alors si pauvre, par l'obligation de nourrir des gens de guerre, que les gens, quasi-mendiants, y obtinrent la permission de vendre leur cloche.

Maintenant Bourmont devient vraiment une ville.

De Langres et de Chaumont, je ne dirai pas grand-d'chose : on les connaît. Du viaduc de Chaumont, qui traverse le val des Écoliers, tout le monde a vu la vieille ville du mont Chauve.

Du chemin de fer, de même, on voit Langres sur son rocher avec ses noirs remparts.

Une vieille querelle, querelle surtout de proverbes et chansons, existait entre Langres et Chaumont.

A Chaumont on disait de Langres :

Lé haut su cés rochers,
Moitié fols, moitié enréges.

A Langres, on disait de Chaumont, entre des couplets par centaines, celui-ci :

> Oi Langres y fait frô, dit-on,
> Mais y fait chaud ai Chaumont.
> Car quand bige veut ventai,
> Pour ben l'at repér l'empochai d'entrai,
> Car quand bige veut venté
> Lai pote on y fait fremer (*bis*.)

Autrefois, aux environs de Chaumont, un jeune homme pendant des années allait s'asseoir silencieusement sous le manteau de la cheminée, le dimanche, sans oser témoigner autrement son désir de demander la fille de la maison en mariage.

— Bonjo tout le monde ! disait-il en entrant ; on lui offrait une chaise, et au bout de longues heures il se levait, disait : Bonso teurteu ! et s'en allait pour jusqu'au dimanche suivant.

Quand, rouge jusqu'aux oreilles, il osait faire sa demande, la jeune fille, si elle acceptait, rapprochait les tisons ; si elle refusait, elle laissait le feu s'éteindre. Dans ce cas, tout était fini ; dans l'autre, les parents s'arrangeaient pour régler la noce.

Aujourd'hui encore, les jeunes gens vont s'asseoir silencieusement au foyer de la bien-aimée, pendant longtemps, avant d'oser lui parler.

Jadis, près de la forteresse du pays (châté païot), on allait conjurer les esprits des ruines avec une pièce d'argent, un couteau affilé, une chemise blanche et une chandelle allumée.

Pourquoi faire la pièce d'argent ? disais-je. Et Marie Verdet, baissant la voix, répondait : — Pour le diable !

Et la chandelle allumée ? C'est pour le bon Dieu ! Et la chemise blanche ? Pour les morts ! Et le couteau à la lame affilée ? — Pour le consultant s'il mentait à la foi jurée.

Mais la foi jurée à qui ?

A l'inconnu, au feullot.

Et la forêt *du Der* (*des Chênes*), n'en dirons-nous rien ? (Jamais le pied de l'envahisseur ne l'avait foulée, on n'y trouve nul vestige romain.)

La forêt du Der ou Derff tout entière était sacrée, — l'ombre épaisse des chênes y règne encore. Autrefois, avant les temps historiques, s'y réfugia, dans un antre, un proscrit, traqué comme un fauve, et qui vivait en fauve (*de chair humaine*).

Les gardiens de pourceaux des Mérovingiens y bâtirent des fermes *lacustres ;* il en reste des débris dans la Mare-aux-Loups.

L'étang de Blanchetane — reste d'une mer crétacée qui, sur ses rives arides, jusqu'à la ferme du Pont-aux-Bœufs, n'a pas même une bruyère, mais *du sable*, soulevé par le vent en petites vagues.

Comme il fait bon, dans nos bois, entendre dans le silence profond le marteau lourd des forges ; les coups secs de la cognée qui font frissonner les branches ; les chansons des oiseaux et le bruissement des insectes sous les feuilles !

A l'automne, avec ma mère et mes tantes, nous allions loin dans la forêt.

Tout à coup, on entendait casser des branchettes : c'était quelque pauvre vieille faisant son fagot.

— Eh petiote ! le gâde as té pa lé ? Vès t'en, pa lé *quiche* de lé tranche, si le gâde passot tu chanteros ! faut que je féye mes *écouves* (balais).

Combien peu montaient ces brins de bouleau, dans les grands bois !

D'autres fois, c'était le ouf d'un sanglier rentrant dans les fourrés ou de pauvres chevreuils fuyant comme l'éclair.

On eût dit qu'ils sentaient venir les chasses d'automne

où l'on égorge au son du cor tant de pauvres biches pleurant les vertes feuillées.

La bête détruit pour vivre, le chasseur détruit pour détruire, le fauve ancestral se réveille.

Maintenant, les jours d'enfance sont esquissés et voilà, étendu sur la table, le cadavre de ma vie : disséquons à loisir.

VI

Quand la mort se fut abattue sur la maison, faisant le foyer désert ; quand ceux qui m'avaient élevée furent couchés sous les sapins du cimetière, commença pour moi la préparation aux examens d'institutrice.

Je voulais que ma mère fût heureuse. Pauvre femme !

J'eus, outre mon tuteur (M. Voisin, ancien juge de paix de Saint-Blin, tout comme s'il se fût agi d'administrer une fortune), ma mère comme tutrice, et Me Girault, notaire à Bourmont, comme subrogé tuteur !

Ce n'était pas trop, disait-on, pour m'empêcher de dépenser de suite les huit ou dix mille francs (en terres) dont j'héritais. Ils sont loin maintenant !

Je vois dans ma pensée une seule parcelle de ces terrains ; c'est un petit bois planté par ma mère elle-même, sur la côte des vignes, et qu'elle continua de soigner pendant son long séjour dans la Haute-Marne, près de sa mère, tandis que j'étais sous-maîtresse à Paris : c'est-à-dire jusque vers 1865 ou 1866. Nous avons eu pendant peu de temps, comme on voit, le bonheur de vivre ensemble.

« Les choses ont des larmes », a dit Virgile. Je le sens en pensant au petit bois et à la vigne arrosés des sueurs de ma mère.

De là, on voyait le bois de Suzerin avec le toit rouge de la ferme.

Les montagnes bleues de Bourmont ; Vroncourt, les moulins, le château ; toute la côte des blés, ondulant sous le vent ; c'est ainsi que je me figurais la mer, et j'avais raison.

Ma grand'mère Marguerite voulut voir la vigne avant de mourir, mon oncle l'y porta dans ses bras.

Les Prussiens, passant comme passent tous les vainqueurs, ont coupé le bois et détruit la vigne ; une petite hutte était au milieu ; je crois qu'ils l'ont brûlée, en faisant pour se réchauffer du feu avec les arbres.

Ma mère dut vendre le terrain pendant mon séjour en Calédonie, pour payer des dettes faites par moi pendant le siège, et qu'on lui réclama.

Revenons au passé. Mon éducation, à part les trois mois passés à Lagny aux vacances de 1851, fut faite par mes grands-parents à Vroncourt et par Mmes Beths et Royer aux cours normaux de Chaumont (Haute-Marne).

C'est à ces vacances de 1851 que nous allâmes, ma mère et moi, passer quelques mois chez mes parents des environs de Lagny.

Là, mon oncle, qui n'aimait guère à me voir écrire et s'imaginait toujours que je laisserais les examens d'institutrice pour la poésie, me plaça, pour être plus tranquille à ce sujet, au pensionnat de Mme Duval, de Lagny, où sa fille avait été élevée ; j'y fus pensionnaire pendant environ trois mois.

Dans cette maison, comme à Chaumont, on vivait les livres ; le monde réel s'arrêtait sur le seuil et l'on se passionnait pour les parcelles de sciences qui s'émiettent devant les institutrices : tout juste assez pour donner soif du reste ; ce reste-là on n'a jamais le temps de s'en occuper.

Le manque de temps ! c'était avant 71, la torture de toute vie d'institutrice. On était aux prises avant le diplôme, avec un programme qu'on se grossit outre mesure, et, après, avec le même programme dégonflé, vous laissant voir que vous ne savez rien !

Parbleu ! ce n'était pas une nouvelle, toutes en étaient là à cette époque ; mais les sources vives où l'on eût voulu se désaltérer ne sont pas pour ceux qui ont à lutter pour l'existence.

J'aurais voulu, tout en continuant mes études, rester à

Paris comme sous-maîtresse : beaucoup le faisaient. Mais je ne voulus pas alors me séparer de ma mère et, avec elle, je retournai dans la Haute-Marne, près de ma grand'mère Marguerite.

C'est pourquoi, en janvier 1853, je commençai ma carrière d'institutrice à Audeloncourt (Haute-Marne), où j'avais une partie de ma famille maternelle.

Mes grands-oncles, Simon, Michel et Francis, qu'on appelait l'oncle Francfort, vivaient encore ; leurs épaisses chevelures rousses n'avaient pas même de fils d'argent.

C'étaient de beaux et grands vieillards, aux fortes épaules, à la tête puissante, simples de cœur et prompts d'intelligence, qui, comme les frères de ma mère, avaient appris, je ne sais comment, une foule de choses et qui causaient bien.

Un arrière-grand-père avait acheté autrefois toute une bibliothèque *au poids* : vieilles bibles illustrées d'images aux places où Homère appelait les nuées sur ses personnages ; anciennes chroniques, où soufflait si bien la légende, que les grands-oncles en avaient quelque chose ; volumes de sciences à l'état rudimentaire ; romans du temps passé, tout cela avec *privilège du roy*. Les *a* étaient encore remplacés par des *o*.

J'en entendis parler avec tant d'enthousiasme que moi aussi je regrettais les livres effeuillés ou perdus.

Les romans s'étaient usés dans les veillées de l'*écrégne* où la lectrice mouille son pouce à sa bouche pour retourner les pages, et laisse tomber sur les infortunes des héros une pluie de larmes de ses yeux naïfs.

L'*écrégne*, dans nos villages, est la maison où, les soirs d'hiver, se réunissent les femmes et les jeunes filles pour filer, tricoter, et surtout pour raconter ou écouter les vieilles histoires du *feullot* qui danse en robe de flamme dans les *prèles* (prairies) et les nouvelles histoires de ce qui se passe chez l'un ou chez l'autre.

Ces veillées durent encore ; certaines conteuses charment si bien l'auditoire que la soirée se prolonge jusqu'à minuit.

Alors un peu tremblantes, sous l'impression émotionnante du récit, les unes, autant qu'il est possible, reconduisent les autres.

Les dernières, celles qui demeurent loin, courent pour regagner leur logis pendant qu'elles entendent les amies qui les hèlent pour les rassurer.

La neige s'étend toute blanche, il fait froid, et le givre — comme les fleurs en mai — couvre les branches.

Peut-être cette bibliothèque contribua à jeter dans ma famille maternelle, où l'on n'était pas assez riche pour avoir de l'instruction, la coutume d'étudier seul.

Les frères de ma mère y puisèrent : l'oncle Georges, une étonnante érudition historique ; l'oncle Michel, la passion des mécaniques dont j'abusais étant enfant, l'ayant fait descendre à la confection d'un petit chariot et de mille autres objets, et que je mis, pendant la guerre de 70, à contribution encore pour un moyen de défense qu'on refusa et qui était bon. J'aimais beaucoup mes oncles que j'appelais effrontément Georges et Fanfan jusqu'au jour où ma grand'mère me dit que c'était très mal de traiter ses parents avec aussi peu de respect. Mon troisième oncle, qui revenait du service militaire, y avait pris ou gardé de vieux livres le goût des voyages ; une juste appréciation de bien des choses, et *surtout de la discipline*, lui fournissait des réflexions, qu'il était loin de me croire capable de comprendre. Au fond de toute discipline germe l'anarchie. Cet oncle est mort en Afrique il y a bien des années.

Puisque je suis retournée aux jours de mon enfance, laissez-moi regarder encore à cette époque (si le livre est trop long on sautera les feuillets).

Voici le vieux moulin sur la route de Bourmont, au bas d'un coteau sauvage ; l'herbe est épaisse et fraîche dans le pré que borde l'étang.

Les roseaux font du bruit, froissés par les canards ou poussés par le vent.

Dans le moulin, la première chambre est obscure, même en plein jour ; c'est là que l'oncle Georges lisait tous les soirs.

Que de choses il avait apprises en lisant ainsi !

Tous, vivants et morts, les voici à la place d'autrefois.

Les voilà, tous les chers ensevelis ! Les vieux parents de Vroncourt semblables aux bardes ; les sœurs de ma grand'mère Marguerite avec les coiffes blanches, le fichu attaché sur le cou par une épingle, le corsage carré, tout le costume des paysannes qu'elles gardèrent coquettement depuis le temps de leur jeunesse (où on les appelait les belles filles) jusqu'à leur mort : leurs trois noms étaient simples comme elles, Marguerite, Catherine, Apolline.

Des deux sœurs de ma mère, l'une, ma tante Victoire, était avec nous à Audeloncourt ; l'autre, ma tante Catherine, était aux environs de Lagny : toutes deux avaient, comme ma mère, cette netteté absolue, ce luxe de propreté qui, de leurs bandeaux de cheveux à la pointe des pieds, ne laissait ni l'ombre d'une tache ni un grain de poussière.

Ainsi elles étaient au fond du cœur !

Dans la première jeunesse de ma tante Victoire, des missionnaires prêchant à Audeloncourt avaient laissé un fanatisme religieux qui entraîne bien des jeunes filles au couvent. Ma tante fut du nombre, mais après avoir été novice ou sœur converse à l'hospice de Langres, sa santé brisée par les jeûnes la força de revenir ; c'est à cette époque qu'elle commença à habiter près de nous, à Vroncourt, où elle resta jusqu'à la mort de mes grands-parents.

Elle était de très haute taille, le visage un peu maigre, des traits fins et réguliers.

Jamais je n'entendis de missionnaire plus ardent que ma tante ; elle avait pris du christianisme tout ce qui peut entraîner : les hymnes sombres ; les visites le soir aux églises noyées d'ombre ; les vies de vierges qui font songer aux druidesses, aux vestales, aux valkyries. Toutes ses nièces furent entraînées dans ce mysticisme, et moi encore plus facilement que les autres.

Étrange impression que je ressens encore ! J'écoutais à la fois ma tante catholique exaltée et les grands-parents voltairiens. Je cherchais, émue par des rêves étranges ; ainsi l'aiguille cherche le nord, affolée, dans les cyclones.

Le nord, c'était la Révolution.

Le fanatisme descendit du rêve dans la réalité ; ma vie, au pas de charge, s'en alla dans les *Marseillaises* de la fin de l'Empire. Quand on avait le temps de se dire des vérités les uns aux autres, Ferré me disait que j'étais dévote de la Révolution. C'était vrai ! n'en étions-nous pas tous fanatiques ? Toutes les avant-gardes sont ainsi.

Revenons à mon école d'Audeloncourt ouverte en janvier 1853. *École libre*, comme on disait, car pour appartenir à la commune il eût fallu prêter serment à l'Empire.

Je ne manquais pas de courage, nourrissant même l'illusion de faire à ma mère un avenir heureux.

Les mois de classe ne pouvaient être que d'un franc (somme relativement forte pour les travailleurs des champs) ; n'ayant pas l'âge exigé pour avoir des pensionnaires, j'étais obligée de placer, chez les parents des élèves d'Audeloncourt, celles qui appartenaient à d'autres villages. Mais, malgré les dénonciations de quelques imbéciles à ce sujet et sur mes opinions politiques, ma classe marchait d'autant mieux que j'avais le zèle de la première jeunesse ; je la faisais avec passion.

Les *amis de l'ordre*, qui daignaient s'occuper de moi, me disaient *rouge*, c'est-à-dire républicaine ; *et comme pensant à m'en aller à Paris*, chose dont ils n'auraient pas dû être fâchés, cependant, puisque ma manière de voir les gênait.

Ces accusations étaient parfaitement vraies : Paris à

peine entrevu, et entrevu bien au-dessous des merveilles qu'on m'en avait dites, m'attirait ; c'était là seulement qu'on pouvait combattre l'Empire. Et puis Paris vous appelle si fortement qu'on en sent l'impression magnétique.

Les dénonciations qui troublaient le repos de ma pauvre mère me procuraient un bon voyage à Chaumont. J'y revoyais ma pension, mes maîtresses, mes amies avec lesquelles, comme autrefois, je faisais des malices *aux vilaines gens*.

J'y passais deux jours sous prétexte d'affaires.

Il me souvient d'avoir, avec Clara, causé un grand émoi à certains pourfendeurs de républicains (en paroles bien entendu), sur les portes desquels nous avions fait à la craie rouge une marque, *mystérieuse, disaient-ils ;* bien mystérieuse, car les uns y virent le triangle égalitaire (un peu allongé), les autres un instrument de supplice inconnu) et ceux qui n'étaient pas intéressés dans l'affaire, une grande oreille d'âne. Ceux-là avaient raison.

Je revois Chaumont tel qu'il était alors : le Boulingrin ; la vieille rue de Choignes, de sinistre mémoire, où demeure le bourreau ; le viaduc tenant tout le val des Écoliers ; la librairie Sucot, contenant tout ce qui pouvait me tenter, et où, institutrice comme élève, j'avais toujours des dettes. La grosse tête frisée de M. Sucot regardait aux vitres, au milieu de la papeterie de luxe, des livres nouveaux, de la musique venant de Paris.

Cela me rappelait mes éblouissements d'enfant devant la librairie Guerre, à Bourmont. Je n'ai point encore perdu cette impression devant certains étalages de livres.

Les affaires, qui après chaque dénonciation étaient censées me retenir deux jours à Chaumont, se terminaient en arrivant.

J'allais chez le recteur de l'académie, M. Fayet, et là, assise comme chez mes grands-parent dans la cendre de l'âtre, je m'expliquais au sujet des dénonciations envoyées à mon égard, disant que tout était vrai, que je désirais aller à Paris, que j'étais républicaine et que, quant aux pensionnaires placées chez les parents de mes élèves d'Audeloncourt, cela se passait ainsi parce que telle était l'idée de ces familles-là, et je riais comme au temps de mon enfance ; mais en parlant de l'étude, ma passion qui m'appelait à Paris ; de la république, mes amours, je laissais mon cœur s'ouvrir.

Le recteur me regardait longtemps en silence avant de me répondre, et sa femme, qui prenait toujours mon parti, souriait tandis que des colombes en liberté volaient dans la chambre pleine de soleil. Cela sentait le printemps, chez eux, dans toute saison et le matin à toute heure.

A ma classe d'Audeloncourt on chantait la *Marseillaise* avant l'étude du matin et après l'étude du soir.

La strophe des enfants :

> Nous entrerons dans la carrière
> Quand nos aînés n'y seront plus

était dite à genoux ; une des plus jeunes la chantait seule (c'était une petite brune qui s'appelait Rose et que nous appelions Taupette à cause du noir lustré de ses cheveux).

En reprenant le chœur nous avions souvent, les enfants et moi, des pluies de larmes tombant des yeux.

J'ai retrouvé cette impression à Nouméa la dernière année de mon séjour en Calédonie.

C'était le 14 juillet, j'étais à cette époque chargée du dessin et du chant dans les écoles de filles de la ville.

M. Simon, le maire par intérim, voulut que les enfants chantassent la *Marseillaise*, entre les deux coups de canon du soir, dans le kiosque ouvert de la place des Cocotiers.

La nuit était tombée tout à coup : il n'y a dans ces régions ni crépuscule, ni aurore.

Les palmiers bruissaient doucement remués par le vent, les girandoles éclairaient un peu le kiosque, laissant dans l'ombre la place où l'on sentait la foule — une foule noire et blanche.

Devant le kiosque, la musique militaire.

Mme Penand, la première institutrice laïque qui vint dans la colonie, était debout près de moi, ainsi qu'un artilleur qui devait chanter avec nous ; les enfants rangés en cercle nous entouraient.

Après le premier coup de canon il se fit un tel silence que le cœur cessait de battre.

Je sentais nos voix planant dans ce silence, cela faisait l'effet d'être emporté par de grands coups d'aile ; le chœur aigu des enfants, le tonnerre de cuivre qui coupait les strophes, tout cela vous empoignait.

Ce rythme qui portait nos pères, vivante *Marseillaise*, nous l'avons bien aimé.

Au retour de Calédonie, nous trouvâmes l'hymne sacré employé à toutes sortes d'entraînements ; à peine guérie des fanges où l'avaient traînée les derniers jours de l'Empire, la *Marseillaise* frappée de nouveau était morte pour nous.

Il est d'autres chants encore que nous aimions ; dans les veillées des armes, au temps du siège et de la Commune, on chantait souvent.

Chez les amis de Londres, au retour de Calédonie, je retrouvai nos chansons.

Bonhomme, n'entends-tu pas
Ce refrain de chanson française ?
Ce refrain, c'est la *Marseillaise*

La place des morts nous parut large ; combien plus elle l'est aujourd'hui !

Un bruit de sabots dans ma prison me rappelle d'autres sabots sonnant tristes ou gais : à Audeloncourt, le dimanche, de petits sabots noirs claquetant précipitamment vers la porte de l'église quand on entonnait le
Domine, salvum fac Napoleonem.

J'avais dit aux enfants que c'était un sacrilège que d'assister à une prière pour cet homme ; aussi les petits sabots noirs couraient, couraient pressés, faisant un gentil bruit sec comme la grêle, le même petit bruit sec que firent, le 22 janvier 1871, les balles pleuvant des fenêtres de l'Hôtel de Ville sur la foule désarmée.

J'entendis plus tard d'autres sabots sonner tristement, grands et lourds ceux-là, aux pieds fatigués des prisonnières d'Auberive.

Ils sonnaient avec une triste cadence sur la terre gelée, tandis que la file silencieuse passait lentement devant les sapins chargés de neige.

D'Audeloncourt, j'envoyais des vers à Victor Hugo ; nous l'avions vu, ma mère et moi, à Paris, à l'automne de 1851, — et il me répondait de l'exil comme il m'avait autrefois répondu de Paris, à mon nid de Vroncourt et à ma pension de Chaumont. J'envoyais aussi quelques feuilletons aux journaux de Chaumont.

J'en ai des fragments moins fragiles que les mains chéries qui me les ont conservés.

De ces feuilletons je cite une phrase qui m'attira l'accusation *d'insulte envers sa Majesté l'Empereur*, accusation bien méritée du reste et qui eût pu être motivée par bien d'autres phrases.

Ce feuilleton, une histoire de martyrs, commençait ainsi :

> Domitien régnait ; il avait banni de Rome les philosophes et les savants, augmenté la solde des prétoriens, rétabli les jeux Capitolins et l'on adorait le clé-

ment empereur en attendant qu'on le poignardât. Pour les uns l'apothéose est avant ; pour les autres elle est après, voilà tout.

Nous sommes à Rome en l'an 93 de Jésus-Christ.

Je fus mandée chez le préfet qui me dit : Vous avez insulté Sa Majesté l'Empereur en le comparant à Domitien et si vous n'étiez pas si jeune on serait en droit de vous envoyer à Cayenne.

Je répondis que ceux qui reconnaissaient M. Bonaparte au portrait de Domitien l'insultaient tout autant, mais qu'en effet c'était lui que j'avais en vue.

Ajoutant que, quant à Cayenne, il m'eût été agréable d'y établir une maison d'éducation, et ne pouvant faire moi-même les frais du voyage, que ce serait au contraire me faire grand plaisir.

La chose en resta là !

Quelque temps après, un bonhomme qui voulait demander je ne sais quelle faveur à la préfecture vint me trouver, disant : *Y peraitrot que vévé été chez le préfet, vos ellez m'y requemender.*

J'eus beau lui objecter que c'était pour me juger et me menacer de Cayenne que j'avais été appelée à la préfecture, et que ma recommandation n'était pas capable de le faire bien venir, au contraire, le bonhomme n'en démordait pas.

— *Pisque c'est mé que je le demande ka ke cé vo fait ! beyez toujo.*

Je finis par écrire à peu près en ces termes :

« Monsieur le préfet,

« La personne à qui vous avez bien voulu promettre le voyage de Cayenne est tourmentée par le père X... de lui donner une lettre de *recommandation* pour vous.

« Je n'ai jamais pu lui faire comprendre que c'est le moyen de le faire mettre à la porte ; il est entêté comme un âne.

« Puisse-t-il ne pas apprendre, à ses dépens, que j'avais raison de refuser !

« Veuillez, monsieur le préfet, ne pas oublier, pour moi, le voyage en question. »

Voyant revenir le bonhomme, après son expédition de Chaumont, j'avoue que je riais déjà des ennuis qu'il allait me raconter, quand, à ma grande surprise, il me dit : Eh ben ! je le sevot ben ; vévé de lé chance ; j'ai mon effére.

C'était lui, plutôt, qui avait de la chance !

De ma classe d'Audeloncourt, on entendait sans cesse le bruit de l'eau ; pendant l'été, le ruisseau descendait en murmurant ; pendant l'hiver, il avait des fureurs de torrent.

Qui donc l'écoute maintenant, dans cette maison obscure où j'étais environnée d'élèves attentives comme on l'est dans les villages, où nulle distraction ne vient du dehors ? Je pourrais les appeler encore toutes par leur nom, depuis la petite Rose jusqu'à la grande, qui est institutrice aujourd'hui. Eudoxie mourut dans mes bras, une année d'épidémie.

Et Zélie, la sœur du messager de Clefmont ! Je l'aimais doublement, parce qu'elle portait le nom d'une amie de Vroncourt, longtemps pleurée, et à cause de sa vive imagination.

Le messager et sa sœur étaient orphelins. Il était l'aîné de la famille et, tout jeune, remplissait la place des parents morts ; il avait voulu que sa sœur fréquentât mon école ; dans mes voyages d'Audeloncourt à Chaumont nous causions d'une foule de choses en gens qui lisent beaucoup.

Jamais conversation plus sérieuse que celle du jour où je revenais, ayant encore en poche la craie rouge qui m'avait servi à marquer les portes des *vilaines gens*, avec mon amie Clara.

Je m'en servis pour faire le même dessin au dos d'un voyageur qui essayait l'éloge de Bonaparte, et que je fis trembler en disant : — Il faudra bien que la République vienne, nous sommes nombreux et hardis.

A chaque relais montaient ou descendaient des personnages nouveaux, les uns vêtus de la blouse de toile bleue, le bâton suspendu au poignet par une petite courroie de cuir, la tabatière de cerisier dans la poche ; les autres couverts de vêtements de drap, si rarement portés que les plis y étaient tracés comme par une presse.

La route est longue de Chaumont à Audeloncourt ; elle tourne en spirale autour du mont Chauve, descend les pentes par les inclinaisons les plus douces et s'élance enfin, dénouant ses replis à travers des villages encore couverts de chaume, jusqu'aux bois de la Sueur, où, sous les branches basses des pommiers tordus, sont les toits effondrés d'une petite auberge où, jadis, on égorgeait les voyageurs, disent les vieux du pays ; ceux qui entraient là, il y a un peu plus d'un siècle, en sortaient rarement.

Ai-je tort de rester si longtemps sur ces époques ? Je croyais le faire rapidement et je me laisse aller aux souvenirs ; quelques pages encore, peut-être, seront consacrées à la Haute-Marne.

Certains amis me disent : Racontez longuement votre temps de la Haute-Marne. D'autres : Passez vite sur les jours paisibles et racontez en détail depuis le siège seulement.

Entre les deux opinions, je suis obligée de n'écouter ni l'une ni l'autre et je raconte comme les choses me viennent.

J'ai déjà enlevé bien des pages puériles pour d'autres, non pour moi, qui y revois ceux qui m'aimaient.

VII

A ces matins de la vie, la destinée, les ailes pliées comme une chrysalide, attend l'heure de les livrer au vent qui les déchire ; telles furent mes années de la Haute-Marne.

Certaines destinées se suivent d'abord et prennent ensuite des routes opposées. J'ai connu, à ma pension de Chaumont, mon amie Julie L... Avec elle, je fus institutrice dans la Haute-Marne et, avec elle encore, sous-maîtresse à Paris, chez Mme Vollier ; puis vinrent les événements, elle y demeura étrangère.

Mais jadis, aux vacances, dans nos grands bois, nous nous étions juré (sous le chêne au serment) une amitié éternelle ; et ni l'une ni l'autre n'y avons manqué.

Même à Paris, Julie s'occupa surtout d'étude et la haine que j'éprouvais pour l'Empire la laissa longtemps froide ; la musique et la poésie l'entraînaient davantage. Nous avons longtemps, à Millières, où un piano servait d'orgue, chanté ensemble les soirs de printemps ; j'y fus un peu organiste, jusqu'à mon départ pour Paris, en 1855 ou 1856 ; Julie, à cette époque avait la voix du rossignol de nos forêts. — Deux institutions, ne tirant que d'elles-mêmes leurs ressources, ne pouvaient guère subsister l'une près de l'autre dans ce pays, sans se réunir ; c'est ce que nous fîmes, Julie et moi. Mais toujours je songeais à Paris, j'y partis la première ; elle vint me retrouver chez Mme Vollier, 14, rue du Château-d'Eau.

Ma mère, à partir de cet instant jusqu'à la mort de sa mère, habita, à Vroncourt, cette maison sur la montée auprès du cimetière dont je dois avoir parlé.

De là, on entendait le vent dans les sapins qui ombrageaient nos chères tombes ; on en voyait les cimes, lourdes de neige, pendant l'hiver.

Nulle part, je ne vis si longue que dans la Haute-Marne la saison des frimas ; jamais je n'ai senti, à part dans les mers Polaires, un froid plus âpre.

Je souffris beaucoup en laissant seules ma mère et ma grand'mère, mais l'espérance de leur faire un avenir heureux ne m'avait pas encore abandonnée ; j'en devais conserver longtemps l'illusion.

A partir de cette époque, jusqu'à la mort de Mme Vollier, quatre ans avant le siège, dans mon école de Montmartre, nous ne nous sommes plus quittées.

Son portrait est avec les chers souvenirs que la perquisition de la police a retrouvés, car ma mère me les conservait soigneusement ; portraits à demi effacés, livres rongés des vers, fleurs fanées, œillets rouges et lilas blancs, branches d'if et de sapin ; il y aurait maintenant, en plus, les roses blanches aux gouttes de sang que je lui ai envoyées de Clermont.

C'est parmi ces débris cachés dans les vieux meubles, souvenirs aussi, qu'elle m'attendait, la pauvre femme, mais, sur les six ans de ma condamnation, elle n'en put attendre que deux.

Aujourd'hui, la chambre de Montmartre est habitée par des inconnus ; mais, comme dans la maison près du cimetière de Vroncourt, j'aime à la revoir un instant. La dernière fois que j'ai vu Vroncourt, c'était aux vacances de 1865 : j'avais avec moi Mme Eudes (alors Victorine Louvet), toute jeune ; elle avait alors seize ou dix sept-ans, et travaillait pour ses examens.

La joie de ma mère et de ma grand'mère en me revoyant fut aussi grande que la mienne, il nous semblait que les vacances dussent toujours durer... Elles furent bientôt finies !

En quittant ces deux pauvres femmes je n'osais pas tourner la tête, le cœur me crevait ; mais c'était le moment où s'accentuait la lutte contre l'Empire et, si petite qu'elle fût, chacun, gardait sa place.

Il nous semblait que la République dût guérir tous les maux de l'humanité ; il est vrai que nous la rêvions sociale et égalitaire.

Je ne revis jamais ma grand'mère Marguerite.

Victorine me parlait encore de cet automne-là pendant la maladie dont elle mourut jeune, au retour de l'exil.

Nous allions ensemble dans les bois, je lui avais montré le chêne aux serments, le vieux château encore debout ; elle allait avec ma mère dans la vigne alors pleine de jeunes arbres de toutes sortes qu'elle y avait plantés.

Un soir que nous suivions la forêt de Thol à Clefmont, allant chez l'oncle Marchal, le vieux forestier qui mariait sa fille, le trot régulier et les yeux lumineux d'un loup nous suivirent pendant toute la route.

Cela nous fit une mise en scène pour la Légende du chêne.

LE CHÊNE

✳✳✳

Elle est debout sous le grand chêne,
Sous le grand chêne de trente ans.
Des rameaux de rouge verveine
Enlacent ses cheveux flottants.

Dans la forêt aux noirs ombrages,
Règne le silence sans fin.
Les bardes chantent ; les eubages
Vont tendre leur nappe de lin.

Longtemps l'écho des chants suprêmes
Vibre après que le chant s'est tu,
Et les luths résonnent d'eux-mêmes,
Le rameau spectral abattu.

De larges coupes sur le chêne

Versent le sang du taureau blanc ;
Mais la victime, dans sa peine,
Pousse un triste gémissement.

Devant [le] sinistre présage,
La prêtresse parle au destin.
A l'horizon gronde l'orage ;
Il faut un sacrifice humain,

Un sacrifice volontaire.
Celui qui vient est jeune encor.
Il veut que son sang sur la terre
Soit versé par la serpe d'or.

Debout sous la nuit effrayante,
Comme il était beau pour la mort !
Qui donc te fit, ô mort sanglante,
Mort des martyrs, le plus beau sort ?

La druidesse frémissante
Se frappe de la serpe d'or,
Et près de lui tombe expirante,
Au cœur s'étant frappée encor.

En talisman sur les poitrines,
Dans la Gaule des anciens jours,
Avec le genêt des ravines
Leur cendre se portait toujours.

C'était le temps où tout esclave
Se levait contre les Césars,
Le temps où la Gaule était brave
Et rassemblait ses fils épars.

O nos pères, fiers et sauvages,
Bien lourd est donc votre sommeil !

> Pères, n'est-il plus de présages ?
> N'avons-nous plus de sang vermeil !
>
> Vous qui vous armez, pourquoi vivre ?
> L'amour est plus fort que la mort.
> Ne faut-il pas qu'on se délivre ?
> Heureux ceux que marque le sort !
>
> L'hymen centuple les entraves.
> A ce Tibère aux yeux sanglants
> Il donne de nouveaux esclaves.
> Ne soyons pas des combattants.
>
>
> Amis, il fait bon sous les chênes ;
> Les chênes gardent le serment
> Ou des amours ou bien des haines,
> Sur les guis aux gouttes de sang.

Telle était ma pensée, telle elle est encore dans les calamités telles que les tyrannies qui écrasent les peuples comme le grain sous la meule. On a bien assez des tortures des pauvres mères, sans multiplier par le mariage les liens de famille ; oui, il faut alors n'être que des combattants !

Il est vrai qu'il m'était possible de penser ainsi, puisque ceux qui m'avaient demandée en mariage m'auraient été aussi chers comme frères que je les trouvais impossibles comme maris ; dire pourquoi, je n'en sais vraiment rien ; comme toutes les femmes je plaçais mon rêve très haut et, outre la nécessité de rester libre pour l'époque de la lutte suprême, j'ai toujours regardé comme une prostitution toute union sans amour.

Pendant cinq ans encore, on la crut venue cette lutte suprême. Il fallut que Sedan s'ajoutât aux autres crimes pour faire déborder la coupe. On attend toujours que la coupe déborde comme un océan, par la même raison que l'on ne s'émeut jamais des malheurs tant qu'on pourrait les empêcher.

Le souvenir de deux êtres ridicules qui, se suivant comme des oies ou des spectres (il y avait de l'un et de l'autre) m'avaient, l'un après l'autre, demandée à mes grands-parents dès l'âge de douze à treize ans, m'eût éloignée du mariage si je ne l'eusse été déjà.

Le premier, véritable personnage de comédie, voulait faire *partager sa fortune* (qu'il faisait sonner à chaque parole comme un grelot) à une femme *élevée suivant ses principes* (c'est-à-dire dans le genre d'Agnès) ; il était un peu tard pour prendre cette méthode après tout ce que j'avais lu.

L'animal ! On eût dit qu'il avait dormi pendant une ou deux centaines d'années et venait nous réciter cela à son réveil.

On me laissa répondre moi-même ; j'avais justement ce jour-là lu avec mon grand-père dans sa vieille édition de Molière. Le prétendant me faisait si bien l'effet du tuteur d'Agnès que je trouvai moyen de lui glisser à propos une grande partie de la scène où elle dit :
Le petit chat est mort !

Je lui avais même répondu cela, mot à mot, — il ne comprenait pas !

Alors, en désespoir de cause, je le regardai bien en face, et avec la naïveté d'Agnès, je lui dis effrontément : Monsieur, est-ce que l'autre est en verre aussi ? (Il avait un œil de verre).

Mes parents me semblèrent un peu gênés ; lui, de l'œil qui n'était pas en verre, me lança un regard venimeux : il n'avait plus envie de faire de moi sa fiancée.

A cette époque je grandissais beaucoup, ma robe était très courte, j'avais un tablier plein de déchirures et mon filet à crapauds passait dans la poche ; je regrettais de n'en avoir pas quelques-uns à faire passer adroitement dans la sienne, mais il n'y eut pas besoin de cela ; il ne revint pas.

Molière m'inspira également pour le second de ces cocasses individus.

Ils ne se connaissaient pas, je crois, et pourtant les deux faisaient la paire.

Même idée de se choisir une fiancée toute jeune et de la faire repétrir comme une cire molle pendant quelques années avant de se l'offrir en holocauste.

Avez-vous remarqué combien d'êtres vont deux à deux, trois à trois, pareils aux astres qui gravitent les uns autour des autres ? Ces deux étoiles doubles avaient quelque chose de fantastique, mais le rire en détruisait l'impression.

Celui-là, je lui tins à peu près ce discours : Vous voyez bien ce qui est là au mur (c'était une paire de cornes de cerf) ? Eh bien ! je ne vous aime pas, je ne vous aimerai jamais, et si je vous épousais je ne me gênerais pas plus que Mme Georges Dandin ! Vous en porteriez cent mille pieds plus haut que cela sur votre tête !

Il ne revint jamais, persuadé que je lui disais la vérité, mais on me recommanda d'être une autre fois plus réservée en citant les vieux auteurs.

A quelque temps de là mon grand-père, revenant dans la voiture du messager de Bourmont, rencontra un troisième maniaque qui lui dit en montrant Vroncourt : Vous voyez bien ce vieux nid à rats ?

— Oui ! Eh bien ?

— Il y a là un vieux bonhomme qui élève ses petits-enfants pour le bagne et l'échafaud.

— Ah ! vraiment !

— Oui, monsieur. Dernièrement mon ami X... a proposé d'épouser la petite drôlesse, dans quelques années, si on dirigeait son éducation comme il l'entend.

— Eh bien ?

— Eh bien ! on l'a laissée répondre ce qu'elle a voulu ; elle a dit des choses si horribles que mon ami ne veut pas les répéter. Si j'avais une fille comme ça je la ferais mettre en maison de correction. Une petite drôlesse qui n'aura pas un sou vaillant ! Eh bien, où allez-vous ?

— Je prends le chemin de Vroncourt, c'est moi qui suis le vieux bonhomme !

Et dire qu'il y a de pauvres enfants qu'on eût forcées d'épouser un de ces vieux crocodiles ! — Si on eût fait ainsi pour moi, je sentais que, lui ou moi, il aurait fallu passer par la fenêtre.

Je ne sais si j'avais raconté cela à Victorine. Toute ma vie me revenait au cœur, mais je lui parlais surtout de mes élèves du pays : Rose et Claire, devenues institutrices ; la grande Estelle, pareille aux fraîches bergères de Florian ; la pauvre petite Aricie — maigre, boiteuse, étiolée, qui absorbait en quelques jours un livre d'étude et toutes les choses passées de la veille ou de longtemps : celles qui faisaient rire et celles qui faisaient pleurer.

De celles qui faisaient rire, voici quelques-unes. J'ai parlé des deux Laumont : M. Laumont *le petit*, instituteur à Ozières ; M. Laumont *le grand*, médecin à Bourmont.

Tous deux venaient souvent à la maison. *Le petit* toujours vêtu d'un carrik gris aussi court qu'une pèlerine, et portant une canne d'une hauteur énorme, semblait ne pas peser sur terre ; il était aussi grand d'intelligence qu'étrange de manières.

Le grand, enveloppé d'un ample manteau noir (avec lequel, disions-nous, mon cousin et moi, il avait l'air d'un scarabée), venait sur un lourd cheval passer avec nous le mardi de chaque semaine. Les deux Laumont étaient parents, *le petit* passait les hivers avec nous ; il avait autrefois donné des leçons à ma tante Agathe et à ma mère ; je crois qu'il avait appris à lire à tout le pays.

Le grand avait quelquefois sa flûte dans sa poche, il en jouait parfaitement.

C'étaient les bons jours ; ma grand'mère ou moi nous étions au piano, mon grand-père prenait sa basse et on faisait de la musique, tant qu'on n'en avait point assez.

Cet enthousiasme ne m'empêchait pas de trouver du temps pour donner à la fameuse jument de l'avoine plein mon tablier, ce qui changeait singulièrement son allure.

Alors le docteur s'en allant, rapide dans la brune du soir, avec son ample manteau flottant autour de lui, avait l'air du noir cavalier des légendes.

— Petit monstre ! me dit-il un jour, après avoir été deux semaines sans venir, vous avez manqué me faire tuer ; j'ai passé toute cette quinzaine au lit.

J'en fus si frappée que je me retirai, pour pleurer sur mon imprudence, dans le fond d'une cave, où je descendais quand j'avais quelque grand chagrin : ne rien voir que l'ombre calmait mes remords. Alors, prise de pitié, ma grand-mère m'avoua que M. Laumont *le grand* avait voulu me donner une leçon, mais qu'il n'avait point eu de mal ; j'étais assez punie comme cela. Les deux Laumont sont des figures remarquables dont je parlerai plus longuement.

Je croyais pour aujourd'hui avoir cessé de parler de Vroncourt et voilà que les pages se noircissent sans fin, et que j'ai toujours à dire. Nous y reviendrons encore, j'esquisse d'abord l'ensemble de ma vie.

Combien, à la fin de l'Empire, les strophes terribles de Victor Hugo me revenaient au cœur ! Elles y entraient froides comme l'acier et chaque syllabe me sonnait à l'oreille comme une horloge.

<blockquote>
Harmodius, c'est l'heure !
Tu peux frapper cet homme avec tranquillité.
</blockquote>

Ainsi je l'eusse fait, car cet homme de moins, il y avait des millions d'hommes d'épargnés. Quelqu'un m'avait promis une entrée (car même à *lui*, je n'eusse point demandé audience pour le tuer).

L'entrée qu'on m'avait promise, on me la donna quand Bonaparte n'était plus là, quand il partit pour sa guerre.

Oui, à cette époque, on eût évité Sedan si Bonaparte fût mort, mais on a la coutume d'attendre l'anéantissement d'une multitude, on attendrait volontiers celle d'un peuple pour arrêter les grands escarpes.

Peut-être que cela fera plus vite comprendre, et que cet anéantissement de légions empêchera la race humaine de s'abandonner plus longtemps à ces bûcherons d'hommes qui la taillent comme une forêt pour leur bon plaisir.

VIII

Lorsque nous étions, Julie et moi, chez Mme Vollier, toujours vêtues de même, grandes toutes deux et toutes deux brunes, on nous prenait pour les deux sœurs ; on nous appelait les demoiselles Vollier. En 71, quand on prit sur moi des informations minutieuses, je dus indiquer cette particularité.

Deux de mes cousines étaient alors sous-maîtresses : l'une à Puteaux, l'autre à La Chapelle. Nous avions à peu près les mêmes recettes, c'est-à-dire ce que l'instruction rapportait à cette époque. Nous n'en étions pas plus tristes ; il était reconnu que cela devait être ainsi sous le règne de Sa Majesté Napoléon III comme sous celui de ses devanciers. Nul état où l'on eût moins d'argent ; nul état où l'on sût aussi bien s'en passer — on était un peu bohème !

Mme Vollier, malgré son âge, autant que toutes les femmes qui vivent de leur travail, savait rire au nez de la situation ; certaines femmes de lettres de nos amies en supportaient bien davantage ! On se faisait de tout cela, les jeudis soir, ensemble, de fameuses dérisions autour de bonnes tasses de café fumant.

Je me gardais bien de dire à ma mère que les recettes avaient grand'peine à égaler la dépense (quelque restreinte qu'elle fût) dans les externats où le loyer montait haut.

Ayant bien reconnu qu'il n'y avait rien à gagner et ne possédant rien ni les unes ni les autres, mais n'aimant pas à publier ces choses-là, nous résolûmes, Mme Vollier, Julie et moi, de nous associer. Cela faisait bien et il y avait le résultat d'envoyer chez ma mère *un acte d'association* en bonne et due forme qui fit cesser les choses qu'on lui disait : Votre fille ne gagnera jamais rien ! Elle dépense tout et il ne faut plus rien lui envoyer, etc. ; une cuisinière gagne dix fois plus.

Nous le savions, parbleu, bien, qu'il n'y avait rien à gagner dans l'instruction ! Mais il y avait encore bien moins dans tout autre état de femme quand on ne veut pas faire danser l'anse du panier. Est-ce qu'ils sont meilleurs aujourd'hui les états de femmes ? Il est vrai que ceux des hommes ne valent guère mieux ! La pauvre Mme Vollier, coquette pour nous comme une mère, trouvait moyen que Julie et moi nous fussions coquettement mises.

Il me souvient de chapeaux de crêpe blanc avec des bouquets de marguerites, de robe de grenadine noire, de mantelets de dentelle ; mais les billets ou le Temple aidant, nous étions parées pour beaucoup moins qu'on n'aurait cru.

Ma chère mère, de son côté, trouvait moyen de m'envoyer un peu d'argent qui, par malheur, passait en livres ou en musique. Je me le reproche maintenant, mais au moyen de l'acte d'association elle était tranquille et les lamentations des imbéciles sur le tort qu'elle avait eu de ne point m'avoir *forcée à me marier* avaient cessé : le papier marqué de l'acte leur en avait imposé. Il n'y avait plus rien à dire : j'étais associée *dans un externat de Paris ! !*

Nous n'étions certes paresseuses ni les unes ni les autres, mais les maisons d'éducation étaient l'une sur l'autre dans le quartier et les loyers fort chers.

Après les classes, il y avait les leçons du soir : Mme Vollier elle-même, quoique fort âgée, en donnait. Elle disait à ses fils (en minime partie) les mêmes mensonges que je faisais en grand à ma mère. Mme Vollier espérait, à la démolition du n° 14 de la rue du Château-d'Eau, avoir une indemnité avec laquelle nous eussions eu un externat dans les faubourgs. Julie ayant reçu une petite somme de sa famille alla s'établir dans un quartier populeux ; elle nous abandonna sa part de l'association et acheta son externat du faubourg Antoine. Je ne voulus pas la suivre. Mme Vollier était âgée et Julie était jeune, mais les jours de congé nous étions ensemble, j'y donnais des leçons de musique les soirs de jeudi.

Ces détails sont trop courts, mais cette charpente de ma vie rendrait le livre moins incomplet si la mort le fermait.

— Si votre fille gagne tant, disait-on à ma mère, comment ne vous fait-elle jamais quelque petite surprise ?

Inquiète elle vint à Paris ; je ne pouvais aller la voir aux vacances : on n'a que huit jours, dans les externats, sous peine de perdre ses élèves. Les parents, ayant pendant toute l'année leurs enfants chez eux à part le temps des classes, ne veulent ou ne peuvent les avoir complètement pendant plus de huit à dix jours. Les leçons particulières surtout n'admettaient pas plus de vacances.

Et puis, comment ferait-on pour le terrible loyer s'il se trouvait un mois sans recette ?

Quant à être malheureuse autrement que par la lutte pour l'existence, je ne l'ai jamais été dans l'instruction ; j'étais jeune, et j'avoue qu'aux récréations je m'amusais parfaitement avec les grandes : nous fabriquions séance tenante des drames, qu'on jouait aux petites (avec les *décors au tableau* pour l'intelligence de la pièce). Jeune je suis restée, à travers tout et, jusqu'à la mort de ma mère, peut-être, j'eus le cœur jeune ; depuis ce jour-là il n'y reste pas une goutte de sang.

Maintenant je suis désintéressée de la vie, tout est fini, et je serai dans le combat suprême (celui où nous donnerons tous) froide comme la mort.

C'est par groupes que je revois les élèves du Château-d'Eau : le groupe des grandes, deux ou trois de haute taille, Léonie C..., Aline M..., Léopoldine ; — celui des blondes, deux au large front, aux yeux d'un bleu d'acier, Héloïse et Gabrielle ; — un groupe aux yeux noirs, Alphonsine G..., et les deux sœurs L... ; — un groupe de pâles, Joséphine L..., la petite Noël, Marie C... Et des petites si brunes qu'elles en étaient noires : Élisa B... qui toute petite avait les traits accentués des races du Midi, Julie L... dont la voix était énorme en attendant qu'elle fût belle, Élisa R... qui jouait *son morceau* des prix, n'ayant pas encore les quatre ans qu'avait Mozart. Et tant d'autres et toutes, que sont-elles devenues ? Là, comme dans la Haute-Marne, comme à Montmartre, comme en Calédonie, on comprend pourquoi je ne mets que des initiales.

Qui sait si mes Mémoires ne seront point un jour feuilletés pour servir à l'arrestation de ceux qui m'ont rencontrée ! S'ils allaient être accusés d'anarchie pour m'avoir connue !

Nous disions que ma mère inquiète était venue à Paris pour se rendre compte par elle-même.

Entre elle et Mme Vollier qui ressemblait à ma grand-mère, s'établit une vive amitié. Que de mal elles disaient ensemble de moi, les pauvres femmes ! Mais quelle bonne quinzaine nous avons passée, à part le soir même de l'arrivée de ma mère, où, dînant ensemble toutes trois, je me trouvais si heureuse qu'il me semblait inévitable que ce bonheur fût troublé. J'avais raison.

Un grand escogriffe aux yeux louches, porteur d'un billet à ordre que j'avais complètement oublié, se présenta tout à coup.

C'était juste au moment où je vantais à ma pauvre mère (non pour le plaisir de la tromper, mais pour la rassurer) la résolution que j'avais prise de ne plus souscrire d'effets pour des livres : le silence de Mme Vollier ne me présageait rien de bon, l'entrée de l'escogriffe me donna le plus beau démenti possible.

Mme Vollier alors, pour que ma mère fût tranquille, prit sur l'argent du loyer (dont ses fils venaient d'apporter le complément) de quoi payer le billet. Ma mère rendit cette somme après son retour à Vroncourt ; elle me faisait observer doucement combien les achats de livres lui avaient déjà causé de privations. Je fus longtemps sans recommencer, mais c'était rude, il y avait tant de publications qui me tentaient ! C'était tout, pour être vraie !

Heureusement l'instruction élémentaire était là. Les cours de la rue Hautefeuille ayant lieu la plupart à dix heures du soir, on pouvait s'y échapper souvent et les librairies étaient fermées en revenant.

Là, dans la longue nuit de l'Empire, on avait des échappées de vue sur des temps meilleurs. Qui aurait pensé alors que quelques-uns de ces hommes, qui parlaient si bien de liberté, qui flétrissaient si haut les crimes de l'homme de Décembre, se trouveraient parmi ceux qui voulaient noyer la liberté dans le sang de mai 71 ?

Le pouvoir donne ces vertiges, il les donnera toujours jusqu'à l'heure où il appartiendra à l'humanité entière.

En toute vie individuelle, sont les mêmes transformations que dans l'ensemble d'existences qui s'agitent à travers les siècles : dans l'enfance, la jeunesse, la virilité du genre humain.

Aux heures de la jeunesse, tout esprit humain ne fait-il pas bon marché des songes d'enfance, où il s'occupait de lui-même ? L'individu isolé s'efface ou ne daigne plus songer bêtement à sa petite personne.

Peu importe alors que le temps ait manqué pour faire les études assez larges et que, rêvant les arts, on ne soit qu'une machine à leçons. C'est avec son époque entière qu'on sent, qu'on souffre, qu'on est heureux, et tout l'amour, toute la haine, toute l'harmonie, toute la puissance qu'on possède, on jette tout cela aux effluves qui vous emportent ; on n'est rien, et on fait partie de ce qui est tout : de la Révolution !

Chez Mme Vollier j'envoyais quelques vers à des journaux, l'*Union des poètes*, la *Jeunesse*, et autres, mais j'avais déjà tant effeuillé de choses que je n'y faisais guère attention ; de tout cela j'ai ignoré souvent ce qui a paru.

J'envoyais à Victor Hugo, dans son exil, les poèmes qui me semblaient à peu près bons.

Mais le temps était loin où je lui adressais de Vroncourt des vers que le maître indulgent disait doux comme mon âge.

> Moi, je suis la blanche colombe
>   Du noir arceau
> Qui, pour l'arche, à travers la tombe
>   Cherche un rameau

Ce que je lui envoyais maintenant sentait la poudre.

> Entendez-vous tonner l'airain ?
> Arrière celui qui balance !
> Le lâche trahira demain !
> Sur les monts et sur la falaise,
> Allons, semant la liberté.
> Souffle par l'orage emporté,
> Passons, vivante Marseillaise.
> Passons, passons les mers, passons les noirs
>   vallons.
> Passons, passons ; que les blés murs tombent
>   dans les sillons

Ces mêmes vers, la *Marseillaise noire*, furent jetés par moi, un jour de 14 juillet, dans la boite du guichet de l'Échelle, avec d'autres adressés à Mme *Bonaparte* ; ces derniers, commencés en collaboration par Vermorel et moi, avaient été revus et augmentés par d'autres amis avec le même dédain de la rime, mais avec des expressions, disaient-ils, plus *appropriées* à la circonstance, si le mot appropriées exprime la chose !

Je crois qu'à part le premier couplet et le dernier, nul des collaborateurs n'eût osé lire tout haut cette pièce :

air de *Malbrough*

1er *couplet.*

Bonjour, *mam'* Bonaparte...
   Mironton, etc.
Comment nous portons-nous ?
Ma foi, monsieur l' cent-garde,
   Mironton, etc.
Ça va pas mal, et vous ?

Dernier couplet.

Gueuses, Robert-Macaires.
   Mironton, etc.
Vendus et tripoteurs,
Vous êtes les affaires,
   Mironton, etc.
Loques des chiffonniers !

Combien de fois on devait croire le jour arrivé de les jeter aux chiffons, les loques de l'Empire, et toujours il durait ! Rien de solide comme les ruines, rien qui dure plus que les haillons.

Allant chez Julie, un jour de congé, je me croisai avec une multitude qui parcourait le boulevard ; je crus l'heure arrivée !

Mais c'était M. J. Miot qu'on emmenait en prison. Quelques-uns de ceux qui suivaient les masques du carnaval les avaient quittés pour voir emmener le vieux républicain par les valets de l'Empire ; cette foule joyeuse au jour de deuil n'est pas le peuple, c'est la même qu'on voit aux exécutions capitales et qu'on ne trouve jamais quand il faut soulever les pavés.

C'est le tas des inconscients qui, sans le savoir, étayent les tyrannies, prêts à prendre à la gorge et à entraîner sous l'eau quiconque veut les sauver ; c'est le grand troupeau qui tend le cou au couteau et marche sous le fouet.

Sous l'Empire, comme à toutes les époques où les nations sont des abattoirs, la littérature était étrange ; des troppemaneries emplissaient les livres ; il y avait des cadavres oubliés derrière chaque feuillet, comme si en écrivant on eût regardé chez Napoléon III. Tout sentait fade, des mouches de charnier volaient sur les livres.

Aussi des ouvrages charmants d'Adèle Esquiros dormaient, attendant des temps plus propices. Parfois, elle nous en lisait quelques pages, fraîches amours, gracieuses images, qui donnaient l'impression de ces matinées de printemps où la rosée couvre les fleurs, où le soleil brille dans les branches. Il y avait bien quelques passages amers. Mais quelque fine plaisanterie en voilait la tristesse.

Que sont devenus tous ces manuscrits ? Je ne les ai jamais vus paraître !

Il est vrai qu'entre la déportation et la prison j'ai eu peu de temps pour visiter les amis. Adèle Esquiros est paralysée depuis plusieurs années ; et toujours, comme autrefois, elle subit, le sourire aux lèvres, le mauvais destin.

Un jour de dimanche, seule chez Mme Vollier, j'essayais des airs qui, je le savais bien, ne verraient jamais le jour, pas plus que les paroles (réminiscences peut-être de mon amour pour le diable). C'était un opéra fantstaique.

Je puis bien l'avouer à présent, ni plus ni moins qu'un opéra : le *Rêve des sabbats*.

Quand on a bravement pris son parti sur ceci, qu'il est impossible de trouver des éditeurs quand on n'est pas connu, et qu'on ne peut cependant être connu tant qu'on n'a pas trouvé d'éditeurs, on ne s'amuse pas à traîner ses manuscrits dans les antichambres, on continue son état, quel qu'il soit. Si on n'en avait pas, on se ferait plutôt chiffonnier que d'aller chercher des recommandations. On éprouve même un certain plaisir à jeter au vent strophes, motifs, dessins. Que tout cela tombe et s'effeuille sous tes pas, Révolution, jusqu'au jour où tous se déploieront librement !

Comme j'essayais mes diableries, et que j'en étais à la chasse infernale :

> La coupe est rougie
> Du vin de l'orgie.
> Effeuillons, chasseurs,
> Et femmes et fleurs

on sonna à la porte. C'était une vieille dame juive, droite comme le spectre du commandeur et encore d'une grande beauté ; on eût dit son visage taillé dans du marbre : elle était grand'mère d'une de mes élèves.

— Est-ce bien vous, dit-elle, qui vous permettez la sauvagerie que je viens d'entendre ?

— Mais... oui, c'est moi.

— Je suis sûre que vous n'oseriez pas recommencer ces horreurs devant moi ; voyons, pour vous punir, je veux entendre le reste.

Et la voilà qui fait si bien que je recommence.

Les motifs sauvages l'indignaient, mais il fallut aller toujours, et puis elle fut moins dure pour certaines choses ; elle aimait les chants d'amour.

La ballade du squelette lui plut.

> Toi qui chantes si tard aux murs verts des tourelles,
>   Jeune fille, ouvre-moi.
> Viens ; j'ai de blanches mains et des amours fidèles
> Et j'aurai des éclairs dans mes yeux sans prunelles
> Pour regarder encor la reine du tournoi.

A la fin de la ballade, bien entendu, la jeune fille aime le squelette et le suit dans l'inconnu ; ils s'en vont dans une vallée solitaire où l'on n'entend nul bruit qu'un solo de luth.
Ma vieille dame daigna approuver le lai du troubadour.

> L'oiseau chantait
> Et frissonnait
> Sous la feuillée
> Et dans le vent l'âme envolée
> Pleurait, pleurait.

Le plan de la pièce était des plus simples : après la destruction de la vie sur notre planète, l'enfer s'y établit et se trouve d'abord plus à l'aise.

Au premier acte, on voit que la fin du globe a eu lieu par une révolution géologique ; le théâtre représente quelque chose comme un paysage lunaire ; Satan est assis sur le haut d'un des édifices de Paris dont la base, comme toute la ville, est ensevelie sous les laves.

L'amour de Satan et de don Juan pour la même druidesse cause toutes les péripéties et allume une guerre infernale.

Tous les personnages qui m'avaient plu dans l'histoire, la poésie, les légendes, y avaient une place suivant le caractère.

La fin était l'émiettement du globe, les esprits s'assimilant aux forces de la nature dont on entendait le chœur dans une nuit traversée d'éclairs.

Tapage général de l'orchestre diminuant peu à peu ; tantôt les uns, tantôt les autres des instruments se taisent ; il ne reste plus qu'un chœur de harpes cessant elles-mêmes l'une après l'autre ; une seule reste et s'éteint dans un pianissimo plus doux que la chute de l'eau sur les feuilles ; ainsi doivent s'égrener les dernières notes jusqu'au silence.

Il y avait tous les instruments depuis le canon jusqu'à l'harmonica, des harpes, des lyres, des flûtes, des clairons, des guitares.

Un chœur de diables s'exprimaient sans paroles avec des violons (une vingtaine de violons).

Il aurait fallu, pour cet orchestre monstre, une enceinte de montagnes avec les spectateurs au parterre dans la vallée, ou toute une baie du nouveau monde.

Après l'imitation grotesque, sur le piano, des notes de harpe, ma Juive m'envisagea avec stupeur :

— Malheureuse ! mais c'est de vous ces monstruosités-là !

Je ne répondis pas.

— Le plus malheureux c'est qu'il y a des choses bien.

— S'il n'y avait rien je ne serais pas assez bête pour m'en occuper.

— Mais vous savez bien que pour se livrer à ces choses-là il faut être riche ou connu.

— Aussi je ne m'y livre pas, je reste dans l'instruction, et la preuve, c'est que je laisserai telle qu'elle est cette chose qu'on ne peut exécuter sur un théâtre ; c'est bien un rêve, qu'il soit des sabbats ou de la vie ; ainsi je jette et j'ai jeté d'autres rêves.

Elle me prit la main, la sienne était toute froide.

— Et votre cœur, où le jetterez-vous ?

— A la Révolution !

Elle s'assit au piano et, ses mains glacées glissant sur les touches froides, elle commença je ne sais quelle invocation au Dieu d'Israël ; on y sentait le désert, le calme de la mort et ce calme allait jusqu'au cœur.

A quelque temps de là, mon fantôme me conduisit un samedi à la synagogue.

L'étrangeté des rites et du rythme, une sorte de *Kyrie* d'une allure grandiose, tout cela me prit ; elle crut, me voyant des larmes dans les yeux, que j'étais touchée de la grâce de Jéhovah.

— Non, lui dis-je, c'est l'impression qui m'a prise et peut-être en est-il ainsi de tout.

Je ne sais trop pourquoi j'ai détaillé si longuement le *Rêve des sabbats* ; je crois même l'avoir en partie transcrit lisiblement pour le donner à notre ami Charles de S..., quelques années avant la Commune, mais j'ai, par paresse, substitué à la catastrophe finale un apaisement qui me sauvait une dizaine de feuillets ; c'est si ennuyeux de mettre au net.

De l'orchestre, s'éteignant jusqu'à la dernière note de la dernière harpe, que l'esprit brise en s'éteignant, rien de tout cela ne m'avait paru valoir un effort de travail.

La Révolution se levait ! à quoi bon les drames ? Le vrai drame était dans la rue ; à quoi bon les orchestres ? Nous avions les cuivres et les canons.

Nous nous étions souvent rencontrés dans une même idée, Charles de S... et moi. La dernière fois ce fut au sujet d'un piano dont les marteaux eussent été remplacés par de petits archets pour donner à la poitrine clapotante du piano un peu de la passion du violon.

J'avais fait à ce sujet un article publié dans le *Progrès musical* avec la signature *Louis Michel*.

J'avais eu plusieurs fois l'occasion de remarquer qu'en jetant dans la boîte d'un journal quelconque des feuillets signés *Louise* Michel, il y avait cent à parier contre un que ce ne serait pas inséré ; en signant au contraire *Louis* Michel ou Enjolras, la chance était meilleure.

IX

L'être, comme la race, monte et s'épanouit en feuilles et en fleurs.

Pareils aux fruits verts, nous ne serons bons qu'à engraisser le sol, mais ceux qui viendront après nous porteront semence pour la justice et la liberté.

La sève qui monte, à notre époque de transition, est puissante.

Il ne peut naître aujourd'hui des croisements humains, à travers des vicissitudes infinies, que des races révolutionnaires, chez ceux mêmes qui nient l'imminence de la Révolution.

L'évolution au lent travail est achevée ; il faut que la chrysalide crève la vieille peau ; c'est la Révolution.

Depuis que l'humanité gît, les ailes enveloppées, des sens nouveaux ont germé ; même physiquement, l'homme nouveau ne nous ressemblera plus.

Mourons donc, misérables que nous sommes, et que s'effondrent sur nous nos monstrueuses erreurs, jusqu'à la dernière ; et que la race humaine se déploie et vive où l'on égorgeait le troupeau humain.

Salut à l'humanité libre et forte qui ne comprendra pas comment si longtemps nous avons végété, pareils à nos aïeux des cavernes, ne dévorant plus la chair les uns des autres (nous ne sommes plus assez forts), mais dévorant leur vie.

Est-ce qu'aujourd'hui les multitudes ne s'effondrent pas dans des hécatombes et des misères sans nombre, pour le bon plaisir de quelques-uns, avec cette seule différence du temps de nos aïeux, que c'est plus en grand.

Est-ce que les peuples ne sont pas taillés comme des moissons ? En taillant les chaumes, on secoue le grain sur la terre pour le printemps séculaire ; chaque goutte de sang des croisements humains bout dans nos veines ; c'est dans cette tourmente que viendra le renouveau.

Si la Révolution qui gronde sous la terre laissait quelque chose du vieux monde, ce serait toujours à recommencer ! Elle s'en ira donc pour toujours, la vieille peau de la chrysalide humaine. Il faut que le papillon déploie ses ailes, qu'il sorte saignant de sa prison ou qu'il crève.

Salut à la race au sang chaud et vermeil en qui tout sera justice, harmonie, force et lumière !

Dans ces temps-là, on prendra pour tout la ligne droite au lieu de chercher pour tout des millions de détours, et les petites lueurs tremblotantes qu'on prend pour des étoiles, et qui sont à peine des vers luisants, disparaîtront dans la clarté du jour.

Quelle débâcle, mes amis, dans toutes les vieilles boites à erreurs ! Nous serons balayés dans cette poussière-là, tâchons au moins que ce soit le moins bêtement possible.

J'ai vu là-bas, dans les forêts calédoniennes, s'effondrer tout à coup, avec un craquement doux de tronc pourri, de vieux miaoulis qui avaient vécu leur quasi éternité d'arbres.

Quand le tourbillon de poussière a disparu, il ne reste plus qu'un amas de cendre sur lequel, pareils à des couronnes de cimetière, gisent des branchages verts : les dernières pousses du vieil arbre, entraînées par le reste.

Les myriades d'insectes qui se multipliaient là depuis des siècles sont ensevelis dans l'effondrement.

Quelques-uns, remuant péniblement la cendre, regardent, étonnés, inquiets, le jour qui les tue ; leurs espèces nées dans l'ombre ne soutiendront pas la lumière.

Ainsi, nous habitons le vieil arbre social, que l'on s'entête à croire bien vivant, tandis que le moindre souffle l'anéantira et en dispersera les cendres.

Nul être n'échappe aux transformations qui, au bout de quelques années, l'ont changé jusqu'à la dernière parcelle. Puis vient la Révolution qui secoue tout cela dans ses tempêtes.

C'est là que nous en sommes ! Les êtres, les races et, dans les races, ces deux parties de l'humanité : l'homme et la femme, qui devraient marcher la main dans la main et dont l'antagonisme durera tant que la plus forte commandera ou croira commander à l'autre réduite aux ruses, à la domination occulte qui sont les armes des esclaves. Partout la lutte est engagée.

Si l'égalité entre les deux sexes était reconnue, ce serait une fameuse brèche dans la bêtise humaine.

En attendant, la femme est toujours, comme [le] disait le vieux Molière, le potage de l'homme.

Le sexe *fort* descend jusqu'à flatter l'autre en le qualifiant de *beau sexe*.

Il y a fichtre longtemps que nous avons fait justice de cette force-là, et nous sommes pas mal de révoltées, prenant tout simplement notre place à la lutte, sans la demander. — Vous parlementeriez jusqu'à la fin du monde !

Pour ma part, camarades, je n'ai pas voulu être le *potage de l'homme*, et je m'en suis allée à travers la vie, avec la vile multitude, sans donner d'esclaves aux Césars.

Elle aussi, la vile multitude, on la flatte à ses heures, on l'appelle le peuple-roi.

Disons quelques vérités aux fortes parties du genre humain, nous ne pourrons jamais trop en dire.

Et d'abord, parlons-en de cette force, faite de nos lâchetés : elle est beaucoup moins grande qu'elle ne paraît.

Si le diable existait, il saurait que si l'homme règne, menant grand tapage, c'est la femme qui gouverne à petit bruit. Mais tout ce qui se fait dans l'ombre ne vaut rien ; ce pouvoir mystérieux, une fois transformé en égalité, les petites vanités mesquines et les grandes tromperies disparaîtront ; alors il n'y aura plus ni la brutalité du maître, ni la perfidie de l'esclave.

Ce culte de la force reporte aux temps des cavernes ; il est général chez les sauvages, comme chez les premiers peuples du monde.

J'ai vu là-bas, en Calédonie, des *tayos* chargant leur *popinée*, leur *nemo*, comme on charge un mulet ; ils passaient fiers, ne portant que la sagaie du guerrier, partout où ils pouvaient rencontrer quelqu'un. Mais si le sentier se faisait désert ; si les gorges de montagnes se resserraient, alors le tayo ému de pitié déchargeait du filet de pêche, de la keulé ou d'un des pikininos, la *popinée* qui suait sang et eau.

Soulagée elle respire, n'ayant plus qu'un petit, suspendu à son dos, et un ou deux autres (non pas attachés à ses jupes, elle n'en a pas) le petit bras passé en jarretière au genou maternel et trottinant, trottant même avec des petites pattes agiles de perdreau.

Si une ombre paraît à l'horizon — ne serait-ce que celle d'un bœuf ou d'un cheval des pudoks, — vite les pierres de fronde, la *keulé*, le *pikininé* retournent sur le dos de la *nemo*, et le *tayo* fait semblant de consolider la charge.

Hi chère ! si on l'avait vu ? *pas lélé* un guerrier qui compte les *nemos* pour quelque chose ! Elles ne voudraient plus ne rien être !

Est-ce que ce n'est pas la même chose partout ? Est-ce que la vanité bête de la force ne pose pas au nombre des arguments, à l'infériorité des femmes, que la maternité ou d'autres circonstances les gêneraient pour combattre ?

Avec cela qu'on va toujours être assez bête pour s'égorger ? Et du reste les femmes, quand la chose vaut la peine de se battre, n'y sont pas les dernières ; le vieux levain de révolte qui est au fond du cœur de toutes fermente vite quand le combat ouvre des routes plus larges, où cela sent moins le charnier et la crasse des bêtises humaines. Elles sont dégoûtées, les femmes ! Les vilenies leur font lever le cœur.

Un peu moqueuses aussi, elles saisissent vite ce qu'il y a d'épatant à voir des gommeux, des fleurs de grattin, des pschutteux, des petits-crevés enfin, jeunes ou vieux, drôles, crétinisés par un tas de choses malpropres, et dont la race est finie, soupeser dans leurs pattes sales les cerveaux des femmes, comme s'ils sentaient monter la marée de ces affamées de savoir, qui ne demandent que cela au vieux monde : le peu qu'il sait. Ils sont jaloux, ces êtres qui ne veulent rien faire, de toutes les ardeurs nouvelles qui ravissent le dernier miel à l'automne du vieux monde.

Il y a beau temps que les Américaines et les Russes ont secoué les bêtes de questions de sexe, et qu'elles suivent les mêmes cours que les hommes. Ils n'en sont pas jaloux, se sentant capables du même zèle et ne comprenant pas qu'on s'occupe davantage des sexes que de la couleur de la peau.

Mais chez le premier peuple du monde, *hichère*, ce ne serait pas plus *lélé* que dans les tribus calédoniennes, que les femmes eussent la même éducation que les hommes. Si elles allaient vouloir gouverner !

Soyez tranquilles ! Nous ne sommes pas assez sottes pour cela ! Ce serait faire durer l'autorité ; gardez-la afin qu'elle finisse plus vite !

Hélas ! ce plus vite-là sera encore long. Est-ce que la bêtise humaine ne jette pas sur nous tous les suaires de tous les vieux préjugés ?

Soyez tranquilles : il y en a encore pour longtemps. Mais ce n'est toujours pas vous qui arrêterez le ras de marée ni qui empêcherez les idées de flotter, pareilles à des bannières, devant les foules.

Jamais je n'ai compris qu'il y eût un sexe pour lequel on cherchât à atrophier l'intelligence comme s'il y en avait trop dans la race.

Les filles, élevées dans la niaiserie, sont désarmées tout exprès pour être mieux trompées : c'est cela qu'on veut.

C'est absolument comme si on vous jetait à l'eau après vous avoir défendu d'apprendre à nager, ou même lié les membres.

Sous prétexte de conserver l'innocence d'une jeune fille, on la laisse rêver, dans une ignorance profonde, à des choses qui ne lui feraient nulle impression, si elles lui étaient connues par de simples questions de botanique ou d'histoire naturelle.

Mille fois plus innocente elle serait alors, car elle passerait calme à travers mille choses qui la troublent : tout ce qui est une question de science ou de nature ne trouble pas les sens.

Est-ce qu'un cadavre émeut ceux qui ont l'habitude de l'amphithéâtre ?

Que la nature apparaisse vivante ou morte, elle ne fait pas rougir. Le mystère est détruit, le cadavre est offert au scalpel.

La nature et la science sont propres, les voiles qu'on leur jette ne le sont pas. Ces feuilles de vigne tombées des pampres du vieux Silène ne font que souligner tout ce qui passerait inaperçu.

Les Anglais font des races d'animaux pour la boucherie ; les gens civilisés préparent les jeunes filles pour être trompées, ensuite ils leur en font un crime et un presque honneur au séducteur.

Quel scandale quand il se trouve de mauvaises têtes dans le troupeau ! Où en serait-on si les agneaux ne voulaient plus être égorgés ?

Il est probable qu'on les égorgerait tout de même, qu'ils tendent ou non le cou. Qu'importe ! Il est préférable de ne pas le tendre.

Quelquefois les agneaux se changent en lionnes, en tigresses, en pieuvres.

C'est bien fait ! Il ne fallait pas séparer la caste des femmes de l'humanité. Est-ce qu'il n'y a pas des marchés où l'on vend, dans la rue, aux étalages des trottoirs, les belles filles du peuple, tandis que les filles des riches sont vendues pour leur dot ?

L'une, la prend qui veut ; l'autre, on la donne à qui on veut.

La prostitution est la même, et chez nous largement est pratiquée la morale océanienne.

Hi chère ! pas *lélé* les *tayos* qui comptent les *nemos* pour quelque chose !

Esclave est le prolétaire, esclave entre tous est la femme du prolétaire.

Et le salaire des femmes ? Parlons-en un peu ; c'est tout simplement un leurre, puisque, étant illusoire, c'est pire que de ne pas exister.

Pourquoi tant de femmes ne travaillent-elles pas ? Il y a deux raisons : les unes ne trouvent pas de travail ; les autres aiment mieux crever de faim, dans un trou si elles peuvent, au coin d'une borne ou d'une route si elles n'ont plus d'abri, que de faire un travail qui leur rapporte tout juste le fil qu'elles y mettent, mais rapporte beaucoup à l'entrepreneur. Il y en a qui tiennent à la vie. Alors, poussées par la faim, le froid, la misère, attirées par les drôles ou drôlesses qui vivent de ça, — il y a des vers dans toutes les pourritures, — les malheureuses se laissent enrégimenter dans l'armée lugubre qui traîne de Saint-Lazare à la Morgue.

Tenez, quand une misérable qui barbote dans la fange, prend dans la poche d'un *pante*, comme elles disent, plus qu'il ne lui donne, tant mieux ! Pourquoi y allait-il ? S'il n'y avait pas tant d'acheteurs on ne trafiquerait pas sur cette marchandise.

Et quand une honnête femme, calomniée ou poursuivie,

tue le drôle qui la pourchasse, bravo ! Elle débarrasse les autres d'un danger, elle les venge ; il n'y en a pas assez qui prennent ce parti-là.

Si les femmes, ces maudites, qui, même suivant Proudhon, ne peuvent être que ménagères ou courtisanes, — elles ne seront pas autre chose dans le vieux monde, — sont fatales souvent, à qui la faute ? Et qui a pour son plaisir développé leur coquetterie et tous les autres vices agréables aux hommes ? Une sélection s'est faite de ces vices-là à travers les temps. Cela ne pouvait être autrement.

Ce sont des armes maintenant, armes d'esclaves, muettes et terribles ; il ne fallait pas les mettre entre leurs mains ! c'est bien fait !

Partout, l'homme souffre dans la société maudite ; mais nulle douleur n'est comparable à celle de la femme.

Dans la rue, elle est une marchandise.

Dans les couvents où elle se cache comme dans une tombe, l'ignorance l'étreint, les règlements la prennent dans leur engrenage, broyant son cœur et son cerveau.

Dans le monde, elle ploie sous le dégoût ; dans son ménage le fardeau l'écrase ; l'homme tient à ce qu'elle reste ainsi, pour être sûr qu'elle n'empiétera ni sur ses *fonctions*, ni sur ses *titres*.

Rassurez-vous encore, messieurs ; nous n'avons pas besoin du titre pour prendre vos fonctions quand il nous plaît !

Vos titres ? Ah bah ! Nous n'aimons pas les guenilles ; faites-en ce que vous voudrez ; c'est trop rapiécé, trop étriqué pour nous.

Ce que nous voulons, c'est la science et la liberté.

Vos titres ? Le temps n'est pas loin où vous viendrez nous les offrir, pour essayer par ce partage de les retaper un peu.

Gardez ces défroques, nous n'en voulons pas.

Nos droits, nous les avons. Ne sommes-nous pas près de vous pour combattre le grand combat, la lutte suprême ? Est-ce que vous oserez faire une part pour les *droits des femmes*, quand hommes et femmes auront conquis les droits de l'humanité ?

Ce chapitre n'est point une digression. Femme, j'ai le droit de parler des femmes.

X

Puisque nous parlions des femmes, parlons aussi d'amour ; on me reproche toujours que je n'en parle jamais ; retournons aux heures de songe dans nos villages.

Ils sont nombreux les chants d'amour qui s'échappent au matin de la vie des feuillets des vieux livres.

On peut, là-dedans, aimer tant qu'on veut, c'est-à-dire chercher bien haut le caractère qu'on aimerait, si on le rencontrait dans la vie.

On choisit parmi les fils de la Gaule un brave entre les braves ; parmi les barbares aussi. On regarde dans le passé lointain les fils du Nord, les hommes de la Ghilde qui versaient trois coupes sur les tertres, l'une pour les morts, l'autre pour les aïeux, la troisième pour les braves — et qui combattaient pour la liberté.

Les Bagaudes, qui mouraient dans leur tour en flammes, et les bardes, et les troubadours, et les grands chefs de bande qui prenaient aux riches bandits des manoirs, pour donner aux misérables gueux des chaumières.

Les infidélités ne se comptent pas dans ces amours-là, il y en aurait trop. — Depuis le diable jusqu'à Mandrin, depuis Faust jusqu'à Saint-Just, combien d'ombres m'ont fait rêver lorsque j'étais enfant ! — Et les Jacques et les communiers du moyen âge !

Les grandes figures de révoltés hantaient ma pensée ; avec eux passaient les grandes révoltes.

Que de choses flottent dans les songes d'enfants ! Rouges comme le sang, noires comme la nuit du deuil, étaient toujours les bannières des révoltés, au fond de ma pensée — et toujours les noces de ceux qui s'aimaient étaient les rouges noces des martyrs où le pacte suprême se signe avec du sang.

Je n'étais pas la seule à aimer les histoires de révoltés ; il nous arrivait souvent, à des jeunes filles du village et à moi, de causer de ces choses dont parlaient les vieilles chansons et les légendes du pays.

Eut qu'elle aimot,
Fier il étot.
Le casque en sé tête

Evot l'alouette
Qui pour lu chantot

Blanche elle étot.
Sé main cueillot
Leu guy deu chûne
Et lei verveine
Teulé dans l'bos.

Celui qu'elle aimait,
Fier il était.
Le casque en sa tête
Avait l'alouette
Qui pour lui chantait.

Blanche elle était.
Sa main cueillait
Le gui du chêne
Et la verveine
Ici dans le bois.

Combien d'impressions se retrouvent dans la vie !

Pendant l'Année terrible, voyant tomber tous les nôtres pleins de force et de vie, j'ai retrouvé soudain, pareille à un retour dans ma vie d'autrefois, l'impression d'un chêne, ayant la cognée enfoncée comme une blessure au cœur, qui m'avait saisie étant enfant.

Je revoyais l'arbre marqué pour la mort, ayant au tronc cette large entaille où le fer de la cognée était humide de sève.

C'était bien le chêne haut touffu, le chêne des légendes qui passait au fond de ma pensée.

Sous son ombre l'herbe haute et touffue, pleine de marguerites blanches et de boutons d'or, le bois, tout était là.

Ainsi reviennent, comme des feuilles mortes poussées par le vent, les impressions d'autrefois tout à coup ravivées.

J'ai, depuis mon retour de Calédonie, revu dans bien des circonstances le dernier épisode de la vie de Passedouet, mort là-bas un peu avant le retour.

Passedouet, depuis longtemps malade, avait perdu la mémoire ; il semblait, malgré tous les soins de sa femme, arrivé à ses derniers instants et ne quittait plus son lit.

Quel ne fut pas mon étonnement en rencontrant, à la baie de l'Ouest, Passedouet, que j'avais vu la veille dans cet état !

Ses idées s'étaient éclaircies ; il vint se reposer au baraquement des femmes sous la forêt, causant presque comme autrefois, mais pâle et tremblant sur ses jambes.

N'osant lui demander par quel hasard il avait entrepris seul ce voyage, et me doutant de l'inquiétude où était sa femme, je proposai à Passedouet de retourner avec lui à Numbo où il demeurait, ce qu'il accepta.

En s'appuyant un peu fortement sur mon bras, il marchait bien.

Lorsque nous fûmes arrivés sur la hauteur qui est entre la baie Nji et la baie de l'Ouest, et d'où l'on voit si bien les bâtiments du bagne au bord de l'île Nou, rougeâtre à l'horizon, Passedouet redressa sa haute taille et, étendant vers le bagne son grand bras décharné, il me dit, découpant chaque syllabe : « Proudhon avait raison : tout ce qu'on a tenté jusqu'ici garde les mêmes causes de désastres, l'inégalité des destinées, l'antagonisme des intérêts. Proudhon l'a dit, celui qui produit tout n'a que la misère et la mort ; les meilleurs traités de commerce d'une nation ne protègent que ses exploiteurs !

« On en finira avec tout cela, mais que de mal ! que de mal !

Tantôt récitant Proudhon mot à mot, tantôt développant en phrases courtes, séparées d'assez longs intervalles, il restait le bras étendu vers l'île Nou.

C'était bien le Passedouet des anciens jours ; mais Passedouet fantôme, qui allait rejoindre l'hécatombe de 71. Il répéta plusieurs fois : Proudhon ! Proudhon ! puis il se tut tout à coup et n'a plus guère parlé depuis.

A Numbo, on le cherchait comme je l'avais supposé.

Passedouet ne survécut que peu de jours et nous n'avons jamais su pourquoi il était venu à la baie de l'Ouest.

Ainsi je le revois, debout sur la hauteur, le bras étendu vers l'île Nou, jetant la dernière lueur de sa raison, le dernier souffle de sa poitrine, vers le jour de la délivrance. Oui, amis vivants et morts, on y viendra ! A force de gerbes coupées, se lèvera le jour où tous auront du pain.

XI

Au fond de ma révolte contre les forts, je trouve du plus loin qu'il me souvienne l'horreur des tortures infligées aux bêtes.

J'aurais voulu que l'animal se vengeât, que le chien mordît celui qui l'assommait de coups que le cheval saignant sous le fouet renversât son bourreau ; mais toujours la bête muette subit son sort avec la résignation des races domptées. — Quelle pitié que la bête !

Depuis la grenouille que les paysans coupent en deux, laissant se traîner au soleil la moitié supérieure, les yeux horriblement sortis, les bras tremblants, cherchant à s'enfouir sous la terre, jusqu'à l'oie dont on cloue les pattes, jusqu'au cheval qu'on fait épuiser par les sangsues ou fouiller par les cornes des taureaux, la bête subit, lamentable, le supplice infligé par l'homme.

Et plus l'homme est féroce envers la bête, plus il est rampant devant les hommes qui le dominent.

Des cruautés que l'on voit dans les campagnes commettre sur les animaux, de l'aspect horrible de leur condition, date avec ma pitié pour eux la compréhension des crimes de la force.

C'est ainsi que ceux qui tiennent les peuples agissent envers eux ! Cette réflexion ne pouvait manquer de me venir. Pardonnez-moi, mes chers amis des provinces, si je m'appesantis sur les souffrances endurées chez vous par les animaux.

Dans le rude labeur qui vous courbe sur la terre marâtre, vous souffrez tant vous-mêmes que le dédain arrive pour toutes les souffrances.

Cela finira-t-il jamais ?

Les paysans ont la triste coutume de donner de petits animaux pour jouets à leurs enfants. On voit sur le seuil des portes, au printemps, au milieu des foins ou des blés coupés en été, de pauvres petits oiseaux ouvrant le bec à des mioches de deux ou trois ans qui y fourrent innocemment de la terre ; ils suspendent l'oiselet par une patte pour le faire voler, regardent s'agiter ses petites ailes sans plumes.

D'autres fois ce sont de jeunes chiens, de jeunes chats que l'enfant traîne comme des voitures, sur les cailloux ou dans les ruisseaux. Quand la bête mord le père l'écrase sous son sabot.

Tout cela se fait sans y songer ; le labeur écrase les parents, le sort les tient comme l'enfant tient la bête. Les êtres, d'un bout à l'autre du globe (des globes peut-être !), gémissent dans l'engrenage : partout le fort étrangle le faible. Étant enfant, je fis bien des sauvetages d'animaux ; ils étaient nombreux à la maison, peu importait d'ajouter à la ménagerie. Les nids d'alouette ou de linotte me vinrent d'abord par échanges, puis les enfants comprirent que j'élevais ces petites bêtes ; cela les amusa eux-mêmes, et on me les donnait de bonne volonté. Les enfants sont bien moins cruels qu'on ne pense ; on ne se donne pas la peine de leur faire comprendre, voilà tout.

N'ai-je pas moi-même jeté *aux vilaines gens* des crapauds (qui devenaient ce qu'ils pouvaient) ? Cette pensée me fit changer de manière d'agir envers les *vilaines gens*.

C'étaient des *poèmes* relatant tout ce qu'on leur reprochait, en vers plus ou moins sauvages, que je leur envoyais. Ces vilaines gens-là étaient bien inoffensifs, à comparer avec ceux que je vis depuis.

Mon rôle de don Quichotte valut à mon grand-père bien des lettres où on promettait de venir me corriger vertement, puisqu'il ne le faisait pas lui-même ; mais jamais on n'y vint.

Il me souvient de quelques-uns de ces poèmes vengeurs. Le dernier, la *Grugéide*, se terminait par les imprécations d'un châtelain du pays contre l'auteur (parodie des imprécations de Camille) : « Poème, unique objet de mon ressentiment. » Il y avait un dessin où le châtelain était représenté déchirant les feuillets, et un autre où les spectres de douze têtards apparaissaient à l'abbé Croque-Arête.

Cela commençait comme l'*Enéide*.

Grugeïdos — liber primus — argumentum.

Le sujet en était la clef d'un parc retirée à un vieillard qui en mourut de chagrin, parce qu'un jeune ami (*l'abbé Croque-Arête*) s'était niaisement amusé avec des têtards. Comme la haine de la force, la remarque que le mérite est rarement reconnu date de mes plus jeunes années. (J'en ai vu mille exemples dans le cours de ma vie, le premier est donc le seul qui m'ait causé de l'étonnement.) J'avais toujours vu dans les livres à l'usage de la jeunesse, et même dans les autres, l'illusion contraire. Il s'agit d'un vieux maître d'école, homme simple, dont nous avons peut-être été les seuls, mes parents et moi, à remarquer l'étonnante capacité pour les mathématiques, c'était l'instituteur de Vroncourt.

Très enfant alors, je m'étais seulement aperçue qu'expliqué par lui on comprenait de suite tout calcul.

Comme j'écrivais depuis longtemps mes vers en caractères à mon usage, imités de ceux des livres, on reconnut qu'il était temps de m'apprendre à écrire comme tout le monde. C'est cette année-là que M. Laumont *le grand*, médecin de Bourmont, me demandait gravement (comme il parlait toujours) *pourquoi je ne faisais pas d'ouvrages en prose*. J'entrepris une histoire, intitulée les *Méchancetés d'Hélène*. Cela commençait ainsi : « Hélène était très méchante et très opiniâtre. » C'était le recueil de mes propres malices où j'avais ajouté *pour la moralité* une punition exemplaire.

Hélène, qui avait volé chez un vieux médecin une petite encyclopédie (un volume relié en peau, où il y avait les noms de tout ce qu'on peut apprendre), était condamnée à passer un mois sans autre livre qu'une grosse grammaire qu'elle n'aurait pas volée, bien sûr, pour se la procurer.

— Ah ! petit monstre, dit M. Laumont, je m'en doutais bien que c'était vous qui aviez pris mon livre ! Gardez-le, petit mauvais sujet !

On découvrit dans l'*Histoire d'Hélène* bien d'autres choses ! Chacun n'est-il pas, dès l'enfance, capable en bien et en mal de tout ce qui se trouve dans ses cordes ?

Ce qui me toucha le plus, c'est que je n'avais plus besoin de cacher le livre pour rêver sur les nomenclatures mystérieuses que je m'imaginais contenir le savoir humain, comme si ce qui va toujours en avant pouvait être renfermé dans quoi que ce soit. L'*Histoire d'Hélène* fut mon dernier ouvrage en caractères d'imprimerie. Personne, à la maison, n'écrivant bien et aussi pour me laisser moins de temps à occuper comme il me plaisait, j'allai chaque jour à l'école du village.

L'instituteur se nommait Michel sans être mon parent.
— Combien j'en ai rencontré de Michel !

J'eus bientôt trouvé moyen, tout en m'appliquant, de faire des méchancetés.

Lorsque *monsieur le maître*, comme nous disions, du haut de son grand fauteuil de bois, *la chaire*, avait bien recommandé d'écrire exactement les dictées, j'avais soin d'ajouter à ce qui devait être écrit tout ce qui n'était pas destiné à l'être. Cela faisait quelque chose de ce genre :

« Les Romains étaient les maîtres du monde (*Louise, ne tenez pas votre plume comme un bâton ; — point virgule*), — mais la Gaule résista longtemps (*Virginie, tenez-vous droite*) à leur domination. (*Les enfants du haut de Queurot, vous venez bien tard ; — un point. Ferdinand, mouchez-vous. — Les enfants du moulin, chauffez-vous les pieds*). — **César en** écrivit l'histoire, etc. »

J'ajoutais même des choses que monsieur le maître ne disait pas, ne perdant pas une minute, griffonnant avec zèle.

J'aurais été aussi peu sensible à la colère de monsieur le maître qu'aux reproches ordinaires, s'il ne m'eût dit froidement : Si l'inspecteur voyait ça, vous me feriez casser !

Une grande tristesse tomba toute froide sur moi ; je ne trouvai rien à répondre, même quand il me défendit de lui apporter désormais des feuilles de roses pour son tabac.

Sèches en hiver, fraîches en été, c'était moi qui les lui apportais toujours : il aimait à en mettre dans la tabatière d'écorce de cerisier, fermée de ce petit couvercle qu'on tire par une lanière de cuir.

Le lendemain, ma dictée était irréprochable ; mais pendant plus de huit jours, sous l'œil sévère de monsieur le maître, je tournai dans la poche de mon tablier le papier blanc plein de roses sèches que j'avais préparées sans espérance.

Enfin voyant que j'avais le cœur gros, il me les demanda, et une fois rentrée en grâce, si je fis d'autres malices, ce n'était plus celles que l'inspecteur pouvait reprocher à monsieur le maître.

Gagnant si peu qu'il faisait toutes sortes de petits travaux pendant les longs étés où les enfants ne vont pas en classe dans nos villages, le vieux maître était toujours gai ; je ne l'entendis jamais dire une parole amère.

L'école de Vroncourt est une maison obscure, n'ayant que deux pièces : la plus grande donnant sur la rue est la classe ; l'autre où il ne fait jamais clair donne sur le coteau plein d'herbe ; la fenêtre se trouve comme un soupirail de cave au ras du sol : c'est le logement de l'instituteur. Il y avait à cette fenêtre, comme à celle de la classe, de toutes petites vitres et des rideaux de cotonnade rouge.

Devant la fenêtre de la classe travaillait tout l'hiver, à

des ouvrages de couture, la femme du maître d'école (*la maîtresse*) ; son profil, un peu sévère sous sa grande coiffe blanche, me semblait très beau. Près d'elle, les jours de catéchisme, venait s'asseoir ma tante Victoire, pour vérifier si je l'avais bien appris.

Les tables étaient rangées de trois côtés, celui de la porte d'entrée seul était libre devant les tables. Il y avait deux ou trois bancs pour les petits qui n'écrivaient pas (et quelques grands, ayant ce qu'on appelait de *très belles mains*, qui écrivaient sur leurs genoux) ; il n'y avait plus à s'inquiéter de la façon dont ils *peignaient* et ils en étaient très fiers.

Quant à moi, malgré les *cinq genres d'écriture* qui me furent enseignés à l'école de Vroncourt, et la belle anglaise des cours normaux de Chaumont, je redevins comme nous étions tous à la maison, roulant, échevelant les mots, laissant l'écriture changer d'allure suivant la pensée ; c'est ce qui rend la mienne assez difficile à imiter.

On y réussit pourtant. Ma pauvre mère reçut, il y a deux ans, une lettre assez bien contrefaite (la signature était un chef-d'œuvre), pour lui faire croire qu'étant très malade je la demandais à Saint-Lazare : — ceci était un crime. On en ajouta un second, en envoyant (très bien imité à ce qu'il paraît) *un recours en grâce* ayant pour but d'aller près de ma mère. Le faussaire ignorait que, précisément à ce moment-là, j'y étais depuis quelques jours.

Revenons au temps passé.

J'avais remarqué que monsieur le maître, rien que par la façon dont il posait un problème, provoquait la réponse — Il vous mettait ce qui s'appelle le nez dessus.

L'opération faite au tableau noir sous le souffle du vieux calculateur, qui du bout de sa longue baguette de coudrier indiquait la place des chiffres, avait quelque chose de la vision : l'œil gardait l'ample dessin des nombres et il me semblait que ces questions-là, énoncées par lui, avaient un rythme.

J'avais raconté cela à mon grand-père, si bien qu'un soir je l'entendis causer avec monsieur le maître de tant de choses, si loin de mes pauvres petits problèmes, que je les aurais bien écoutés ainsi pendant toute l'éternité. Ce jour-là je découvris que monsieur le maître avait tout simplement le génie des nombres et qu'il était, en outre, un grand astronome et un barde. Je reconnus aussi que l'algèbre est plus facile que l'arithmétique.

— Pourquoi, dit mon grand-père, n'avez-vous pas écrit sur les mathématiques ?

Le vieux maître d'école eut un rire triste et narquois. Ils ajoutèrent certaines appréciations que je ne compris que bien plus tard, mais le rire m'avait frappé et je riais aussi quand je voyais dans les livres le mérite reconnu et la vertu récompensée.

J'ai retrouvé bien des fois la simplicité du vieux maître d'école chez des gens de mérite. J'ai pensé à lui un jour que le commandant de la *Virginie* racontait son voyage au pôle Nord. Le vieux loup, électrisé par la tempête de la journée, par la haute mer du Cap, par les effluves qui courent dans les navires, revivait ce voyage et le faisait revivre.

— Pourquoi n'avez-vous pas écrit cela ?

— Je ne suis pas littérateur, et puis les savants se sont occupés de toutes ces choses.

Bien des savants le sont-ils autant et ont-ils vu par eux-mêmes ?

Tant que les études n'auront pas une méthode encyclopédique, de manière à élargir l'horizon au lieu de le restreindre, il se joindra, à tous les obstacles de la pauvreté qui entravèrent le vieux maître d'école, les obstacles du préjugé qui fait craindre ce qui ne fait pas partie du coin exploré, comme il arrivait au commandant de la *Virginie*.

Est-ce que tout ne tient pas à tout ? N'est-ce pas entraver le développement humain et le développement de sens nouveaux que de ne pas procéder par des vues générales ?

C'est seulement quand le vaste ensemble est dressé que chacun fouille son petit coin en harmonie avec le tableau, mais cela n'arrivera qu'avec le reste.

Une impression que j'ai retrouvée encore, c'est la tristesse qui vous prend quand il faut détruire un animal à qui on ne peut faire grâce sans qu'il arrive à d'autres quelque accident. On tient dans ses mains l'être qui veut vivre.

Avez-vous vu une vipère coupée au cou ? Les morceaux se tordent, cherchant à se joindre. On souffre une angoisse en voyant cela, mais il le fallait. La vipère aurait mordu quelqu'un.

Une fois, au-dessus de la côte des vignes, on avait entouré une pauvre louve qui hurlait, ses petits dans ses pattes. J'avoue avoir demandé sa grâce, qu'on ne m'accorda pas, bien entendu.

Mais quelle que soit la pitié qui torde le cœur, il faut que l'être nuisible disparaisse, et la grâce que je demandais enfant, pour la louve, je ne la demanderais pas pour certains hommes pires que des loups contre la race humaine.

Quant à ceux qui à eux seuls, comme les tzars, représentent l'esclavage et la mort d'une nation, je n'aurais ni plus d'hésitation ni plus d'émoi, qu'en ôtant du chemin un piège dangereux.

Tu peux frapper cet homme avec tranquillité.

Tel serait toujours, vienne l'occasion, mon sentiment, aujourd'hui comme hier, comme demain.

On m'a souvent accusée de plus de sollicitude pour les bêtes que pour les gens : pourquoi s'attendrir sur les brutes quand les êtres raisonnables sont si malheureux ?

C'est que tout va ensemble, depuis l'oiseau dont on écrase la couvée jusqu'aux nids humains décimés par la guerre. La bête crève de faim dans son trou, l'homme en meurt au loin des bornes.

Et le cœur de la bête est comme le cœur humain, son cerveau est comme le cerveau humain, susceptible de sentir et de comprendre. On a beau marcher dessus, la chaleur et l'étincelle s'y réveillent toujours.

Jusque dans la gouttière du laboratoire, la bête est sensible aux caresses ou aux brutalités. Elle a plus souvent les brutalités : quand un côté est fouillé, on la retourne pour fouiller l'autre ; parfois malgré les liens qui l'immobilisent, elle dérange dans sa douleur le tissu délicat des chairs sur lequel on travaille : alors une menace ou un coup lui apprend que l'homme est le roi des animaux ; parfois aussi pendant une démonstration éloquente, le professeur pique le scalpel dans la bête comme dans une pelote : on ne peut pas gesticuler avec cela à la main, n'est-ce pas ? et puisque l'animal est sacrifié, cela ne fait plus rien.

Est-ce que toutes ces démonstrations-là ne sont pas connues depuis longtemps aussi bien que les soixante et quelque opérations qu'on fait à Alfort sur le même cheval ; opérations qui ne servent jamais, mais qui font souffrir la bête qui tremble sur ses pieds saignants aux sabots arrachés.

Ne vaudrait-il pas mieux en finir avec tout ce qui est inutile dans la mise en scène des sciences ? Tout cela sera aussi infécond que le sang des petits enfants égorgés par Gille de Rez et d'autres fous dans l'enfance de la chimie. Une science, au lieu d'or, est sortie des creusets du grand œuvre ; mais elle en est sortie suivant le procédé de la nature des éléments que la chimie décompose et recomposera un jour.

Peut-être l'humanité nouvelle, au lieu des chairs putrifiées auxquelles nous sommes accoutumés, aura des mélanges chimiques contenant plus de fer et de principes nutritifs que n'en contiennent le sang et la viande que nous absorbons.

Eh bien, oui, je rêve, pour après le temps où tous auront

du pain, le temps où la science sera le cordon bleu de l'humanité ; sa cuisine ne flattera peut-être pas autant au premier moment le palais de la bête humaine, mais ce ne sera pas trichiné ni pourri, et refera aux générations, exténuées des longues famines ou des longs excès des ancêtres, un sang plus fort et plus pur.

Tout sera alors pour tous, même les diamants, car la chimie saura cristalliser le charbon, comme elle sait du diamant consumé refaire la cendre d'un charbon.

Il est probable qu'à ce moment-là bien d'autres richesses et de plus beaux triomphes que le diamant vulgarisé appartiendront à la science qui se servira de toutes les forces de la nature.

XII

J'ai dit un seul mot de l'instruction élémentaire. Quelques lignes encore à ce sujet.

Les morts d'abord : un grand vieillard à la tête toute blanche expliquait aux cours du soir de cette rue Hautefeuille que nous aimions tant une chose bien utile et bien peu connue dans l'instruction : la sténographie, grâce à laquelle tant de choses seraient abrégées. On a si peu de temps pour les études et on le gaspille tant.

Jamais je ne vis mieux la bonté peinte sur un visage que sur celui du vénérable Grosselin.

Qui donc encore est mort, pendant les dix ans de la déportation et mes deux ans de prison ? Depuis je n'ai pas lu les journaux, je ne sais donc rien de ceux qui s'en sont allés.

Celles qui, sous l'Empire, jeunes institutrices ou se préparant à le devenir, étaient avides de ce savoir dont les femmes n'ont que ce qu'elles ravissent de côté et d'autre, venaient rue Hautefeuille s'assoiffer encore de science et de liberté.

Que de bonnes amitiés nouées là, quelques-unes brisées par la mort ; d'autres perdues [au] fond de ce remuement des événements qui nous a jetées de côté et d'autre comme le grain secoué par le vanneur !

Des initiales, seulement, pour celles qui vivent.

Qui sait ce qui leur arriverait si on découvrait que nous nous sommes souvent coudoyées dans la petite salle de la rue Hautefeuille !

Quoi ! Vous connaissez Louise Michel ? Allez la rejoindre en prison ; il n'y a que des anarchistes qui peuvent la connaître.

Cette misérable n'a-t-elle pas cent fois déclaré que tous doivent avoir part au banquet de la vie ? Où serait le plaisir de la richesse s'il n'y avait pas à comparer sa position de gorgé à celle des crève de faim ? Où serait l'agréable sentiment de la sécurité si on ne comparait pas sa bonne position bien solide à la situation de ceux qui traînent dans la misère ?

Et c'est une femme encore ! c'est là le comble. Si, seulement, on pouvait la berner tant soit peu avec l'idée que les femmes *obtiendront* leurs droits en les demandant aux hommes ; mais elle a l'infamie de dire que le sexe fort est tout aussi esclave que le sexe faible, qu'il ne peut donner ce qu'il n'a pas lui-même et que toutes les inégalités tomberont du même coup, quand hommes et femmes donneront pour la lutte décisive.

Ce monstre prétend que, chez nous, hommes et femmes, il n'y a pas de responsabilité et que c'est la bêtise humaine qui cause tout le mal ; que la politique est une forme de la stupidité qui ne sait pas agrandir ses petites vanités et en faire l'immense orgueil de la race humaine.

Si cette femme-là était la seule on dirait : C'est un cas pathologique. Mais il y en a des milliers, des millions, qui se foutent de toute autorité et qui s'en vont jetant le cri des Russes : Terre et liberté.

Eh oui, messieurs, il y en a des millions qui se foutent de toute autorité, parce qu'elles ont vu les petits travaux accomplis par le vieil outil à multiples tranchants qu'on appelle le pouvoir.

Est-ce que nous ne voyons pas, depuis trop longtemps, les égorgements qui ont lieu pour cette petite chose-là. On le dirait vraiment aussi précieux que la hache de jade, sauvée d'île en île par les Océaniens de l'île Bourou.

Cette fois, ce n'est pas une nouvelle population qui en résulte, mais la dépopulation des gouvernés, la crétinisation des gouvernants.

Allons, une bonne fois à l'eau les institutions pourries et que les hommes soient conscients et libres !

Certains ont été les présidents de l'instruction élémentaire, qui ne se doutaient pas alors des choses que l'autorité leur ferait commettre.

La science et la liberté ! Comme c'était bon et vivifiant ces choses-là, respirées sous l'Empire dans ce petit coin perdu de Paris !

Comme on y était bien, le soir, en petits groupes, et aussi les jours de grandes séances où, plus nombreuses, on laissait aux étrangères la salle entière !

Nous nous placions, le petit tas des enthousiastes, dans le carré près du bureau où était la boîte du squelette avec une foule d'autres choses dont le voisinage nous plaisait.

De là, au fond de l'ombre, nous entendions et voyions bien mieux.

La petite salle débordait de vie, de jeunesse ; on vivait en avant, bien en avant, au temps où tous auront une autre existence que celle des bêtes de somme dont on utilise le travail et le sang.

Surtout cinq ou six ans avant le siège, la rue Hautefeuille formait, au milieu du Paris impérial, une retraite propre où ne venait pas l'odeur du charnier ; quelquefois les cours d'histoire grondaient en *Marseillaise* et cela sentait la poudre.

Comment trouvions-nous le temps d'assister à ces cours plusieurs fois par semaine ? Il y en avait de physique, de chimie, de droit même ; on y essayait des méthodes. Comment pouvions-nous, outre nos classes, faire nous-mêmes des cours ? Je n'ai jamais compris que le temps pût être aussi élastique ! Il est vrai qu'on n'en perdait pas et que les journées se prolongeaient ; minuit semblait de bonne heure.

Plusieurs d'entre nous avaient repris, à bâtons rompus,

des études pour le baccalauréat ; mon ancienne passion, l'algèbre, me tenait de nouveau et je pouvais vérifier (cette fois avec certitude) que, pour peu qu'on ne soit pas un idiot, on peut, pour les mathématiques, se passer de maître (en ne laissant aucune formule sans la savoir, aucun problème sans le trouver).

Une rage de savoir nous tenait et cela nous reposait de nous retrouver, deux ou trois fois par semaine, sur les bancs nous-mêmes, côte à côte avec les plus avancées de nos élèves que nous emmenions quelquefois ; heureuses et fières, elles ne songeaient guère à l'heure.

Plus on s'enfiévrait de toutes ces choses, plus on avait, par instants, des gaietés d'enfant. Nous faisions bien.

Combien de caricatures, de folies, de gamineries échangées ! Je crois que nous avons plus souvent ressemblé à des étudiants qu'à des institutrices.

Il me souvient d'un soir où nous avions essayé la méthode Danel où, comme en Angleterre et en Allemagne, le nom des notes est tiré des lettres de l'alphabet (avec cette différence qu'on les écrit sans portée) ; nous sortions tard de la rue Hautefeuille, il n'y avait plus d'omnibus et nous regagnions pédestrement nos réduits ; un imbécile se mit à me suivre ; haut monté, sur ses longues jambes de héron, je m'amusai d'abord à regarder, sous les [réverbères], glisser cette ombre d'oiseau.

Puis, impatientée de l'entendre répéter de ces sottises à l'usage des gens qui ignorent si on leur répondra, ce qui me gâtait l'oiseau fantastique trottant sur ses longues pattes, je le regardai tout à fait en face et, de ma plus grosse voix, je me mis à descendre la gamme Danel : D, B, L, S, F, M, R, D !

L'effet fut foudroyant.

Était-ce l'accent un peu masculin ou les syllabes étranges formées par les quatre dernières lettres, je ne l'ai jamais su : l'oiseau avait disparu.

Une autre fois, ayant un grand manteau qui m'enveloppait complètement, une sorte de large chapeau de peluche qui faisait beaucoup d'ombre sur le visage et des bottines *neuves (du Temple)* dont, je ne sais pourquoi, les talons sonnent très fort, je retournais à pied, assez tard ; on parlait beaucoup d'attaques nocturnes dans les journaux et un bon bourgeois qui entendait sonner mes bottines et ne distinguait pas, sans doute, la forme noire qui venait de son côté, se mit à trotter avec une telle frayeur que j'eus l'idée de le suivre un peu de temps pour le bien effaroucher.

Il allait, il allait, regardant si personne ne viendrait à son secours ! La nuit était noire, les rues désertes, le bourgeois avait une peur bleue et moi je m'amusais beaucoup.

Il allongeait le pas tant qu'il pouvait, et moi je passais dans l'ombre en faisant sonner mes talons : c'était ce qui entretenait son effroi.

Je ne savais plus dans quel quartier c'était, quand je laissai partir le bourgeois en lui criant : Faut-il être bête !

Il fallait revenir et cette nuit-là je rentrai bien tard ou plutôt bien matin, ne riant plus ; car j'avais vu, la nuit, des gens qui vivent de proie ou qui sont proie eux-mêmes : une nuit de ce qu'on appelle la société civilisée.

Il m'en reste des strophes lugubres, écrites en rentrant, tandis que Mme Vollier (malgré ma précaution journalière de retarder la pendule) grondait tout en s'inquiétant, la pauvre femme, comme l'eût fait ma mère, de la fatigue que j'éprouverais dans la journée, après la course que je lui racontais. Voici les strophes :

> Toute l'ombre a versé ses ténébreuses urnes,
> Toute la sombre nuit ses spectres taciturnes.
> L'eau dort sinistre et glauque et, dans son lit pro-
>   fond,
> Gouffre toujours ouvert dans le morne silence,
> On entend tout à coup vers le mystère immense
>   Quelque chose tomber d'un pont,

Tandis qu'à la lueur des pâles [réverbères,]
Vont, errant dans la nuit, les sublimes misères,
Fantômes plus affreux que les froids trépassés ;
Des spectres embusqués sous les portes, dans
    l'ombre ;
Des spectres se glissant et sans nom et sans
    ombre
    Par d'autres spectres effacés.

Eh bien ? oui, j'en ai vu des bandits et des filles,
Et je leur ai parlé. Croyez-vous qu'ils soient nés
Pour être ce qu'ils sont et traîner leurs guenilles
Dans le sang ou la fange, au mal prédestinés ?

Non, vous les avez faits, vous pour qui tout est
    proie,
Ce qu'ils sont aujourd'hui……..

Oui j'en avais vu des bandits et des filles et je leur avais parlé. Combien j'en vis depuis et combien de choses ils me racontèrent !

Est-ce que vous croyez qu'on vient au monde avec un couteau ouvert pour chouriner ou une carte à la main pour se vendre ? On n'y vient pas non plus avec une canne plombée pour être sbire, ou un portefeuille de ministre pour être pris des vertiges du pouvoir, et traîner des nations dans sa chute.

Nul bandit qui n'aurait pu être un honnête homme ! Nul honnête homme qui ne soit capable de commettre des crimes dans les affolements où jettent les préjugés du vieux monde maudit !

Ce même Jules Favre qui trempa dans l'égorgement de Paris, parce que le pouvoir l'avait empoisonné (comme il empoisonne du sang au cerveau tous ceux qu'on revêt de cette tunique de Nessus), ce même Jules Favre nous l'avions aimé comme un père et il était avec nous d'une bonté paternelle.

Combien de fois, sous prétexte qu'il était notre président, je lui conduisis des gens qui avaient besoin d'une consultation d'avocat et ne pouvaient la payer !

Il me souvient qu'un jour où je lui avais conduit une vieille un peu atteinte de la manie de la persécution et qu'il fallait rassurer, pour la guérir peut-être ! — il avait perdu pas mal de temps à la raisonner — Jules Favre vint à moi tout à fait fâché.

L'angle obtus que formaient son front et son menton se refermait en angle droit, c'était mauvais signe.

— C'est trop fort ! me dit-il à voix basse, tandis que la vieille faisait un tas de révérences tout en murmurant : Il y a vingt ans que je suis persécutée, etc., etc.

Je vois encore l'endroit où cela se passait, près d'une grande urne offerte par ses électeurs. Je ne sais quelle immense envie de rire me prit, et cela de si bon cœur que l'angle droit du profil de Jules Favre se reforma en angle obtus où, comme à l'ordinaire, l'œil brillait au sommet, faisant le menton d'une des droites et le front de l'autre ; lui-même ne put s'empêcher de rire, et la vieille toujours faisant des révérences disait : Merci bien ! *A une autre fois !* A bientôt !

Je songeai à cela à Satory, en regardant la petite mare où buvaient les prisonniers dans le creux de leur main, quand ils avaient trop soif et que la grande pluie qui tombait sur eux avait balayé l'écume rose de la mare (les vainqueurs y lavaient leurs mains, souvent plus rouges que celles des bouchers).

Il me semblait voir sortir cette mare sanglante de l'urne d'autrefois, comme on représente la source des fleuves.

Qui écrira les crimes du pouvoir et la façon monstrueuse dont il transforme les hommes, de façon à ce qu'on détruise à jamais ses crimes en l'étendant à toute la race humaine ?

Il n'y a qu'à grandir les choses pour qu'elles sauvent au lieu de perdre :

Étendre le sentiment de la patrie au monde entier ; le bien-être, la science, à toute l'humanité.

Ne restera-t-il pas assez de la mort qui nous prend ceux que nous aimons ?

Je reviens à la rue Hautefeuille.

Un autre président avec qui nous étions hardies, c'était Eugène Pelletan, ce visage aux yeux de braise, enfoncé sous d'épais sourcils gris, avait quelque chose d'étrange qui nous rappelait Nicolas Flamel, Cagliostro, enfin ces savants dont s'empare la légende ; c'était surtout quand il était au bureau que nous aimions à nous blottir dans le cabinet au squelette, regardant de là, écoutant, prises par la poésie de la science, par les paroles de liberté, par l'amour de la République et la haine des Césars.

Combien d'ouvrages effeuillés aujourd'hui furent commencés sous ces impressions !

Il me souvient d'un énorme manuscrit, la *Sagesse d'un fou*, que je portai à Eugène Pelletan, alors notre président, pour qu'il le lût et m'en dît son avis. J'ai compris depuis quelle patience il lui avait fallu pour lire cet énorme grimoire et en annoter quelques passages.

— Non, avait-il écrit, ce n'est pas la sagesse d'un fou, ce sera un jour la sagesse des peuples.

En rapportant mon manuscrit, il me semblait marcher en l'air ! J'en relus une bonne partie soigneusement, puis le temps me manqua, il fallait de plus en plus donner des leçons après les classes, et la *Sagesse d'un fou* alla avec les autres ouvrages. Peut-être aurais-je cherché un éditeur pour celui-là si j'avais eu le temps.

Maria L..., aussi, avait effeuillé bien des choses. Jeanne B... et peut-être sa sœur devaient avoir des manuscrits en train. Julie L... et Mlle Poulin (que je puis nommer puisqu'elle est morte) ont jeté au vent bien des vers. Il y avait, rue Hautefeuille, une véritable pépinière de bas bleus, les deux dernières années avant 71.

Mais prose, vers et motifs s'en allaient au vent ; nous sentions tout près le souffle du drame dans la rue, le vrai drame, celui de l'humanité ; les bardits chantaient l'épopée nouvelle, il n'y avait plus de place pour autre chose.

Les écoles professionnelles pour lesquelles nous aimions M. Jules Simon, avaient alors tout notre enthousiasme. Quelques poignées de jeunes filles, à peine, y étaient sauvées de l'apprentissage et pourvues d'états ou de diplômes, suivant leurs aptitudes ; des artistes en sortirent et nous disions : — Voici venir la République ; cette poignée ce sera toutes. Hélas !

A l'école professionnelle de Mme Paulin, pendant le siège, des femmes de toutes les positions sociales se réunissaient, et toutes eussent préféré mourir plutôt que de se rendre. On émiettait le mieux qu'on pouvait tous les secours qu'on se procurait, rançonnant ceux qui pouvaient l'être en disant : — Il faut que Paris résiste, résiste toujours. C'était la Société pour les victimes de la guerre.

Je les revois toutes telles qu'autrefois, à quelques-unes près. J'ignore celles qui vivent encore, mais pas une d'elles n'a failli, — celles-là n'étaient pas de ces franc-fileuses qui, au jour de la défaite, fouillèrent du bout de leur ombrelle les yeux des fédérés morts.

La première visite que je pus avoir, étant prisonnière, fut celle de l'une d'elles, Mme Maurice. A mon dernier jugement j'ai vu derrière les spectateurs triés — parmi ceux qui étaient entrés moins facilement — briller les yeux noirs d'une autre, de deux autres même : l'une grande, Jeanne B... ; l'autre petite, Mme F...

Plus loin (lorsque j'en aurai obtenu d'elles-mêmes l'autorisation), je parlerai des femmes et des sociétés de femmes, depuis le Comité de vigilance jusqu'à notre dernière évolution : la Ligue des femmes. Je les salue en passant, toutes ces braves de l'avant-garde, échelonnées de groupe en groupe, comme de sommet en sommet.

Gare pour le vieux monde le jour où les femmes diront : C'est assez comme cela ! Elles ne lâchent pas, elles ; en elles s'est réfugiée la force, elles ne sont pas usées. Gare aux femmes !

Depuis celles qui, comme Paule Minck, parcourent l'Europe en agitant le drapeau de la liberté, jusqu'à la plus paisible des filles de Gaule, endormies dans la grande résignation des champs, oui, gare aux femmes, quand elles se lèveront, écœurées devant tout ce qui se passe !

Ce jour-là ce sera fini, le monde nouveau commencera.

Nous avions, les dernières années de l'Empire, une école professionnelle gratuite rue Thévenot ; chacune de nous y donnant quelques heures, trois fois par semaine, et la Société pour l'instruction élémentaire se chargeant du loyer, la maison marchait ; un de nos professeurs, que nous appelions le docteur *Francolinus*, y déployait une activité diabolique. Quelquefois la police de l'Empire nous faisait le plaisir d'assister à nos cours, cela faisait rire et on enlevait mieux son heure de leçon en donnant de temps à autre un bon coup de griffe qui attrapait par ses vilaines moustaches d'hyène l'homme qu'on appelait Napoléon III.

Les cours de littérature et de géographie ancienne étaient faits deux jours par moi, deux jours par Charles de S..., absolument de la même manière : le côté réel qu'on croirait romanesque ; l'enfance, la jeunesse, la décrépitude des villes et des peuples, pareilles à la vie de chaque être et à celle de tout le genre humain ; les villes-fantômes se dressant devant nous. Mon amie Maria A..., la directrice, avait été avec Julie L... au faubourg Antoine.

Combien de fois, nous reconduisant l'une l'autre, jusque bien par-delà l'heure où il n'y avait plus à regarder les étalages de libraires ni à lire, entre les feuillets, les livres exposés au dehors, nous rentrions ayant fait ainsi sans nous en douter bien des lieues, allant et revenant du faubourg à la rue du Château-d'Eau !

Combien de farces faites ensemble les soirs où nous étions tristes ! Cet éclat de rire coupait l'ombre.

Elle ne voulut pas entrer avec moi chez un photographe, un soir que, m'étant procuré un horrible portrait et l'ayant chargé encore de détails fantaisistes, je dis au photographe avec l'accent de Bourmont un peu exagéré : « Monsieur, j'ai vu sur votre porte : *Photographie en pied*. Veuillez mettre des pieds au portrait de mon mari que voici. »

Tête du bonhomme, à qui je donne des explications saugrenues et qui s'indigne pendant que je me sauve en riant.

Elle ne voulut pas en être non plus, le jour des vacances où j'étais entrée dans un bureau de placement, pour me faire envoyer comme *cordon bleu* chez de bons bourgeois, qui m'auraient mise à la porte après le premier dîner que je comptais leur fabriquer.

C'était du côté de la Bastille, à un troisième étage.

Je n'avais pas de papiers (les ayant oubliés disais-je), mais le placeur se trouva tout étourdi des noms de la pègre impériale où je prétendais avoir servi, les donnant pour aller aux renseignements. Il finit par me faire pitié, et je lui jetai au nez toute l'histoire en riant comme une folle.

Quelle fantasmagorie que l'influence des noms ! Cette leçon donnée au pauvre diable valait bien le plaisir d'aller mettre un peu de poivre dans des mets sucrés pour me faire mettre à la porte par des gens habitués aux vrais cordons bleus.

Le placeur, une fois détrompé, se mit à m'invectiver, et je partis en riant comme à l'ordinaire, lui disant effrontément : — Une autre fois, ne vous laissez pas *embonaparter* aussi facilement avec ces noms-là.

Je poursuis l'esquisse d'une chose pendant que je la tiens ; il y en a tant de choses entassées depuis l'année du siège, qu'on n'en finirait pas.

Parmi les institutrices rencontrées rue Hautefeuille, une des plus âpres à recueillir les épaves de science était Mlle Poulin, institutrice à Montmartre. Minée depuis longtemps par une maladie de poitrine elle ne la sentait même pas, entassant le plus de savoir possible pour s'en aller dans la tombe.

Tout à la fin de l'Empire, nous avions réuni nos deux institutions, au 24 de la rue Houdon, après la mort de Mme Vollier et le départ de ma cousine Mathilde qui avait passé quelques mois avec moi. La dernière fois que j'ai vu la tombe de Mlle Poulin, c'était aux jours de mai 71. Dans la nuit du 22 au 23, je crois. Nous étions au cimetière Montmartre qu'on tâchait de défendre à trop peu de combattants.

Nous avions crénelé les murs comme nous pouvions, et si ce n'eût été la batterie de la butte dont le tir trop court nous mitraillait, et des obus venant par intervalles réguliers du côté où l'on voit de hautes maisons, la position n'aurait pas été mauvaise.

Cet obus, déchirant l'air, marquait le temps comme une horloge ; c'était magnifique dans la nuit claire où les marbres semblaient vivre.

A la même compagnie, avec laquelle j'avais été le premier jour de la lutte, appartenaient ces hommes.

Plusieurs fois nous étions allés en reconnaissance, tantôt l'un tantôt l'autre ; la promenade dans cette solitude fouillée d'obus me plaisait ; j'avais voulu malgré mes camarades y retourner plusieurs fois ; toujours le coup arrivait trop tôt ou trop tard pour moi.

Nous avions déjà des blessés, et j'eus bien de la peine

à obtenir de retourner, c'est-à-dire j'allai en reconnaissance malgré mes camarades. Un obus tombant à travers les arbres me couvrit de branches fleuries que je partageai entre deux tombes, celle de Mlle Poulin et celle de Murger dont le génie semblait nous jeter des fleurs.

— Sacré mille tonnerres ! me dit un de mes camarades. Vous ne bougerez plus de là.

Et ils me firent asseoir sur un banc près de la tombe de Cavaignac.

Mais rien d'entêté comme les femmes ; du reste, je n'étais pas la seule à vérifier d'étranges calcul de probabilités, et moi comme les camarades, nous ne pouvions avoir meilleure occasion. L'obus tombait toujours avant ou après que nous étions passés.

Une autre encore de la rue Hautefeuille ; c'était une toute petite, toute fluette personne, donnant des leçons de musique et qui aurait pu en donner de bien d'autres choses. Elle marchait comme dans un rythme, tout était harmonie en elle... Et d'autres et toujours d'autres qui, heureusement, sont encore vivantes.

Bien des choses avaient leur foyer rue Hautefeuille : outre les cours gratuits de l'instruction élémentaire, les écoles professionnelles, les lectures aux mères de famille, un cours de jeunes gens où j'eus un grand nombre de ces pauvres enfants qui, trop jeunes, travaillent tout le jour ou qui n'avaient jamais été en classe.

Les premiers groupements du Droit des femmes avec Mmes Jules Simon, André Léo, Maria Deraismes se réunissaient souvent à l'école professionnelle de la rue Thévenot. Tout commençait, ou plutôt recommençait, après la longue léthargie de l'Empire. Au fond de tout cela l'idée des révolutionnaires russes m'entraînait.

Au Droit des femmes, comme partout où les plus avancés d'entre les hommes applaudissent aux idées d'égalité des sexes, je pus remarquer, comme je l'avais toujours vu avant et comme je le vis toujours après, que malgré eux et par la force de la coutume et des vieux préjugés les hommes auraient l'air de nous aider, mais se contenteraient toujours de l'air. Prenons donc notre place sans la mendier. Les droits politiques sont déjà morts. L'instruction à égal degré, le travail rétribué pour les états de femme, de manière à ne pas rendre la prostitution le seul état lucratif, c'est ce qu'il y avait de réel dans notre programme.

Aujourd'hui le temps a marché, il faut pour tout la grande débâcle. Oui, les Russes ont raison, l'évolution est finie, il faut la révolution ou le papillon mourrait dans sa tunique de nymphe.

XIII

Ma chère mère avait vendu ce qui lui restait de champs, ne gardant que la vigne, pour acheter, en 1865, mon externat de Montmartre qu'elle payait à mesure, la pauvre femme ! comme elle recevait de son côté le prix de la vente.

Nous y vivions, Mme Vollier et moi, de la rente que lui faisaient ses fils, et nous voyions arriver l'instant où, les élèves augmentant beaucoup, nous eussions été presque à l'aise, pour des institutrices. Que de projets nous faisions !

Ma grand'mère vivait encore et je recevais de bonnes nouvelles d'elle et de ma mère. Je ne sais quelle joie me montait au cœur par instants.

Voici comment elle finit. Un soir Julie L... et Adèle Esquiros étaient venues dîner avec nous. Mme Vollier avait reçu sa pension, nous étions en argent et nous avions parlé d'envoyer un petit cadeau dans la Haute-Marne.

Julie apportait je ne sais quoi du pays. Adèle Esquiros s'était chargée de friandises.

C'était jour de congé, nous avions bien chaud toutes les quatre dans la petite chambre d'en haut. Nous parlions gaîment, surtout Mme Vollier que je n'avais jamais vue aussi gaie.

J'avais raconté comment j'avais, la veille, collé une affiche républicaine sur le dos d'un sergent de ville. Celle-là me restait, il fallait bien la placer quelque part.

Sur le piano ouvert, le gros chat noir passait et repassait, écoutant le motif qui l'éveillait sous ses pattes ; il avait la tête un peu montée, le gros Raton, ayant mangé tout un bol de crème au café dont je ne parlais pas.

Mme Vollier racontait comment, dans l'intérêt de la maison, elle avait mis les clefs dans sa poche ; elle les faisait sonner avec ce sourire des yeux que j'avais vu à ma grand-mère et que je vis tant de fois à ma mère quand elles ravissaient quelque chose à mes petits vols.

Nos amis l'applaudissaient, mais on rit bien davantage quand par remords de conscience je lui restituai le porte-monnaie que j'avais volé le matin dans la commode. Il n'y manquait presque rien.

Je ne sais quel serrement de cœur me prit ; nous étions heureuses, cela ne pouvait durer. J'avais fini cependant par m'étourdir là-dessus.

Assez tard, je reconduisis nos amies jusqu'aux omnibus de la rue Marcadet.

La nuit était noire et triste, et dans cette ombre un chien hurlait ; en revenant il se mit à me suivre.

Le hasard qui mettait cette bête sinistre sur mon chemin était d'accord avec la vérité.

Mme Vollier, à qui je me gardai bien de laisser voir mon impression de tristesse, était gaie encore, ce n'était pas pour longtemps. Elle eut la nuit sa seconde attaque d'apoplexie.

C'est son portrait qui était près de mon lit, en face d'un bouquet d'œillets rouges. — Ses fils me laissèrent, comme à une sœur, ma part de souvenirs.

Après la mort de Mme Vollier, une grande tristesse m'envahit ; mais on n'avait pas le temps de s'écouter souffrir : l'Empire à mesure qu'il approchait de sa fin devenait plus menaçant et nous plus déterminés.

La première institutrice qui s'était établie à Montmartre, Mlle Caroline L'Homme, et qui avait, disait-elle, appris à lire à tout le quartier (elle avait raison), devenue infirme et vieille, avait encore quelques élèves ; un jour elle me les amena et vint s'établir avec moi. Elle était brisée.

Avez-vous lu les légendes du Nord ? On eût dit une des nornes, tant elle passait sans bruit. Pâle, ses longs cheveux blancs attachés par une longue aiguille antique, quelque chose de fatidique l'enveloppait.

C'est qu'au fond de sa vie il y avait une légende héroïque.

Rien de plus charmant que ce caractère doux et fier à la fois !... Morte aussi !

Pauvre mère ! elle eut avec moi bien peu de jours paisibles. Quand elle vint à Montmartre toute brisée de la mort de ma grand'mère, la Révolution arrivait, je la laissais seule de longues soirées ; après, ce furent des jours, puis des mois, des années. Pauvre mère ! pourtant je l'aimais tant que je ne serai heureuse qu'en allant la retrouver dans la terre où l'on dort.

Est-ce que nos mères à nous peuvent être heureuses ?

Par quelques paroles échappées, je compris combien de sacrifices s'étaient imposés les pauvres femmes pour payer l'externat de Montmartre.

Dans la fermentation de la fin de l'Empire, l'idée germait, grandissait et, secouée en gerbes d'étincelles, mettait le feu comme une torche. On en avait assez des choses malpropres. — On n'avait pas vu encore la guerre. Elle se leva pour étayer Bonaparte avec des tas de cadavres.

Les réunions se faisaient de plus en plus au grand jour, la révolte montant de dessous terre arrivait au grand soleil.

La guerre ne pouvait pas prendre malgré les entraînements de la bande impériale ; il fallut lâcher les ailes à la *Marseillaise* pour griser le peuple.

L'armée elle-même, trop docile toujours, ne put marcher en chantant le *Beau Dunois*.

Des vers faits à cette époque esquissent la situation, j'en mettrai quelques-uns dans ces chapitres de vues générales :

LES ŒILLETS ROUGES

Dans ces temps-là, les nuits, on s'assemblait dans l'ombre,

Indignés, secouant le joug sinistre et noir
De l'homme de Décembre, et l'on frissonnait, sombre.
    Comme la bête à l'abattoir.

L'Empire s'achevait. Il tuait à son aise,
Dans sa chambre où le seuil avait l'odeur du sang.
Il régnait, mais dans l'air soufflait la *Marseillaise.*
    Rouge était le soleil levant.

Il arrivait souvent qu'un effluve bardique,
Nous enveloppant tous, faisait vibrer nos cœurs.
A celui qui chantait le recueil héroïque,
    Parfois on a jeté des fleurs.

De ces rouges œillets que, pour nous reconnaître,
Avait chacun de nous, renaissez, rouges fleurs,
D autres vous reprendront aux temps qui vont paraître,
    Et ceux-là seront les vainqueurs.

Le second feuillet des *Œillets rouges* fut écrit à Versailles, à travers l'hécatombe de 1871 et envoyé à Ferré, condamné à mort. Le voici :

    Maison d'arrêt de Versallles, 4 septembre 1871.

    A Th. Ferré

Si j'allais au noir cimetière,
Frères, jetez sur votre sœur,
Comme une espérance dernière,
De rouges œillets tout en fleur.

Dans les derniers temps de l'Empire,
Lorsque le peuple s'éveillait,

Rouge œillet, ce fut ton sourire
Qui nous dit que tout renaissait.

Aujourd'hui, va fleurir dans l'ombre
Des noires et tristes prisons.
Va fleurir près du captif sombre,
Et dis-lui bien que nous l'aimons.

Dis-lui que par le temps rapide
Tout appartient à l'avenir ;
Que le vainqueur au front livide
Plus que le vaincu peut mourir.

Que de fleurs dans ma vie : les roses rouges du fond du clos toutes chargées d'abeilles, le lilas blanc que Marie voulut sur son cercueil, et les roses couleur de chair tachées de gouttes de sang que j'envoyais de Clermont à ma mère !

Revenons au passé par des vers encore :

LA MANIFESTATION DE LA PAIX

Dans la nuit on s'en va, marchant en longues files
Le long des boulevards, disant : La paix ! la paix !
Et l'on se sent suivi par la meute servile.
Ton jour, ô Liberté, ne viendra-t-il jamais ?

Et le pavé frappé par les lourds coups de lance
Résonne sourdement ; le bandit veut durer.
Pour retarder un peu sa chute qui s'avance,
Il lui faut des combats, dût la France y sombrer.

Maudit, de ton palais sens-tu passer ces hommes ?
C'est ta fin ! Les vois-tu dans un rêve effrayant ?
Ils s'en vont dans Paris, pareils à des fantômes :

Entends-tu ? dans Paris dont tu boiras le sang.

Et la marche scandée avec le rythme étrange,
A travers l'assommade, ainsi qu'un grand troupeau,
Passe, et César bandit centuple sa phalange,
Et pour frapper la France il fourbit son couteau.

Puisqu'on veut le combat, puisque l'on veut la guerre,
Peuples, le front courbé, plus tristes que la mort,
C'est contre les tyrans qu'ensemble il faut la faire :
Bonaparte et Guillaume auront le même sort.

Comme je prétendais, pour que ma mère ne se tourmentât pas, que je ne me mêlais de rien activement, deux de nos amis vinrent un soir me prendre pour une réunion ; ils étaient restés en dehors afin qu'elle ne se doutât pas de quoi il s'agissait.

— C'est impossible, disait la pauvre femme, que tu ailles donner des leçons à cette heure-là !

— C'est Julie qui m'envoie chercher.

Mais elle se mit à la fenêtre.

— Je le savais bien, dit-elle, que c'était pour vos réunions !

Et elle riait malgré elle de nous voir partir en riant.

Ces réunions avaient lieu le plus souvent en dehors de Paris.

Que de choses on disait en revenant par les sentiers des champs ! D'autres fois on se taisait dans tout l'éblouissement de l'idée qui se levait, balayant les hontes de vingt ans.

Oh ! mes amis, je crois que nous étions tous un peu poètes ! Nous avons bien souffert, mais nous avons vu de belles choses !

Comment mieux revivre ces jours-là que par les feuillets qui m'en sont restés !

LES VEILLEURS DE NUIT

I

La charge sonne sous la terre.
En avant ! en avant ! marchons !
Quatre-vingt-treize a la bannière.
O mes amis, allons ! allons !
Quoi ! tant que l'aigle en pourriture
Aurait de quoi nourrir un ver,
On oserait se prosterner
Devant cette charogne impure.
Aux armes, citoyens ! formez vos bataillons.
Marchons ; qu'un sang impur abreuve nos sillons.

II

Avant que l'empire s'écroule,
Que le squelette vermoulu
S'émiette sous la grande houle,
Sachons que le peuple a voulu.
Brisons cet esclavage inique,
Devant Tibère, aurions-nous tous
Vingt ans rampé sur les genoux ?
Amis, vive la République !
Aux armes, citoyens ! etc.

15 août 70.

Nous disions : En avant ! vive la République !
Tout Paris répondra, tout Paris soulevé,

> Se souvenant enfin, Paris fier, héroïque,
> Dans son sang généreux de l'Empire lavé.
> Voilà ce qu'on croyait ; la ville fut muette.
> Je vois encor ce jour dans la brume au lointain.
> Chaque volet se ferme et la rue est déserte.
> Sur nos braves amis, on criait ; Au Prussien !

Oui, dans Paris, frémissant des crimes de l'Empire, dans Paris qui devait répondre : Vive la République ! il se fit un grand silence.

Tous les volets se fermèrent, laissant désert le boulevard de la Villette, et autour de la voiture où Eudes et Brideau étaient prisonniers, on criait : Aux Prussiens !

C'est que toujours Paris fût trompé par ce précepte étrange d'attendre, pour entraver les crimes et laver les hontes, que tout soit achevé, et qu'on ait entassé hontes et crimes jusqu'au ciel.

Quand nos amis furent condamnés à mort pour avoir voulu proclamer la République avant que Bonaparte eût achevé son œuvre, on nous chargea, André Léo, Adèle Esquiros et moi, de porter à Trochu une protestation couverte de milliers de signatures.

Le plus grand nombre de ces signatures furent données dans l'indignation ; deux ou trois des listes dont j'étais chargée me furent redemandées sous prétexte qu'il y allait *de la tête* : des gens *timides* avaient réfléchi.

Est-ce que ce n'était pas de la tête de nos amis qu'il y allait ? J'avoue n'avoir pas voulu effacer ces deux ou trois signatures de personnes timides.

— Eh bien ! tant mieux, leur disais-je, nous irons de compagnie.

Ce n'était pas chose facile d'arriver jusqu'au général Trochu ; il fallut pour y parvenir tout l'entêtement féminin.

Après être entrées presque d'assaut dans une sorte d'antichambre, on voulait nous faire partir sans voir le gouverneur de Paris. Les mots : « Nous venons de la part du peuple », sonnaient mal à cet endroit-là. Sur l'invitation de nous retirer, nous allâmes nous asseoir sur une banquette contre le mur, déclarant que nous ne partirions pas sans réponse.

Las de nous voir attendre, un secrétaire alla chercher un personnage qui dit représenter Trochu, vint et, soupesant le volumineux cahier couvert de signatures (ce qui paraissait l'inquiéter), il nous déclara que, vu le nombre, ces signatures seraient prises en considération.

Cette promesse aurait peu pesé dans la balance si l'Empire ne se fût écroulé ; pourri comme il l'était, le coup de massue de Sedan étendit ce cadavre à terre.

Une seule écharpe rouge à l'Hôtel de Ville, celle de Rochefort. Mais on se disait : Le peuple est là.

Hélas ! après le 4 Septembre, c'était toujours la méthode de l'Empire ! et le peuple laissa faire longtemps.

Que de souvenirs ! Les batailles dont on avait avec tant de peine des nouvelles vraies ou fausses, le titre seul changé, les mêmes choses restées !

On refusait de laisser tenter des sorties désespérées ; on attendait toujours l'armée libératrice que nous savions bien ne pas pouvoir venir. Jamais, disait-on, une ville ne s'est débloquée seule. Ce qui n'est pas impossible, s'il n'est jamais arrivé, a chance au contraire d'arriver au moins une fois.

Le 31 octobre, à l'Hôtel de Ville, la Commune était nommée ; elle fut escamotée comme un tour de gobelet. Il faut de ces choses-là pour savoir à quels ennemis on a affaire.

Flourens paya de sa vie aux avant-postes de la Commune, où Versailles l'assassina dans un guet-apens, cette folle générosité.

Si nous sommes implacables à la prochaine lutte, à qui en est la faute ?

Le 19 janvier, on consentit enfin à laisser la garde nationale tenter de reprendre Montretout et Buzenval.

D'abord les places furent emportées ; mais les hommes entrant jusqu'aux chevilles dans la terre détrempée ne purent monter les pièces sur les collines, il fallut se replier.

Là, restèrent par centaines, sans regretter la vie, des gardes nationaux : hommes du peuple, artistes, jeunes gens ; la terre but le sang de cette première hécatombe parisienne, elle en devait boire bien d'autre.

Mais Paris ne voulait pas se rendre.

Le 22 janvier, on était devant l'Hôtel de Ville, où commandait Chaudey.

Sous les protestations qu'on ne songeait pas à se rendre, le peuple sentait le contraire.

Voulant laisser à la manifestation ce caractère pacifique qui finit toujours par l'écrasement de la foule, ceux qui étaient armés s'éloignèrent.

Quand il ne resta plus que la multitude désarmée, un petit bruit de grêle tomba des fenêtres où l'on voyait les faces pâles des Bretons, sur la place où se faisaient des trouées.

Oui, c'est vous, sauvages d'Armor, sauvages aux blonds cheveux, qui avez fait cela ; mais vous, du moins, vous êtes des fanatiques et non des vendus.

Vous nous tuez ! Mais vous croyez devoir le faire et nous vous aurons un jour pour la liberté. Vous y apporterez la même conviction farouche, et avec nous vous monterez à l'assaut du vieux monde.

Razoua commandait les bataillons de Montmartre.

Aucun coup de fusil ne fut tiré du côté du peuple avant les décharges des Bretons. Mais alors ceux qui s'étaient rangés autour du square de la Tour-Saint-Jacques s'indignèrent, les balles pleuvaient toujours, on commença à construire une barricade.

Un vieux dont la capote était trouée de balles et qui n'y songeait guère, un vieux de juin 48, Malézieux, se rappelait ces jours-là et dominait la situation, comme drapé, le brave, dans son drapeau de Juin.

Au milieu de la place, perdue dans ma pensée, je regardais les fenêtres maudites, songeant : Vous serez à nous, bandits.

Les balles continuaient leur petit bruit de grêle, la place s'était faite déserte.

Les projectiles venus de l'Hôtel de Ville, fouillant au hasard, tuaient les promeneurs.

Près de moi, une autre femme de ma taille, vêtue de noir aussi et qui me ressemblait, tomba frappée d'une balle ; un jeune homme était venu avec elle, lui aussi fut tué ; nous n'avons jamais su qui ils étaient, — le jeune homme avait le profil hardi des races du Midi.

Beaucoup ne voulaient pas qu'on en restât là. Mais on décida que ce ne serait pas cette fois-là.

Le 22 janvier, Sapia fut tué, d'autres encore ; P... du groupe Blanqui, eut le bras cassé. Il y eut des passants tués comme les nôtres, et sur les tombes on jura vengeance et liberté.

J'avais, en gage de défi, jeté mon écharpe rouge sur une fosse, un camarade la noua aux branches d'un saule.

Six jours après le 22 janvier, le peuple mitraillé et l'assurance qu'on ne cherchait point à se rendre et que les Prussiens seuls pouvaient porter de telles accusations, la reddition était faite. Le frisson de colère de Paris ne se calma pas cette fois.

XIV

Le comité de vigilance de Montmartre aura son histoire à part ; nous en sommes peu de survivants ; il fit sous le siège trembler la réaction. On s'envolait chaque soir, du 41 de la chaussée Clignancourt, sur Paris, tantôt démolissant un club de lâcheurs, tantôt soufflant la révolution, car le temps de la duperie était passé. Nous savions ce que pèsent les promesses et la vie des citoyens devant un pouvoir qui se noie.

A Montmartre, il y avait deux comités de vigilance, celui des hommes et celui des femmes.

J'étais toujours à celui des hommes, parce que ceux-là tenaient des révolutionnaires russes. J'ai encore un vieux plan de Paris qui était au mur de la seconde salle ; je l'ai emporté et rapporté à travers l'Océan, en souvenir. Nous avions, avec de l'encre, couvert les armes de l'Empire qui le décoraient, cela eût sali notre repaire.

Jamais je ne vis intelligences si droites, si simples et si hautes ; jamais individualités plus nettes. Je ne sais comment ce groupe faisait son compte, il n'y avait pas de faiblesses ; quelque chose de fort et de bon vous reposait.

Chez les citoyennes même courage ; là aussi des intelligences remarquables ; mais au 41 j'étais allée d'abord avec les citoyens, je continuais d'appartenir aux deux comités dont les tendances étaient les mêmes. Celui des femmes aussi aura son histoire, peut-être seront-elles mêlées, car on ne s'inquiétait guère à quel sexe on appartenait pour faire son devoir. Cette bête de question était finie.

Le soir, je trouvais moyen d'être aux deux clubs, puisque celui des femmes, rue de la Chapelle, à la justice de paix, s'ouvrait le premier. Nous pouvions ainsi assister après à la moitié de la séance du club de la salle Pérot, quelquefois à la séance entière ; tous deux portaient le nom de club de la Révolution distinct des Grandes-Carrières.

J'entends encore l'appel et je pourrais dire tous les noms. Aujourd'hui c'est l'appel des fantômes.

Les comités de vigilance de Montmartre ne laissaient personne sans asile, personne sans pain. On y dînait avec un hareng pour quatre ou cinq, mais on n'épargnait pas pour ceux qui en avaient besoin les ressources de la mairie, ni les moyens révolutionnaires des réquisitions. Le XVIIIe arrondissement était la terreur des accapareurs et autres de cette espèce. Quand on disait : Montmartre va descendre ! les réactionnaires se fourraient dans leurs trous, lâchant comme des bêtes poursuivies les caches où les vivres pourrissaient, tandis que Paris crevait de faim.

On riait de bon cœur, quand un de nous avait amené quelque mouchard qu'il croyait un bon citoyen.

On a fauché le comité de vigilance comme tous les groupes révolutionnaires : Les rares qui restent, Hippolyte F..., Bar..., Av..., Viv..., Louis M... savent comme on y était fier et comment on portait le drapeau de la Révolution.

Peu importait à ceux-là d'être moulus obscurément dans la lutte ou bien au grand soleil.

Qu'importe de quelle manière passe la meule, pourvu que se fasse le pain !

On se demande quelquefois comment tant de choses ont pu contenir dans la vie pendant les quinze ans qui viennent de s'écouler. On écrirait tant qu'on voudrait ; le cadre d'abord, afin qu'on puisse fermer le livre où on voudra.

Ce n'est pas ici ce qu'on appelle un ouvrage à sensation, c'est un rapide regard sur la vie et la pensée d'une femme de la Révolution. Cela ne fait guère sensation quand on nous broie ; seulement c'est là que cesse pour nous toute entrave à être d'utiles projectiles dans la lutte révolutionnaire. Personne ne souffrant plus de ce qui nous arrive, rien ne nous arrête, j'en suis là ! Cela vaut mieux pour la cause.

Qu'importe, maintenant, dans le cœur arraché saignant de la poitrine, que des becs de plume y fouillent comme des becs de corbeau, personne n'est plus là pour souffrir des calomnies ; ma mère est morte !

Si elle avait vécu quelques années, quelques mois encore, j'aurais passé tout ce temps-là près d'elle ; aujourd'hui, qu'importe prisons, mensonges et tout le reste ? Que ferait la mort ? Ce serait une délivrance ; ne suis-je pas déjà morte ?

Si je sors d'ici ce sera pour rentrer dans la fournaise où l'on sent le souffle de l'inconnu qui vous fouette au visage.

Que parle-t-on de courage ? Est-ce que je n'ai pas hâte d'aller retrouver ma compagne Marie et ma mère ! Ma pauvre mère, qui vivrait si seulement j'avais été l'an dernier à Saint-Lazare. Elle m'aurait sentie près d'elle ; mon arrivée, à son agonie, lui a redonné un mois d'existence.

Venir à Saint-Lazare ? Je ne l'ai demandé qu'à ses derniers instants, promettant en échange d'aller en Calédonie, au milieu des tribus, fonder cette école que j'avais promise aux Canaques.

On ne l'a pas voulu, ce n'est pas ma faute ; je suis allée près de ma mère mourante : les gouvernants ont été, comme il arrive toujours, moins mauvais que leurs lois ; ils m'ont laissée quelques jours près d'elle.

Toujours l'homme est obligé de briser la loi dont il s'enveloppe comme d'un filet et qu'il étend sur les autres.

Nul homme ne serait un monstre ou une victime sans le pouvoir que les uns donnent aux autres pour la perte de tous.

Si ce livre est mon testament, qu'il en tombe à chaque feuillet des malédictions sur le vieil ordre de choses.

Il y a longtemps que je serais morte si je ne pensais pas que nous aurons bientôt à donner le coup de chien ; celui où flotteront ensemble les bannières rouges et noires.

Encore une chose que les gouvernants ont fait de bien, c'est de ne pas avoir écouté ceux qui, ne suivant que leur sensibilité, demandaient qu'on me mît en liberté, ma mère encore chaude !

Ma pauvre mère, morte parce que je n'étais pas là ! La liberté, comme si on m'eût payé son cadavre ! On ne l'a pas fait et on a bien fait.

Est-ce que quelque chose peut m'émouvoir, depuis qu'elle ne souffre plus ?

Je n'attends ni douleur ni joie, je suis bonne pour le combat.

Retournons rapidement en arrière, puisque chaque chose sera reprise : le 22 Janvier, le 18 Mars, le combat, la défaite, les comités d'hommes et de femmes, la déportation, le retour ; les prisons avant et après le retour.

Le 18 mars, sur la butte Montmartre, baignée de cette première lueur du jour qui fait voir comme à travers le voile de l'eau, montait une fourmilière d'hommes et de femmes ; la butte venait d'être surprise ; en y montant on croyait mourir.

Voici pourquoi la butte était l'objectif de la réaction.

Les canons payés par les gardes nationaux étaient laissés dans un terrain vague au milieu de la zone abandonnée aux Prussiens.

Paris ne le voulut pas, on les reprit au parc Wagram.

L'élan donné par un bataillon du 6e arrondissement fut général ; l'idée était dans l'air, chaque bataillon alla reprendre ses canons ; ils passaient sur les boulevards à bras d'hommes, de femmes et d'enfants, drapeau en tête.

Des marins proposaient déjà de reprendre les forts à l'abordage comme des navires ; cette idée respirée dans l'air nous grisait.

Il n'arriva aucun accident quoique les pièces fussent chargées.

Montmartre, comme Belleville et Batignolles ; avait ses canons ; ceux qu'on avait mis place des Vosges furent transportés au faubourg Antoine.

Les clubs étaient fermés depuis le 22 janvier, les journaux suspendus ; si on n'eût senti le peuple en éveil il est probable que le 18 Mars, au lieu d'être le triomphe du peuple, eût été celui d'un roi quelconque.

Le fils Badingue n'était pas encore mort ; Montmartre désarmé, c'était l'entrée du souverain, Bonaparte ou d'Orléans, qu'eussent protégé l'armée trompée ou complice et les Prussiens établis dans les forts.

Elle ne voulut point, cette fois, être complice, l'armée, que, trois mois plus tard, on prenait pour écraser Paris.

L'armée leva la crosse en l'air au lieu d'arracher les canons français aux gardes nationaux et surtout aux femmes qui les couvraient de leurs corps ; les soldats comprenaient, cette fois, que le peuple défendait la République en défendant les armes dont les royalistes et impériaux, d'accord avec les Prussiens, eussent tourné la gueule vers Paris.

Oui, le 18 Mars devait appartenir à l'étranger, allié des rois ou au peuple ; il appartint au peuple.

Lorsque la victoire se décida ainsi pour nous, je regardai autour de moi et j'aperçus ma pauvre mère qui m'avait suivie pensant que j'allais mourir.

Clément Thomas et Lecomte, au moment où Clément Thomas commandait de tirer sur le peuple, furent arrêtés.

Tous deux étaient, par leurs actes mêmes, condamnés depuis longtemps ; cela datait de loin, de Juin 48 pour Clément Thomas. Il l'avait rappelé sous le siège en insultant la garde nationale.

Lecomte avait comme lui un arriéré à payer : ses soldats se souvenaient.

La vengeance sortit du passé, sans ordre : c'est l'heure qui sonne.

Elle sonnera encore pour bien d'autres, sans que la Révolution qui passe s'attarde sur le chemin à le faire ou à l'empêcher.

On compte ceux qui meurent ainsi aux représailles populaires, mais d'un côté seulement ; de l'autre on ne compte pas, on ne le pourrait pas.

C'est le chaume sous les faucilles, l'herbe fauchée au soleil d'été.

Plusieurs des nôtres aussi périrent ; Turpin, tombé près de moi, à l'attaque du n° 6 de la rue des Rosiers, pendant la nuit, mourut quelques jours après à Lariboisière.

Il m'avait dit de recommander sa femme à Clémenceau ; la volonté du mort fut exécutée fidèlement.

Je n'ai jamais lu la déposition de Clémenceau, dans l'Enquête du 18 Mars ; nous ne lisions pas de journaux.

Les indécisions qu'on lui reproche viennent de son illusion d'attendre encore quelque progrès du parlementarisme mort ; cette illusion est le microbe qu'il a rapporté de l'Assemblée, tout en fuyant l'Assemblée de Bordeaux.

Sa place est dans la rue et les circonstances l'y traîneront, au jour d'indignation ; c'est ce qui lui reste du tempérament révolutionnaire.

La froide indignation de la révolte, un jour de grand crime, c'est ce qui le fera sortir de là dedans comme il est sorti de l'Assemblée de Bordeaux.

Allons ! les derniers du Parlement restés honnêtes, ne vaut-il pas mieux suivre le grand Jacobin qui vous montre la route, Delescluze !

Il y a assez longtemps que cela dure et dans les pourritures il ne vient plus rien. Vous aurez beau y semer, on aura beau y verser du sang, c'est fini, bien fini.

A quoi bon changer le nom, pour qu'à l'Élysée et à l'Hôtel de Ville on ne puisse secourir les blessés sans danser sur les cadavres, pendant que le peuple, crevant de faim, regarde monter les fusées dans l'air, comme aux anciens

15 Août.

Le pouvoir ! c'est se servir d'un ciseau de verre pour sculpter le marbre. Allons donc ! dominer c'est être tyran, être dominés c'est être lâches ! Que le peuple se mette donc debout, il y a assez longtemps qu'on fouette le vieux lion pour qu'il casse la muselière.

Et le lendemain ? dit-on.

Eh bien, le lendemain, il est à l'humanité nouvelle, elle s'arrangera dans le monde nouveau : est-ce que nous pouvons comprendre ce lendemain-là ?

Qu'elle passe sur nous comme sur un pont, nous ne sommes bons qu'à cela. Ne discutons pas, aveugles que nous sommes, l'aurore qui se lève.

En révolution, l'époque qui copie est perdue, il faut aller en avant. La Commune, enserrée de toutes parts, n'avait que la mort à l'horizon, elle ne pouvait qu'être brave, elle le fut.

Elle a ouvert la porte toute grande à l'avenir ; il y passera.

Le navire de Paris est en rade, bien en rade de la nouvelle rive, il danse sur ses ancres, les meilleurs de l'équipage ont été jetés aux requins ; mais il abordera.

Et comme il est beau ce navire, avec ses pavillons flottants rouges et noirs sur nos deuils et sur notre espoir ! Voici la revanche de l'humanité entière aux éternels jours de mai.

Sur le sang fleurit la vengeance, comme l'eau fleurit le gazon, disaient les braves.

Les vengeances personnelles disparaîtront comme les gouttes d'eau dans les vagues déchaînées.

On ne compte pas les vicissitudes des grains de sable ; ils roulent avec les autres, ils y sont tous.

XV

Pendant tout le temps de la Commune, je n'ai passé chez ma pauvre mère qu'une seule nuit. Ne me couchant, je pourrais dire jamais, je dormais un peu n'importe où, quand il n'y avait rien de mieux à faire ; bien d'autres en ont fait autant. Chacun s'est donné tout entier de ceux qui voulaient la délivrance.

Si la réaction eût eu autant d'ennemis parmi les femmes qu'elle en avait parmi les hommes, Versailles eût éprouvé plus de peine ; c'est une justice à rendre à nos amis, qu'ils sont plus que nous accessibles à une foule de pitiés ; la femme, cette prétendue faible de cœur, sait plus que l'homme dire : Il le faut ! Elle se sent déchirer jusqu'aux entrailles, mais elle reste impassible. Sans haine, sans colère, sans pitié pour elle-même ni pour les autres, *il le faut*, que le cœur saigne ou non.

Ainsi furent les femmes de la Commune...

J'avais, outre mes vêtements de femme, un costume de lignard et un de garde national ; des cartes dans mes poches, pour prouver à qui de droit d'où je venais ; et je m'en allais sans qu'il me soit jamais arrivé autre chose qu'une éraflure de balle au poignet, mon chapeau criblé et une entorse qui, longtemps foulée, m'obligea enfin à ne plus marcher pendant trois ou quatre jours et à réquisitionner une voiture.

C'était justement une calèche d'assez bonne mine ; nous y avions attelé assez bien aussi un cheval, malheureusement habitué aux coups ; il ne voulait pas marcher, la vilaine bête, en le traitant honnêtement.

La chose alla parfaitement, tant qu'il s'agit de suivre au pas un enterrement au cimetière Montmartre, mais après, il fallait aller ailleurs ; le maudit animal, non content de son petit train à dormir debout, s'arrêta tout court pour laisser le temps à un tas d'imbéciles de venir chuchoter tout autour : « Ah ! les voilà qui ont calèche ! ils font danser l'argent ! et ça doit coûter gros l'entretien de cette voiture-là ! » Attendez, dit un ami, ne descendez pas ! je vais le faire trotter ! Il donna un morceau de pain et des encouragements à ce monstre, qui se mit à mâchonner en levant les lèvres comme s'il nous riait au nez, ne bougeant pas plus qu'un terme.

Alors, n'en déplaise à ceux qui comme moi sont esclaves des pauvres bêtes, j'appliquai la loi de nécessité, sous forme d'un coup de fouet bien cinglé à la nôtre, qui repartit secouant ses oreilles, pour la barricade Peyronnet à Neuilly.

Je n'avais pas osé, en allant à Montmartre, descendre chez ma pauvre mère, parce qu'elle aurait vu que j'avais une entorse.

Quelques jours auparavant je m'étais trouvée tout à coup face à face avec elle, *dans les tranchées*, près de la gare de Clamart. Elle venait voir ce qu'il y avait de vrai dans les mensonges que je lui écrivais pour la tranquilliser ; heureusement elle finissait toujours par me croire…

A la partie suivante quelques récits de nos luttes.

En province on croyait toujours les contes officiels ; la raison d'État exige qu'on fasse de la discorde entre les divers groupes de cette plèbe, dont on laisse assez pour le travail, trop peu pour la révolte, mais qui, entre chaque coupe réglée, repousse nombreuse et forte comme les chênes gaulois.

Quelques-uns des plus dévoués allèrent de Paris à la province ; des femmes, entre autres Paule Mink. On se multipliait le plus possible. Si la province eût compris, elle eût été avec nous.

On essaya des ballons remplis de dépêches à la France. Quelques-uns tombèrent bien.

Tous, du reste, n'étaient pas trompés par les bourdes versaillaises. Lyon, Marseille, Narbonne eurent leurs Communes, noyées comme la nôtre dans le sang révolutionnaire ; c'est de celui-là toujours que rouges sont nos bannières ; pourquoi donc effrayent-elles ceux qui les rougissent ?

Les douleurs des paysans sont plus sombres encore que les nôtres ; sans cesse penchés sur la terre marâtre, ils n'en tirent que le superflu du maître, et moins que nous ils ont les consolations de la pensée.

A toi, paysan, cette chanson de colère ; qu'elle germe dans tes sillons ; c'est un souvenir de notre temps de lutte.

CHANSON DU CHANVRE

> Le printemps rit dans les branches vertes,
> Au fond des bois gazouillent les nids ;
> Tout vit, chantant les ailes ouvertes,
> Tous les oiseaux couvent leurs petits.
> Le peuple, lui, n'a ni sou ni mailles,
> Pas un abri, pas un sou vaillant ;
> La faim, le froid rongent ses entrailles.
> Sème ton chanvre, paysan ! Sème ton chanvre,
>   paysan !

> Il ferait bon, si Jacques Misère
> Pouvait aimer, de s'en aller deux !
> Mais loin de nous amour et lumière !
> Ils ne sont pas pour les malheureux !
> Ne laissons pas de veuve aux supplices,
> Ne laissons pas de fils aux tyrans,
> Nous ne voulons point être complices.
> Semez le chanvre, paysans ! Semez le chanvre,
>   paysans !

> Forge, bâtis chaînes, forteresses.

> Donne bien tout, comme les troupeaux,
> Sueur et sang, travail et détresses.
> L'usine monte au rang des châteaux.
> Jacques, vois-tu, la nuit sous les porches,
> Comme en un songe au vol flamboyant,
> Rouges, errer, les lueurs des torches.
>   Sème ton chanvre, paysan ! Sème ton chanvre,
>   paysan !

Vous le voyez bien, amis, je suis capable de tout, amour ou haine ; ne me faites pas meilleure que je ne suis, et que vous ne l'êtes !

Insectes humains que nous sommes, nous rongeons les mêmes débris, nous roulons dans la même poussière, c'est dans la Révolution que battront nos ailes. Alors la chrysalide sera transformée, tout sera fini pour nous et des temps meilleurs auront des joies que nous ne pouvons comprendre.

Les sens des arts, de la liberté, ne sont que rudimentaires dans notre race ; il faut qu'ils se développent et qu'ils produisent. C'est cette moisson-là qui croîtra en gerbes merveilleuses.

Là-bas dans l'ombre tiède d'une nuit de printemps, c'est le reflet rouge des flammes, c'est Paris s'allumant aux jours de Mai.

Cet incendie-là, c'est une aurore ; je la vois encore en écrivant ceci.

Par delà notre temps maudit viendra le jour où l'homme, conscient et libre, ne torturera plus ni l'homme ni la bête. Cette espérance-là vaut bien qu'on s'en aille à travers l'horreur de la vie.

J'oublie toujours que j'écris mes Mémoires. Si l'on pouvait aussi, jusqu'au bout, oublier l'existence !

Avant de parler de ma troisième arrestation (aux jours de Mai), je dois raconter les premières.

C'était au temps du siège, avec Mme André L... Nous avions fait appel à des volontaires pour aller, à travers tout, à Strasbourg agonisante, et tenter un dernier effort ou mourir avec elle. Les volontaires en grand nombre étaient venus. Nous traversions Paris en longue file, criant : A Strasbourg ! A Strasbourg ! Nous allâmes signer sur le livre ouvert sur les genoux de la statue, et de là à l'Hôtel de Ville où nous fûmes arrêtées, Mme A. L..., moi et une pauvre petite vieille qui, traversant la place pour aller chercher de l'huile, s'était trouvée au milieu de la manifestation. Elle ne quittait pas sa burette ; et quand, sur notre récit et surtout à l'aspect de sa cruche, témoin éloquent, on la laissa sortir, l'huile tombait sur sa robe, tant ses mains tremblaient. Un gros bonhomme entrant, j'essaye de lui expliquer de quoi il s'agit. — Qu'est-ce que cela vous fait, que Strasbourg périsse puisque vous n'y êtes pas ? me dit cet inconscient chamarré, venu nous voir par curiosité.

Un membre du gouvernement provisoire nous fit mettre en liberté.

C'est à cette heure-là même que Strasbourg succombait.

Ma seconde arrestation, c'était sous le siège encore.

Des femmes, plus courageuses que clairvoyantes, voulaient proposer au gouvernement je ne sais quel moyen de défense auquel elles demandaient à être employées.

Leur empressement était si grand qu'elles vinrent au club des femmes de Montmartre, au nom d'une citoyenne et d'un groupe qu'elles oublièrent d'en prévenir.

Se fussent-elles présentées sans aucun nom de groupe, nous n'eussions pas hésité davantage à accepter leur rendez-vous du lendemain. En faisant toutefois cette réserve, que nous les accompagnerions comme femmes, afin de partager leurs dangers, mais non comme citoyennes.

Nous ne reconnaissions plus le gouvernement, incapable même de laisser Paris se défendre.

Nous allâmes au rendez-vous de l'Hôtel de Ville, nous attendant à ce qui arriva, — je fus arrêtée comme *ayant organisé* une manifestation.

Je répondis que je ne pouvais organiser de manifestation pour parler à un gouvernement que je ne reconnaissais plus, et que quand je viendrais pour mon propre compte à l'Hôtel de Ville, ce serait avec le peuple en armes. Mes explications ne parurent pas satisfaisantes ; je fus incarcérée.

Mais le lendemain, les quatre citoyens Th. Ferré, Avronsart, Burlot et Christ, vinrent me réclamer au nom du XVIIIe arrondissement.

Sur cette phrase, épouvantail de la réaction : Montmartre va descendre !... je leur fus remise.

Mme Meurice vint aussi me réclamer au nom de la Société des femmes pour les victimes de la guerre ; elle arriva après notre départ de la préfecture ; les femmes, je le répète, ne commirent pas de lâchetés : cela vient de ce que, ni les unes ni les autres, nous n'aimons pas à nous salir les pattes. Peut-être sommes-nous un peu de la race féline.

Trois cent mille voix avaient élu la Commune.

Quinze mille environ, pendant la Semaine sanglante, soutinrent le choc d'une armée. On compta à peu près trente-cinq mille fusillés ; mais ceux qu'on ignore ? Il y a des jours où la terre rend ses cadavres.

Les femmes, aux jours de Mai, élevèrent et défendirent la barricade de la place Blanche. Elles tinrent jusqu'à la mort.

L'une d'elles, Blanche Lefebre, vint me voir comme en visite à la barricade du Delta. On croyait encore vaincre.

Une insurrection gagne bien. Mais la Révolution était

saignée au cou par le vieux renard Foutriquet, général d'armée de Versailles.

Dombrowski passa devant nous, triste, allant se faire tuer. — C'est fini, me dit-il !

Je lui répondis : — Non, non. Et il me tendit les deux mains.

J'échappais toujours à tout, je ne sais comment ; enfin, ceux qui voulaient m'avoir emmenèrent ma mère pour la fusiller, si on ne me trouvait pas. J'allai la faire mettre en liberté en prenant sa place. Elle ne voulait pas, la pauvre chère femme ; il me fallut bien des mensonges pour la décider ; elle finissait toujours par me croire.

J'obtins ainsi qu'elle retournât chez elle.

C'était près du chemin de fer de Montmartre, au bastion 37 ; là était le dépôt des prisonniers.

Les fragments de papiers brûlés, venant de l'incendie de Paris, arrivaient jusque-là comme des papillons noirs.

Au-dessus de nous, flottait, en [crêpe] rouge, l'aurore de l'incendie.

On entendait toujours le canon, on l'entendit jusqu'au 28. Et jusqu'au 28 nous disions : La Révolution va prendre sa revanche.

Nous comptons toujours, naïfs que nous sommes, sans la trahison.

A ce bastion, devant le grand carré de poussière où nous étions parqués, sont les casemates sous un tertre de gazon vert.

Là, à l'arrivée de M. de Gallifet, on fusilla devant nous deux malheureux qui se débattaient, ne voulant pas mourir.

Sortis pour nous insulter peut-être, ils avaient été pris dans la rue et ne s'en étaient pas beaucoup tourmentés, sûrs, disaient-ils, d'être mis en liberté.

Le discours de M. de Gallifet, l'ordre de tirer dans le tas si quelqu'un semblait changer de place, les ayant effrayés, ils se prirent à fuir, saisis d'une terreur folle.

Quoique nous ayons tous crié : Nous ne les connaissons pas ; ils ne sont pas des nôtres, ils furent fusillés, ne voulant même pas rester debout, les malheureux, disant qu'ils étaient des commerçants de Montmartre, et ne pouvant, affolés qu'ils étaient, retrouver leur adresse dans leur mémoire obscurcie, pour recommander leurs enfants à ceux qui resteraient !

Nous ne pensions guère en sortir. Ces hommes se ressemblaient et devaient être frères. On crut que l'un d'eux disait : Hélas ! Moi j'ai toujours cru qu'il avait dit : *Anne*, et que c'était sa fille !

Combien furent pris ainsi, qui étaient ennemis de la Commune, comme les deux malheureux du bastion 37 !

Il arrivait d'étranges choses.

Plus tard, lorsqu'on nous conduisit de Satory à Versailles, une femme furieuse se précipita au-devant de nous, criant que nous avions tué sa sœur, qu'elle le sait, qu'il y a des témoins. Deux cris sont jetés tout à coup ; sa sœur était parmi nous, faite prisonnière par Versailles.

Satory ! On nous avait dit en arrivant par la grande pluie où la montée glissait : Allons ! montez comme à l'assaut des buttes ! Et tous avaient monté au pas de charge, et nous marchions au-devant des mitrailleuses qu'on roulait, disant à une vieille qui était avec nous, parce qu'on avait fusillé son mari, et qui allait crier : que c'était une formalité chaque fois que des prisonniers arrivaient.

Elle se tut.

Nous étions sûrs qu'il n'y aurait qu'un seul cri : Vive la Commune !

On retira les mitrailleuses. En passant à Versailles, des petits crevés avaient tiré sur nous comme sur des lièvres ; un garde national eut la mâchoire cassée ; je dois cette justice aux cavaliers qui nous conduisaient, qu'ils repoussèrent les petits crevés et leurs drôlesses qui venaient à la chasse aux prisonniers.

Satory ! On appelait pendant la nuit des groupes de prisonniers.

Ils se levaient de la boue où ils étaient couchés sous la pluie, et suivaient la lanterne qui marchait devant ; on leur mettait sur le dos une pelle et une pioche pour faire leur trou, et on allait les fusiller.

La décharge s'égrenait dans le silence de la nuit.

Après m'avoir dit qu'on me fusillerait le lendemain de mon arrivée, on me dit que ce serait pour le soir, puis pour le lendemain encore, et je ne sais pourquoi on ne le fit pas, car j'étais insolente comme on l'est dans la défaite avec des vainqueurs féroces.

On nous envoya une trentaine de femmes aux Chantiers de Versailles.

Là, tout autour d'une grande pièce carrée, au premier étage, nous étions de jour assises par terre, la nuit allongées comme on pouvait.

Au bout d'une quinzaine de jours on donna une botte de paille pour deux.

Au-dessus, par un trou, on montait à la salle des interrogatoires, un autre trou conduisait au rez-de-chaussée où étaient les enfants prisonniers ; deux lampes éclairaient la nuit cette Morgue que complétaient les haillons suspendus par des ficelles au-dessus des corps.

Pendant longtemps il me fut défendu de voir ma mère qui venait souvent de Montmartre sans pouvoir me parler.

Un jour qu'on l'avait repoussée, tandis que la pauvre femme m'avait tendu une bouteille de café, je jetai cette bouteille à la tête du gendarme qui l'avait repoussée.

Aux reproches d'un officier, je lui dis que mon seul regret était que je m'étais adressée à un instrument au lieu d'avoir frappé en haut où on commande.

On permit enfin à ma mère de me voir, mais ce fut longtemps après.

A la prison des Chantiers, comme partout, des épisodes comiques.

Une sourde muette y passa quelques semaines pour avoir crié : « Vive la Commune ! » Une vieille femme paralysée des deux jambes pour avoir fait des barricades !

Une autre tourna pendant trois jours autour de la salle, son panier à un bras, son parapluie sous l'autre.

Il y avait dans ce panier des chansons composées par son maître à la louange des vainqueurs, et qu'on avait cru à celle de la Commune avec des vers tels que celui-ci.

Bons messieurs de Versailles, entrez dedans Paris.

Mais vite le rire mourait sur les lèvres.

Les cris des folles, l'inquiétude pour les parents, pour les amis, dont on ignorait le sort, les pauvres mères seules au logis...

Mais on est fier dans la défaite et les drôles et drôlesses, qui venaient voir les vaincus de Paris comme on va voir les bêtes au Jardin des Plantes, ne voyaient pas de larmes dans les yeux ; mais des sourires narquois devant leurs binettes d'idiots.

Au rez-de-chaussée étaient des enfants dont on n'avait pu avoir les pères, quelques-uns comme Ranvier, déjà fiers et dont on était fier.

A terre serpentaient des filets argentés, s'en allant vers des sortes de fourmilières. C'étaient des poux énormes au dos hérissé et un peu voûté, ayant une vague ressemblance avec les sangliers (des sangliers-mouches s'entend) ; il y en avait tant qu'on croyait entendre un petit bruit dans leur fourmillement.

Gardées par des soldats, les femmes ne pouvaient changer de linge facilement (celles qui en avaient) ; je pus enfin m'en procurer. Ma pauvre mère l'apportant à travers la porte à claires-voies de la cour me semblait bien triste ; ce n'était que le commencement.

Mes nuits se passaient à regarder curieusement la mise en scène de cette Morgue. J'ai toujours été prise par ces tableaux-là, si bien que j'oublie les êtres pour l'éloquence terrible des choses.

Parfois la Morgue prenait des effets de moisson coupée au crépuscule ou à l'aube. On voyait des épis vides, des maigres bottes de paille se dorer comme le froment sous le soleil ; d'autres fois il y avait de grands reflets, on eût dit une moisson d'astres ; c'était le jour qui, se levant, pâlissait les lampes.

A l'arrivée de Marcerou, les quarante plus mauvaises furent envoyées de la prison des Chantiers à la Correction de Versailles ; je fus du nombre.

Comme nous attendions dans la cour, sous la pluie battante, un officier nous en témoigna son regret ; je ne pus m'empêcher de lui répondre qu'il était préférable de leur part que tout fût d'accord et que pour ma part je l'aimais mieux ainsi.

A la Correction de Versailles, le régime des quarante plus mauvaises se trouva singulièrement adouci. Ce qui se passa aux Chantiers après notre départ a été raconté par Mme Cadolle et Mme Hardouin.

Comme préparation au jugement des membres de la Commune, on avait jugé de malheureuses femmes qui, n'ayant été qu'ambulancières, furent quand même condamnées à mort. Deux d'entre elles, Retif et Marchais ne s'étaient jamais vues, on prouva qu'elles avaient accompli ensemble une foule de choses.

Eulalie *Papavoine* fut, par le hasard de son nom, condamnée aux travaux forcés ; elle n'était pas même parente du Papavoine légendaire, mais on était trop heureux de faire sonner ce nom-là.

Suetens, également ambulancière, les accompagna à Cayenne.

On se gardait bien de juger les femmes les plus hardies et on n'osa exécuter ni Élisabeth Retif, ni Marchais.

Le 3 septembre, veille de l'anniversaire de la proclamation de la République, se termina le jugement des membres de la Commune.

En vertu d'un arrêt du gouverneur général de Paris, commandant supérieur de la 1ʳᵉ division militaire, porté à l'ordre du jour de l'armée, le 3ᵉ conseil de guerre était ainsi composé.

> MERLIN, colonel, président ;
>   GAULET, chef de bataillon, juge ;
>   DE GUIBERT, capitaine, juge ;
>   MARIGUET, juge ;
>   CAISSAIGNE, lieutenant, juge ;
>   LÉGER, sous-lieutenant, juge ;
>   LABBAT, adjudant sous-officier ;
>   GAVEAU, chef de bataillon au 68ᵉ de ligne ;
>   SENART, capitaine, substitut.

Les accusés étaient classés dans l'ordre suivant :
FERRÉ, ASSIS, URBAIN, BILHORAY, JOURDE, TRINQUET, CHAMPY, REGÈRE, LISBONNE, LULLIER, RASTOUL, GROUSSET, VERDURE, FERRAT, DESCHAMP, CLÉMENT, COURBET, PARENT.

Ferré ne voulait point de défenseur ; le président, aux termes de la loi, désigna d'office Mᵉ Marchand.

Ferré expliqua ainsi le rôle de la Commune, après avoir peint le coup d'État préparé par les ennemis de la République, refusant même à Paris l'élection de son conseil municipal :

> « Les journaux honnêtes et sincères étaient supprimés, les meilleurs patriotes étaient condamnés à mort. Les royalistes se préparaient au partage de la France. Enfin, dans la nuit du 18 mars, ils se crurent prêts et tentèrent le désarmement de la garde nationale et l'arrestation en masse des républicains ; leur tentative échoua devant l'opposition entière de Paris, et l'abandon même

de leurs soldats, ils s'enfuirent et se réfugièrent à Versailles.

« Dans Paris livré à lui-même, des citoyens énergiques et courageux essayaient de ramener, au péril de leur vie, l'ordre et la sécurité.

« Au bout de quelques jours, la population était appelée au scrutin et la Commune de Paris fut ainsi constituée.

« Le devoir du gouvernement de Versailles était de reconnaître la validité de ce vote et de s'aboucher avec la Commune pour ramener la concorde ; tout au contraire, et comme si la guerre étrangère n'avait pas fait assez de misères et de ruines, il y ajouta la guerre civile ; ne respirant que la haine du peuple et la vengeance, il attaqua Paris et lui fit subir un nouveau siège.

« Paris résista deux mois et il fut alors [conquis] ; pendant dix jours le gouvernement y autorisa le massacre des citoyens et les fusillades sans jugement. Ces journées funestes nous reportent à celles de la Saint-Barthélemy ; on a trouvé moyen de dépasser Juin et Décembre ! Jusques à quand le peuple continuera-t-il à être mitraillé ?

« Membre de la Commune de Paris, je suis entre les mains de ses vainqueurs : ils veulent ma tête, qu'ils la prennent ! Libre j'ai vécu, j'entends mourir de même.

« Je n'ajoute qu'un mot : La fortune est capricieuse, je confie à l'avenir le soin de ma mémoire et de ma vengeance.

« Th. Ferré. »

Ainsi furent prononcés les jugements :

à mort	TH. FERRÉ.
LULLIER.	
Travaux forcés à perpétuité	URBAIN.
TRINQUET.	
Déportation dans une enceinte fortifiée	ASSI.
BILHORAY.	
CHAMPY.	
REGÈRE.	
FERRAT.	
VERDURE.	
GROUSSET.	
Déportation simple	JOURDE.
RASTOUL.	
Six mois de prison et 500 francs d'amende	COURBET.
Acquittés	DESCHAMPS.
PARENT.	
CLÉMENT.	

Ferré fut assassiné le 28 novembre 1871, à sept heures du matin, dans la plaine de Satory, avec Rossel et Bourgeois ; son père et son frère étaient encore prisonniers. Sa mère était morte folle, parce que, sommée de livrer son fils qu'on cherchait, ou sa fille mourante, quelques mots échappés à la pauvre mère mirent les limiers *sur les traces*.

Marie Ferré fit appel à son courage et, seule libre, alla de prison en prison tant qu'y furent ses frères et son père. Sa mère mourut à Sainte-Anne.

Ils étaient quinze bourreaux qu'on appelait la commission des grâces :

MARTEL, député du Pas-Calais ;
PRIOU, de la Haute-Garonne ;
BASTARD, de Lot-et-Garonne ;
Félix VOISIN, de Seine-et-Marne ;
BALBA, du Gers ;
Comte de MAILLÉ, de Maine-et-Loire ;
TANNEGUY-DUCHATEL, de la Charente-Inférieure ;

Pelterau de Villeneuve, de la Haute-Marne ;
Lacaze, des Basses-Pyrénées ;
Talbane, de l'Ardèche ;
Bigot, de la Mayenne ;
Paris, du Pas-de-Calais ;
Corne, du Nord ;
Merveilleux-Duvignau, de la Vienne ;
Marquis de Quinzonnas, de l'Isère.

Nous avions pu, Ferré et moi, échanger quelques lettres de nos prisons ; c'est pourquoi, sur une dénonciation, la préfecture de police m'envoya à Arras, d'où on me rappela le jour de l'exécution. Je m'y attendais.

A la gare de Versailles, je rencontrai Marie qui allait réclamer le corps de son frère. Elle était très pâle, mais n'eut ni larmes ni faiblesse. On eût dit une morte !

Elle était tout en noir ; ses grosses boucles de cheveux bruns tranchaient comme sur du marbre. Elle n'était pas plus froide quand je l'arrangeai dans son cercueil.

La terre était toute blanche de neige, il y avait six mois que les tueries chaudes étaient terminées. Le 28 novembre commencèrent les froids assassinats.

En avons-nous des morts et de la tuerie chaude et de la curée froide !

Flourens, tué dans un guet-apens aux avant-portes, pour le punir d'avoir laissé certaines gens filer le 31 octobre, par les fenêtres, les portes, les water-closets : il ne faisait pas la chasse aux vaincus.

Et Duval, et Varlin, et Cerisier, et le vieux Delescluze, le grand Jacobin, et tous les autres dont la liste emplirait des volumes, et tous les inconnus qui dorment sous Paris.

Quelquefois, dans un coin de cave ou de rue, on trouve des squelettes et on ne sait pas d'où ils viennent ; on appelle cela une affaire mystérieuse. Est-ce que tout n'a pas été charnier à la victoire des royalistes de Versailles ?

Et la plaine de Satory, si on la fouillait, est-ce qu'on n'y trouverait pas des cadavres ? On avait beau, partout, les couvrir de chaux vive, la charrue en retournera, les pavés soulevés en montreront.

Aujourd'hui ce sont des ossuaires : il y a quinze ans, c'étaient des abattoirs.

Et les catacombes où on chassait les fédérés aux flambeaux, avec des chiens, comme des bêtes ! Croyez-vous qu'il n'y a pas des squelettes modernes parmi les ossements séculaires !

Et les dénonciations en si grand nombre qu'elles finirent par écœurer, et la peur imbécile, et tout le dégoût, toute l'horreur !

J'ai des lettres de cette époque ; en voici une adressée au général Appert.

<blockquote>

Prison de Versailles, 2 décembre 1871.

Monsieur,

Je commence à croire au triple assassinat de mardi matin.

Si on ne veut pas me juger, on en sait assez sur moi, je suis prête et la plaine de Satory n'est pas loin.

Vous savez bien tous que si je sortais vivante d'ici je vengerais les martyrs !

Vive la Commune !

LOUISE MICHEL.

</blockquote>

On ne voulut pas m'envoyer au poteau de Satory, et je suis encore là, voyant la mort faucher autour de moi. Personne ne sait parmi ceux qui n'ont point éprouvé ce vide immense quel courage il faut pour vivre.

Allons ! point de faiblesse. Oui, vive la Commune morte ! Vive la Révolution vivante !

XVI

On comptait, en juin 1872, 32,905 décisions rendues par la justice versaillaise ; il y avait déjà 72 condamnations à mort et cela continuait toujours, sans compter 33 condamnés à mort par [contumace] ; total : 105 condamnés à la peine capitale.

On fusillait encore à Satory, quand nous avons quitté la centrale d'Auberive pour l'embarquement, comme on envoyait encore de nouveaux déportés quand vint l'amnistie.

46 enfants au-dessous de 16 ans furent placés dans des maisons de correction, pour les punir sans doute de ce que leurs pères avaient été fusillés ; de tout petits avaient eu la tête écrasée contre les murs, mais cela c'était pendant la saoulure de la lutte.

Dans les salons de l'Élysée, Foutriquet allait au-devant du duc de Nemours.

Dans le courant de la soirée, arrivaient également le comte et la comtesse de Paris, le duc d'Alençon, les princes et princesses de Saxe-Cobourg-Gotha.

La présence des princes d'Orléans était l'événement de cette réception.

C'était le troisième dîner offert par M. Thiers, l'orléaniste président de la République ; après ce fut Mac-Mahon, le maréchal de l'Empire et plus ça changeait, plus c'était la même chose.

Nous ne pensions pas au voyage avec amertume. Ne valait-il pas mieux ne plus voir, en effet ? Je devais trouver bons les sauvages après ce que j'avais vu ; là-bas, je trouvai meilleur le soleil calédonien que le soleil de France.

Ma mère, encore forte, était chez sa sœur, je la savais bien ; j'attendais donc sans voir sous son calme, comme je l'ai vue depuis, sa peine muette et terrible.

Comme au temps où j'étais pensionnaire à Chaumont, elle m'apportait des gâteries de mère ; ma tante demeurait avec elle, tout près, à Clefmont.

Pauvre mère, combien ses vieilles mains [m'annoncèrent] de petits envois, à Clermont, encore l'année dernière !

Un an après ma condamnation, mon oncle expiait encore sur les pontons le crime de m'avoir pour nièce. Après mon départ, seulement, on le mit en liberté ; mes deux cousins furent également emprisonnés.

Nous n'apportons guère de bonheur à nos familles et pourtant nous les aimons d'autant plus qu'elles souffrent davantage ; nous sommes d'autant plus heureux des rares instants passés au foyer que nous savons combien ces instants-là seront fugitifs, et regrettés des nôtres.

Je revois Auberive avec les étroites allées blanches serpentant sous les sapins ; les grands dortoirs où, comme autrefois à Vroncourt, le vent souffle en tempête et les files silencieuses de prisonnières, sous la coiffe blanche, pareille à celle des paysannes, le fichu plissé sur le cou avec une épingle.

Quelques-unes des nôtres avaient été condamnées aux travaux forcés, pour varier ; l'une, Chiffon, en mettant son numéro sur son bras, cria : Vive la Commune ! De celles qui furent reconnues trop faibles pour le départ, plusieurs sont mortes : Poirier si courageuse pendant le siège et la Commune, Marie Boire et bien d'autres que nous n'avons pas trouvées au retour.

Une mourut en Calédonie, Mme Louis, déjà vieille, appelant à son heure dernière ses enfants qu'elle ne devait jamais revoir.

Elisabeth de Ghi, devenue Mme Langlais, mourut sur le navire pendant le voyage de retour. Elle eût aimé à revoir Paris ; on était loin encore quand, entre deux coups de canon, on glissa par les sabords son corps au fond de l'eau.

Marie Schmidt, la brave, est morte l'an dernier à l'hospice de la rue de Sèvres ; elle avait été, en 1871, ambulancière et soldat. Le travail est rare au retour et la misère tue vite.

Dormez en paix, les vaillantes, sous les cyclones, sous les flots ou dans la fosse commune ; vous êtes les heureuses !

Des vivantes, je ne dis rien. Pourtant elles luttent rudement le combat de la vie contre les jours sans travail, c'est-à-dire sans pain. La déportation aura, comme le voyage, son histoire à part dans ce livre.

De celles de Cayenne, deux sont mortes : Élisabeth Retif, pauvre et simple fille qui avait bien su relever les blessés sous les balles, mais qui ne comprit jamais que qui que ce soit y pouvait trouver du mal.

Salut aux mortes obscures qui ont souffert pour ceux qui viendront après nous, sans que l'horizon lointain secouât dans leur ombre, en gerbes d'étoiles, les éblouissements de l'aurore !

Quand je parlerai des survivants de la lutte, de l'exil et de la déportation, je dirai le courage de Mme Lemel, pendant le combat et là-bas ; cela ne lui fera pas de tort ; car, où elle travaille, ils sont tout un nid de forçats de la Commune et repris de la justice versaillaise.

Dans les détails qui suivront, je parlerai seulement de ceux à qui on ne dira pas :

— Ah ! vous venez du bagne pour la Commune ! Eh bien, allez, il n'y a plus de travail chez moi pour vous.

Cela s'est vu, cela se voit souvent.

Je revois le voyage sur la *Virginie*, le navire à pleines voiles et les grands flots. Je revois dans leurs détails les sites de là-bas.

A la presqu'île Ducos, demeurant au bord de la mer, près de la forêt ouest, éternellement on entendait le flot battre les récits ; autour de nous, les sommets crevassés des montagnes d'où, pendant les grandes pluies, des torrents se versent avec bruit ; au couchant, le soleil disparaissant dans les flots.

Dans la vallée, des niaoulis aux troncs blancs se tordent, ayant sur leurs feuilles argentées une phosphorescence.

De l'autre côté de la montagne, c'est Numbo avec ses maisons en terre que les lianes entourent d'arabesques ; de loin, à voir leurs groupes capricieux entre les arbres, on est charmé ; il me semble y être encore. Chacun avait bâti son nid ou creusé son repaire suivant son caractère.

Le père Croiset s'était fait, exemple unique, une cheminée ; on pouvait presque, les jours de 18 Mars, y faire le café sans faire flamber le toit.

G... avait retourné une moitié de la montagne pour y faire des cultures. On aurait dit être chez Robinson ; il y avait dans son trou, sous le rocher, toute une ménagerie au milieu de laquelle trônait son chat.

La maison de Champy, si petite, qu'en s'y asseyant plusieurs, on est comme dans un panier, est sur la côte opposée.

Ce panier-là, c'est le vent qui en fait danser l'anse quand il souffle à décorner les bœufs de l'île Nou et de la forêt nord.

Tout en haut, comme une vigie, est Burlot ; on entend la voix assez sonore de sa poule qui crie comme un âne avertirait quand on entre.

Chacun de nous a son animal familier, les chats dominent ; on les emmène avec soi quand on va dîner chez un camarade.

Tout à coup, comme du temps des Gaulois, un accent formidable traverse les airs, c'est Provins qui *cause* d'une baie à l'autre avec quelqu'un de nous ; la réponse ne lui parvient pas souvent, il est seul à avoir pareil souffle.

Voilà la forge du père Malézieux, la case où Balzenq fait son essence de niaouli ; on se croirait chez un alchimiste.

Pour tout cela les procédés sont aussi rudimentaires qu'au temps de l'âge de pierre. Il faut faire soi-même ses outils en remplaçant comme on peut les choses qui manquent ou qui ne passent pas. Je vois Bunant, sa hachette à la ceinture, allant au bois, équipé comme sa femme, bandit. Du côté du camp militaire est la prison. Beaucoup de nos amis y ont fait de longs séjours ; sous le gouverneur Aleyron elle était toujours pleine ; comme il n'y avait pas de cellules à part pour les femmes on s'est débarrassé une bonne fois de nous en nous envoyant de Numbo à la baie de l'Ouest, ce qui mit fin à mon cours de jeunes gens ; ce cours avait été commencé par Verdure.

Notre rébellion et les conditions qu'on fut obligé de subir pour nous faire consentir à habiter la baie de l'Ouest appartiennent à la seconde partie de mon ouvrage. On céda parce qu'il y aurait eu plus d'ennuis encore pour M. Ribourg à nous laisser nous entêter ; il n'y avait pas, je le répète, de prison particulière pour y loger une demi-douzaine de femmes.

J'ai parlé du cours de jeunes gens commencé par Verdure.

Verdure fut le premier que je demandai en arrivant à la presqu'île Ducos : il venait de mourir.

Les correspondances n'étaient point encore régulières ; les lettres qu'il attendait depuis si longtemps arrivèrent ensemble, en paquet, après sa mort.

Le maître dort là-bas : que sont devenus maintenant les élèves ?

Muriot s'est tué, les autres s'en vont par la vie où leur titre de déporté ne doit pas leur ouvrir les portes des ateliers.

Plusieurs ont une intelligence remarquable. Le gouvernement d'Aleyron fut une époque de folie furieuse ; on tira sur un déporté rentrant chez lui quelques instants après l'heure fixée ; il y avait aux appels des provocations insensées ; les déportés, comme punition, étaient privés de pain.

Le comique — il y en a toujours — fut de placer autour de Numbo, pendant la nuit, des factionnaires dont les appels, au milieu du silence, faisaient un effet d'opéra.

J'avoue avoir pris grand plaisir à ce spectacle : on aurait dit une représentation de la *Tour de Nesle* avec un immense agrandissement de scène. De belles voix profondes avaient été par hasard prises pour commencer.

Puis les voix s'enrouèrent et on se blasa sur l'effet.

Toute foule nous parait petite après les ruches humaines ; tout voyage nous semble court après notre traversée du monde entier et les jours s'entassent sans penser à peine si chaque année on tourne le sablier.

Près de la prison, sur la pente de la montagne, sous une vérandah couverte de lianes, était la poste. Les jours de courrier on montait à l'heure exacte cette côte avec anxiété. Si la lettre avait été mise en retard il fallait attendre au courrier suivant.

On ne pouvait avoir de réponse à une lettre qu'au bout de six à huit mois, le temps de l'aller et du retour : c'était, à la fin, régulièrement de six mois seulement.

O mes chères lettres, avec quelle joie je les recevais ! Celle qui m'écrivait les plus longues est morte maintenant que je suis de retour.

M. de Fleurville, l'inspecteur des écoles de Montmartre, s'était chargé de mes affaires, c'est-à-[

] d'un certain nombre de dettes. C'est lui qui fit publier, se chargeant des frais, les *Contes d'enfants* écrits à Auberive et, là-bas, il m'écrivait les découvertes nouvelles, car nous n'avions pas de journaux.

Il me semble revivre ces jours disparus. Je descends la petite côte mes lettres à la main : celle de Marie, toute pleine de fleurs ; celle de M. de Fleurville, où il me gronde une bonne moitié comme au temps de Montmartre ; celle de ma mère où elle m'assure qu'elle est toujours forte.

Elle me le disait encore au commencement de décembre dernier, tout comme à cette époque, défendant qu'on m'avertit.

Pour revenir de la poste à la baie de l'Ouest, on suivait le bord de la mer ; une odeur âcre et puissante emplissait l'air. Cela sent bon, les grands flots !

Sur le chemin, dans la case de L…, on entend sa guitare, fabriquée à Numbo par le père Croiset. Il fait bon sur le rivage, et l'on pense aux plus éprouvés, — ceux de l'île Nou. — Hélas ! c'est là que sont les meilleurs. On est avide de leurs nouvelles, bien difficiles à se procurer à travers mille obstacles.

Voici les burnous blancs des Arabes, passant dans la vallée. Quelquefois il arrivait des choses drôles. C'est ainsi qu'un jour, une simple discussion que j'avais avec un camarade faillit prendre les proportions d'un événement. Nous causions de la révolte canaque, question brûlante à la presqu'île Ducos, et nous parlions si fort, et nous déployions de tels volumes de voix, qu'un surveillant accourut du poste, croyant à une émeute, à une révolte. Il se retira tout interloqué et tout honteux, constatant que nous n'étions que deux !

Après cinq ans de séjour à la presqu'île, je pus aller comme institutrice à Nouméa, où il m'était plus facile d'étudier le pays, où je pouvais voir des Canaques des diverses tribus ; j'en avais à mes cours du dimanche, toute une ruche chez moi.

Peu après mon départ de la presqu'île, quelques-uns de mes amis de l'île Nou y arrivèrent. Ce fut une grande joie pour la déportation. Nous les aimions mieux que tous les autres parce qu'ils souffraient davantage ; cela les maintenait aussi fiers qu'aux jours de Mai.

Là-bas, au bord de la mer, assis sur les rochers, les événements nous revenaient montant comme les flots.

Les jours tombaient sur les jours dans le silence, et tout le passé, pareil à la neige grise des sauterelles, tourbillonnait autour de nous.

Beaucoup sont restés, tombés là-bas, dans le grand sommeil.

Que de spectres ! Il y en a de doux, il y en a de terribles.

Là-bas, sous les cyclones, avec ceux qui, en mourant, se souvenaient et regardaient monter la revanche, il y a de gracieux fantômes. Une belle fille de seize ans, Eugénie Piffaut, des enfants, Théophile Place, qui dans le cercueil tient de ses mains si petites les strophes écrites pour sa naissance.

Blanche Arnold, pareille à une douce fleur de liane, dort sous les flots, morte pendant le retour.

Par vous je termine la page, ombres frêles et charmantes de jeunes filles et de petits enfants !

XVII

J'appris en même temps l'amnistie et la maladie de ma pauvre mère qui venait d'avoir une attaque.

La nostalgie la tuait ; si je n'étais revenue elle mourait à cette époque.

Maintenant je l'ai moi-même couchée dans son cercueil, comme Marie et avec elle.

L'une dans mon châle rouge, l'autre dans une douce couverture qu'elle aimait (rouge aussi). Ainsi elles sont pour l'éternel hiver de la tombe et on me demande si je m'occupe de la liberté et du printemps qui refleurit les branches.

Suis-je lâche d'avoir enfermé mon cœur sous la terre ? Non, puisque je resterai debout jusqu'au dernier instant.

L'hiver qui suivit notre retour, Ferré fut transporté de la place où il était depuis dix ans dans la tombe de sa famille.

Un ami avait encore une bannière de 71 ; il l'apporta, les ossements y sont enveloppés.

Un bouquet d'œillets rouges y est enfermé.

Avez-vous remarqué, en regardant la vie, qu'elle apparaît noire ; les souvenirs y gravitent, attirés les uns par les autres, comme les mondes dans le noir des espaces stellaires.

Je suis rentrée de la déportation, fidèle aux principes pour lesquels je mourrai.

Les conférences que j'eus l'honneur d'être appelée à faire auront quelques pages explicatives.

En attendant, voici un témoignage qu'on ne peut suspecter de ménagements. C'est celui de M. Andrieux qui a eu la bête d'idée, pour nous démolir, de fonder un journal qui le démolissait lui-même avec tout le reste.

C'est une étrange chose pour un homme intelligent que cette façon de combattre !

La partie perfide de la chose a du reste raté, puisque, comme les camarades, j'ai fait insérer, dans le journal même, plusieurs lettres dans lesquelles je déclarais ne répondre que des insultes adressées au gouvernement et non de celles adressées sottement à d'autres groupes échelonnés sur le chemin de la révolution. J'ai toujours fait la guerre aux principes mauvais. Quant aux hommes ils m'importent aussi peu que moi-même.

Je n'ajoute rien ici, cette partie n'étant que le cadre de celles qui suivront.

Voici le compte rendu fait par M. Andrieux de la première conférence dont je viens de parler.

Mlle LOUISE MICHEL ET LA RÉVOLUTION SOCIALE

« *21 novembre.* — Aujourd'hui, à une heure, a eu lieu, à l'Élysée-Montmartre, la première conférence en l'honneur de Louise Michel.

« A une heure et demie, Louise Michel monte à la tribune et crie tout d'abord : « Vive la Révolution sociale ! » Elle ajoute : « La Révolution morte, c'est la Révolution ressuscitée ! »

« L'assistance répond par les cris de : « Vive Louise Michel ! Vive la Révolution ! »

« On apporte à l'héroïne plusieurs bouquets.

« Gambon affirme que la Commune est plus vivace que jamais, et que la France sera toujours à la tête des révolutions.

« Il exalte Jeanne d'Arc, victime de l'ingratitude d'un roi, et dit que Louise Michel a été victime de l'ingratitude de la République.

« Louise Michel reprend la parole :

Espérons, dit-elle, que nous ne verrons plus Paris changé en fleuve de sang. Le jour où tous ceux qui ont calomnié la Commune ne seront plus, nous serons vengés, et le jour où les Galliffet et autres seront tombés du pouvoir, nous aurons bien mérité du peuple.

Nous ne voulons plus de vengeance par le sang ; la honte de ces hommes nous suffira.

Les religions se dissipent au souffle du vent et nous sommes désormais les seuls maîtres de nos destinées. Nous acceptons les ovations qu'on nous fait, non pour nous, mais pour la Commune et ses défenseurs.

✳✳✳

Nous accepterons ceux qui voudront marcher avec nous, bien qu'ils aient été contre nous jadis, pour le triomphe de la Révolution.

Vive la Révolution sociale ! Vivent les nihilistes !

« Ces cris sont répétés ; on y ajoute ceux de : Vive Trinquet ! Vive Pyat ! Vive la Commune !

« 1er *décembre*. — Hier a eu lieu, salle Graffard, une conférence privée au profit des amnistiés...

« Le citoyen Gérard remercie Louise Michel du concours qu'elle veut bien prêter pour organiser cette réunion ; il salue en elle « le principe de la haine qui seul fait les grands révolutionnaires et les grandes choses ».

« Il lui présente deux bouquets. Louise Michel répond qu'elle les accepte au nom de la Révolution sociale et au nom des femmes qui ont combattu pour leur émancipation :

Oui, c'est le peuple que je salue ici, continue la citoyenne Michel, et en lui la Révolution sociale. (Applaudissements et cris de : « Vive la Commune. »)

Le temps où on mitraillait à Satory est présent devant nos yeux ; on voit encore les hommes qui nous jugeaient, ainsi que l'assassin de Transnonain, les Bazaine et les Cissey.

A la hotte, ces hommes que l'on croyait perdus pour toujours et qui reviennent la tête plus haute que jamais !

La réaction n'est plus qu'un cadavre relevé par le gouvernement, et celui-ci, pareil à un reptile, sera écrasé lorsqu'il voudra passer parmi nous.

Aujourd'hui, c'est le vaisseau-fantôme qui s'avance ; c'est le peuple, encore forçat traînant sa chaîne, qui nous délivrera des hommes qui nous ont perdus et conquerra lui-même ses libertés.

« Louise Michel ajoute qu'elle fait vendre « le Vaisseau-fantôme » au bénéfice des amnistiés. »

J'ai été fidèle à mon programme, il m'en coûte la vie de ma mère, de ma pauvre mère bien-aimée.

Quand dormirai-je, moi aussi, à l'ombre des bannières rouges et noires ?

En attendant, qu'on laisse sur les pages en deuil ces roses effeuillées sur les tombes !

LES ROSES

Fleurissez, roses embaumées ;
Fleurs de l'espoir et de l'été,

Les brises toutes parfumées
Vous emportent en liberté.

Rose de l'églantier sauvage
Que dore le soleil levant,
Tu tomberas au vent d'orage
Feuille à feuille dans le torrent.

Roses blanches, fières et belles,
Fleurissez pour les fronts charmants
Que la mort couvre de ses ailes.
Roses de mai, douces et frêles,
Parez les tombes des enfants.

O roses, le vent a des ailes ;
Mais tant que le sol sera chaud,
Il naîtra des roses nouvelles,
Toutes fraîches pour le tombeau.

Et toi, rose du cimetière,
Fleuris à l'ombre doucement.
Et, blanche ou rouge, dans le lierre
Élève ton front rayonnant.

A Clermont, devant ma fenêtre,
Fleurissait un grand rosier blanc.
Quand la fleur s'ouvre on voit paraître
Sur sa chair un filet de sang.

Ma mère aimait ces belles roses.
C'était fête quand je pouvais
En envoyer fraîches écloses ;
Elle n'en aura plus jamais.

Fin de la première partie.

Deuxième partie

I

Comme la graine contient l'arbre, toute vie, à son début, contient ce que sera l'être, ce qu'il deviendra malgré tout.

Je vais essayer de remonter jusqu'à la source des idées et peut-être de quelques événements de mon existence.

Une pièce de vers retrouvée dans mes vieux papiers la dessine ; étendons toujours le cadavre avant de le fouiller. La voici :

LE VOYAGE

Comme au seuil du désert l'horizon est immense !
Enfant, où t'en vas-tu par le sentier nouveau ?
Là-bas dans l'inconnu quelle est ton espérance ?
— Où je vais ? Je ne sais ; vers le bien, vers le beau.

Je ne veux ni pleurer ni retourner la tête ;
Si ce n'était ma mère, ah ! bien plus loin encor,

Par la vie incertaine où souffle la tempête,
J'irais, comme l'on suit les sons lointains du cor.

Une fanfare sonne au fond du noir mystère,
Et bien d'autres y vont que je retrouverais.
Écoutez ! On entend des pas lourds sur la terre.
C'est une étape humaine ; avec ceux-là j'irais.

J'aimais l'ombre du clos tout plein de folles herbes ;
J'aimais les nuits d'hiver où vient le loup hurlant
Par les brèches du mur ; l'été, les lourdes gerbes ;
Et dans les chênes verts les [rafales] du vent.

> Jeune fille, veux-tu t'asseoir calme et paisible
> Et comme les oiseaux te bâtir un doux nid ?
> Écoute ! Il en est temps, fuis le sentier pénible
> Où ton destin sera malheureux et maudit.
>
> Qu'importe ! laissez-moi. Voyez les grains de sable
> Et les tas de blé mûr, et dans les cieux profonds
> Les mondes entassés ; tout n'est-il pas semblable ?
> Où tout cela s'en va, c'est là que nous allons.

C'est là que nous sommes aujourd'hui.

J'ignore si cette étude sera longue ; mon intention est d'y fouiller impitoyablement.

Peut-être pourrait-on appeler cela une psycho-biologie ! — J'ignore si je suis encore en état de faire un barbarisme tant soit peu compréhensible.

On trouve intéressant de faire torturer un malheureux animal, pour étudier son mécanisme qu'on connaît à peu près, et qu'on ne connaîtra jamais mieux à cause des perturbations causées par la douleur dans les fonctions organiques ; ne vaudrait-il pas mieux étudier les fonctions du cœur ?

Ce sont ces phénomènes du cœur et du cerveau que nous allons chercher au fond de la vie de la bête humaine.

Je commence par cette question. Il me paraît malheureusement impossible que quelque chose survive de nous après la mort, pas plus que de la flamme quand la bougie est soufflée ; et si la partie qui pense peut disparaître, parcelle par parcelle, quand on enlève, les uns après les autres, les lobes du cerveau, nul doute que la mort, en grillant le cerveau, n'éteigne la pensée.

Pourtant, s'il y avait l'éternité, comme l'immensité avant et après nous, et que la partie qui pense s'en aille dans les courants inconnus de l'électricité, et s'y absorbe ainsi que les éléments du corps retournent aux éléments matériels, ce ne serait pas miracle. Visible ou invisible, ce ne serait que la nature encore, et je me suis souvent demandé pourquoi on s'imagine que cette électricité, inconsciente ou non, s'en allant à des creusets invisibles, prouverait Dieu plus que la naissance des organismes qui grouillent sur la terre.

Malheureusement, la pensée sécrétée par le cerveau ne peut subsister quand ce qui la produisait n'existe plus.

Mais on peut se rendre compte que les idées dominantes de toute une vie ont leurs causes matérielles dans telle ou telle impression, ou dans les phénomènes de l'hérédité ou autres.

Il m'arrive souvent, en remontant à l'origine de certaines choses, de trouver une forte sensation que j'éprouve encore telle à travers les années.

Ainsi, la vue d'une oie décapitée qui marchait le cou sanglant et levé, raide, avec la plaie rouge où la tête manquait ; une oie blanche, avec des gouttes de sang sur les plumes, marchant comme ivre tandis qu'à terre gisait la tête, les yeux fermés, jetée dans un coin, eut pour moi des conséquences multiples.

J'étais sans doute bien petite, car Manette me tenait par la main pour traverser le vestibule comme pour faire un voyage.

Il m'eût été impossible alors de raisonner cette impression, mais je la retrouve au fond de ma pitié pour les animaux, puis au fond de mon horreur pour la peine de mort.

Quelques années après, on exécuta un parricide dans un village voisin ; à l'heure où il devait mourir, la sensation d'horreur que j'éprouvais pour le supplice de l'homme se mêlait au ressouvenir du supplice de l'oie.

Un autre effet encore de cette impression d'enfant fut que, jusqu'à l'âge de huit à dix ans, l'aspect de la viande me soulevait le cœur ; il fallut pour vaincre le dégoût une grande volonté et le raisonnement de ma grand'mère, que j'aurais de trop grandes émotions dans la vie, pour me laisser aller à cette singularité.

Les histoires de supplices entendues à l'ecrègne de Vroncourt, les soirs où Manette et moi nous obtenions la rare permission d'y aller, contribuèrent peut-être à garder vive l'impression de l'oie.

J'aimais à entendre ces histoires-là au bruit des rouets ; des aiguilles à tricoter coupant le ronronnement d'un petit bruit sec ; et la neige, la grande neige toute blanche tombant, étendue comme un linceul sur la terre, tantôt fouettant le visage.

Nous devions rentrer à dix heures, mais nous revenions toujours plus tard, c'était le beau moment ! Marie Verdet posait son tricot sur ses genoux ; ses yeux se dilataient sous sa coiffe, avancée comme un toit, et les histoires de revenants : le feullot, les lavandières blanches, la combe aux sorcières, dites de sa voix cassée de quasi-centenaire, avaient là le cadre qui leur convenait ; sa sœur Fanchette avait tout vu, elle branlait la tête en approuvant.

Nous partions à regret, Nanette et moi, longeant les murs du cimetière où nous n'avons jamais vu que la neige et entendu que la bise d'hiver.

De mes soirées à l'ecrègne du village, date un sentiment de révolte que j'ai aussi retrouvé bien souvent.

Les paysans font pousser le blé, mais ils n'ont pas toujours de pain ! Une vieille femme racontait comment, avec ses quatre enfants, pendant la mauvaise année (je crois qu'on appelait ainsi une année où les accapareurs avaient affamé le pays), ni elle, ni son mari, ni les petits n'avaient mangé tous les jours ; il n'y avait plus rien à vendre chez eux ; ils ne possédaient plus que les habits qu'ils avaient sur le dos ; deux de leurs enfants étaient morts, ils pensaient que c'était de faim ! Ceux qui avaient du blé ne voulaient plus leur faire crédit, pas même d'une *mesure d'avoine pour faire un peu de pain. Mais il faut bien se résigner !* disait-elle. Tout le monde ne peut pas manger du pain tous les jours. Elle avait empêché son mari de casser les reins à celui qui leur avait refusé crédit *en rendant le double dans un an*, quand ses enfants se mouraient. Mais les deux autres avaient résisté, ils travaillaient chez *stui*-là même que le mari voulait *abîmer*. L'usurier ne payait guère, *mais faut bien que les pauvres gens subissent ce qu'ils ne peuvent empêcher !...*

Quand elle disait tout cela, de son air calme, j'avais chaud dans les yeux de colère, et je lui disais : Il fallait laisser faire votre mari ! Il avait raison !

Je m'imaginais les pauvres petits mourant de faim, et tout le tableau de misère, qu'elle faisait si navrant qu'on le sentait en dedans de soi ; je voyais le mari, avec sa blouse déchirée et ses pieds nus dans ses sabots, aller supplier le méchant usurier et revenir sans rien, triste, par les chemins. Je le voyais, menaçant, quand les petits furent étendus froids, sur la poignée de paille qui leur restait, et la femme, arrêtant le justicier qui voulait venger les siens et les autres, et les deux frères, grandissant avec ce souvenir, s'en aller travailler chez cet homme ; les lâches !

Il me semblait que s'il était entré je lui aurais sauté à la gorge pour le mordre, et je disais tout cela ; je m'indignais de ce qu'on croyait que tout le monde ne pouvait avoir de pain tous les jours ; cette stupidité de troupeau m'effarait.

— *Faut pas parler comme ça, petiote !* disait la femme. *Ça fait pleurer le bon Dieu.*

Avez-vous vu les moutons tendre la gorge au couteau ? Cette femme avait une tête de brebis.

C'était à cette histoire-là que je pensais le jour où, au catéchisme, je soutins énergiquement le contraire du fameux proverbe : *Charité bien ordonnée commence par soi-même !* Le vieux curé (qui croyait, celui-là) m'appela ; je craignais une punition, c'était pour me donner un livre.

Eh bien, c'était le reste, ce livre-là, pour me donner l'horreur des conquérants avec l'horreur des autres vampires humains.

C'était des sortes de paraphrases des psaumes d'exil.

« La harpe est suspendue aux saules du rivage. »

« Jérusalem captive a vu pleurer ses rues. »

Et je maudissais ceux qui écrasent les peuples comme ceux qui les affament, sans me douter, pourtant, combien, plus tard, je verrais monter haut ces crimes-là.

Un détail, en passant, un aveu même. Ce livre était relié, dans le genre de la petite encyclopédie de M. Laumond, le grand, et j'avoue que depuis l'instant où le curé l'avait déposé près de lui, j'étais préoccupée par ce qu'il pouvait bien y avoir sous cette couverture de peau brune ; ce ne devait pas être un livre d'enfant ; peut-être que ma préoccupation ne lui aura pas échappé.

Puisque j'ai parlé du petit volume volé à M. Laumont ; puisque j'ai dit que chacun de nous est, je crois, capable de tout le bien et de tout le mal qui se trouve dans ses cordes, j'avouerai encore que je prenais sans remords à la maison, étant enfant, depuis l'argent, quand il y en avait, jusqu'aux fruits, légumes, etc., Je donnais tout cela au nom de mes parents, ce qui faisait de bonnes scènes quand certaines gens s'avisaient de remercier. J'en riais, incorrigible que j'étais.

Une année, mon grand-père me proposa vingt sous par semaine si je voulais ne plus voler, mais je trouvai que j'y perdais trop.

J'avais limé des clefs pour ouvrir l'armoire aux poires et autres, dans laquelle je laissais de petits billets en place de ce que j'avais pris. Il y avait par exemple ceci : Vous avez la serrure mais j'ai la clef.

Enfin, les terres rapportaient si peu que, ni mon oncle qui les faisait à moitié, ni nous, personne n'arrivait à joindre les deux bouts ; je sentis que bien des années comme celles-là se suivaient, souvent ; que les uns ne pouvaient pas toujours aider les autres et qu'il fallait autre chose que la charité pour que chacun ait du pain.

Quant aux riches, ma foi, je les respectais peu. Alors, le communisme me vint à l'idée.

Le rude travail de la terre m'apparaissait tel qu'il est, courbant l'homme comme le bœuf sur les sillons, gardant l'abattoir pour la bête quand elle est usée ; le sac du mendiant pour l'homme, quand il ne peut plus travailler : le fusil de toile comme on dit dans la Haute-Marne.

On n'amasse pas de rentes en travaillant la terre, on en amasse à ceux qui en ont déjà trop.

Les fleurs des champs, la belle herbe fraîche, vous croyez que les petits qui gardent les bestiaux jouent avec cela ! Ils ne demandent le gazon que pour s'étendre et dormir un peu à midi ; je les ai vus.

L'ombre des bois, les moissons blondes que le vent agite comme des vagues, est-ce que le paysan n'est pas trop fatigué pour trouver tout cela beau ? La besogne est lourde, la journée est longue ; mais il se résigne, se résigne toujours ; Est-ce que la volonté n'est pas brisée ? L'homme est surmené comme une bête.

Alors le sentiment de l'injustice qui lui est faite l'endort ; il est à demi mort et travaille sans penser, pour l'exploiteur. Bien des hommes, m'ont dit, comme la vieille de l'*ecrègne :* Il ne faut pas dire ça, petiote ; ça offense Dieu !

Oui, ils répondaient cela quand je leur disais que tous ont droit à tout ce qu'il y a sur la terre, leur nid, comme les oisillons d'un même printemps glaneront ensemble les moissons.

Ma pitié pour tout ce qui souffre, pour la bête muette, plus peut-être que pour l'homme, alla loin ; ma révolte contre les inégalités sociales alla plus loin encore ; elle a grandi, grandi toujours, à travers la lutte, à travers l'hécatombe ; elle est revenue de par-delà l'océan, elle domine ma douleur et ma vie.

Je reviens aux duretés de l'homme pour l'animal.

En été, tous les ruisseaux de la Haute-Marne, tous les prés humides à l'ombre des saules sont remplis de grenouilles ; on les entend par les beaux soirs, tantôt une seule, tantôt le chœur entier. Qui sait si elles n'inspirèrent point jadis les chœurs monotones du théâtre antique !

C'est à cette saison qu'on fait les cruautés dont j'ai parlé ; les pauvres bêtes ne pouvant ni vivre ni mourir cherchent à s'ensevelir sous la poussière ou dans des coins de fumier ; on voit, au grand soleil, briller comme un reproche leurs yeux devenus énormes et toujours doux,

Les couvées d'oiseaux sont pour les enfants qui les torturent ; s'ils échappent, les raquettes sont tendues à l'automne, le long des sentiers du bois ; ils y meurent, pris par une patte et voletants, désespérés jusqu'à la fin.

Et les vieux chiens, les vieux chats, j'en ai vu jeter aux écrevisses. Si la femme qui jetait la bête était tombée dans le trou, je ne lui aurais pas tendu la main.

J'ai vu, depuis, les travailleurs des champs traités comme des bêtes et ceux des villes mourir de faim ; j'ai vu pleuvoir les balles sur les foules désarmées.

J'ai vu les cavaliers défoncer les rassemblements avec les poitrines de leurs chevaux ; la bête, meilleure que l'homme, lève les pieds de peur d'écraser, fonce à regret sous les coups.

Oh ! les géorgiques et les églogues trompent sur le bonheur des champs ! Les descriptions de la nature sont vraies, le bonheur des travailleurs des champs est un mensonge.

La terre ! Ce mot est tout au fond de ma vie, dans la grosse histoire romaine à images, où M. Laumont (le petit) avait appris à lire à toute la famille, des deux côtés.

Ma grand'mère m'y apprit à lire, me montrant les lettres avec sa grande aiguille à tricoter.

Le livre était posé sur le même pupitre où elle me faisait solfier dans les vieux grands solfèges d'Italie où elle-même avait appris.

Élevée à la campagne, je comprenais les révoltes agraires de la vieille Rome ; sur ce livre j'ai versé bien des larmes ; la mort des Gracques m'oppressait, comme plus tard les potences de Russie.

Il était impossible avec tout cela de ne pas jeter ma vie à la Révolution.

J'achèverai ce chapitre par l'accusation, souvent portée contre moi, par certains amis, témoins oculaires. Il paraît qu'à la barricade Perronnet, à Neuilly, j'ai couru avec trop de promptitude au secours d'un chat en péril.

Eh bien ! oui, mais je n'ai pas pour cela abandonné mon devoir.

La malheureuse bête, blottie dans un coin fouillé d'obus, appelait comme un être humain. Ma foi, oui ! je suis allée chercher le chat, mais cela n'a pas duré une minute ; je l'ai mis à peu près en sûreté là où il ne fallait qu'un pas.

On l'a même recueilli.

Une autre bête d'histoire d'animaux ; c'est plus récent. Des souris avaient fait leur apparition dans ma cellule, à Clermont ; j'avais un tas de laines à tapisserie envoyées par ma pauvre mère et mes amis ; je n'eus pas de cesse que les trous ne fussent bouchés.

Mais pendant la nuit, un pauvre petit cri se fit entendre derrière ce trou, cri si plaintif, qu'il eût fallu un cœur de pierre pour ne pas lui ouvrir ; c'est ce que je fis de suite, la bête sortit devant moi.

La souris fut-elle une imprudente ou une bête de génie qui savait juger son monde ? Je n'en sais rien ; mais, à partir de cet instant, elle vint effrontément jusque dans mon lit, où elle montait des bouchées de pain pour les gruger à l'aise, se moquant parfaitement des mouvements que je faisais pour la faire partir, et se servant comme garde-manger, et même comme pire encore, du dessous de mon oreiller.

Elle n'était pas dans la cellule à mon départ, je ne pus la mettre dans ma poche, j'ignore ce que la pauvre petite est devenue. J'avoue qu'en partant je l'ai recommandée à la pitié de tous.

En remontant jusqu'au berceau ou jusqu'à certaines circonstances qui ont frappé l'organisme cérébral, on trouve la source vive des fleuves qui emportent la vie, le point de départ des comparaisons successives.

D'autres fois, une idée se lève tout à coup, tandis que d'autres disparaissent ; c'est le temps qui soulève les volcans sous les vieux continents et fait germer des sens nouveaux aux êtres pour le cataclysme prochain.

La pensée, roulant à travers la vie, se transforme et grandit, entraînant mille forces inconnues.

Oui, certes, l'homme futur aura des sens nouveaux ! On les sent poindre dans l'être de notre époque.

Les arts seront pour tous ; la puissance de l'harmonie des couleurs, la grandeur sculpturale du marbre, tout cela appartiendra à la race humaine. Développant le génie au lieu de l'éteindre, les artistes rivés au passé déraperont, eux aussi, leur vieille épave ; il faut que de partout on lève l'ancre.

Allons, allons, l'art pour tous, la science pour tous, le pain pour tous ; l'ignorance n'a-t-elle pas fait assez de mal, et le privilège du savoir n'est-il pas plus terrible que celui de l'or ! Les arts font partie des revendications humaines, il les faut à tous ; et alors seulement le troupeau humain sera la race humaine.

Qui donc chantera cette *Marseillaise* de l'art, si haute et si fière ? Qui dira la soif du savoir, l'ivresse des accords du marbre fait chair, des instruments rendant la voix humaine, de la toile palpitant comme la vie ? Le marbre peut-être ! Le marbre magnifique et sans voix serait bien le poème terrible de la revendication humaine.

Non, ni le marbre, ni les couleurs, ni les chants, ne peuvent la dire, seuls, la *Marseillaise* du monde nouveau ! Il faut tout, tout délivrer, les êtres et le monde, les mondes peut-être, qui sait ? Sauvages que nous sommes !

Que voulez-vous qu'on fasse de miettes de pain, pour la foule des déshérités ? Que voulez-vous qu'on fasse du pain sans les arts, sans la science, sans la liberté ?

Allons, allons, que chaque main prenne un flambeau, et que l'étape qui se lève marche dans la lumière !

Levez-vous tous, les grands chasseurs d'étoiles !

Les hardis nautonniers, dehors toutes les voiles, vous qui savez mourir !

Allons, levez-vous tous, les héros des légendes des temps qui vont surgir !

Nous parlons d'atavisme ! Là-bas, tombées avec les roses rouges du clos, mortes avec les abeilles, sont des légendes de famille. Ceux qui me les disaient n'en diront plus jamais.

Pareilles à des sphinx, elles se penchent enveloppées d'ombre, sur moi. Avec leurs yeux verts de filles des flots, elles regardent sous l'eau des mers ; avec leur taille haute et maigre de sorcières, elles courent les makis ou les landes.

Cette légende lointaine va de la Corse aux gorges sauvages, à la Bretagne, aux menhirs hantés des poulpiquets ; du gouffre rouge de Flogof, où le norroi souffle en foudre, au lac sombre de Créno.

Que de choses autour d'un misérable être pour lui élargir l'horizon, pour le faire sentir et voir afin qu'il souffre davantage, afin qu'il comprenne mieux le désert de la vie où tout est tombé autour de lui !

Mais, sans cela, pourrait-il être utile ? Non, peut-être.

Lors même qu'il n'y aurait pas eu un peu d'atavisme dans mes penchants, on devient poète dans nos solitudes, qu'on aligne ou non des vers.

Les vents y soufflent une poésie plus sauvage que celle du nord, plus douce que celle des trouvères, suivant la grande neige d'hiver, ou les brises printanières qui agitent dans les haies de nos chemins creux tant d'aubépines et de roses.

Nanette et Joséphine, ces deux filles des champs, n'étaient-elles pas poètes ?

Ai-je dit leur chanson ? l'*Age nu deu bos*, l'*Oiseau noir du bois*, dont je retrouvai le souffle au bord de la mer, à travers les années et l'océan.

Oui, c'était bien l'oiseau noir du champ fauve, que je retrouvais au bord des flots, chantant les strophes brutales de la nature sauvage.

II

Qui nous dit que nos sens ne nous trompent pas ? Absolument comme le voyageur qui croirait voir marcher la route, quand c'est lui qui marche.

Il y a : que le progrès va toujours, que la révolution enfle les voiles, et qu'on saura un jour !

Il y a aussi de vrai : que nul ne peut être loué de ce qu'il fait, puisqu'il le fait parce que cela lui plaît ; il n'y a pas d'héroïsme, puisqu'on est empoigné par la grandeur de l'œuvre à accomplir, et qu'on reste au-dessous.

On dit que je suis brave ; c'est que dans l'idée, dans la mise en scène du danger, mes sens d'artiste sont pris et charmés ; des tableaux en restent dans ma pensée, les horreurs de la lutte comme des bardits.

Ainsi, en mars 71, le défilé des prisonniers allant de Montmartre à Satory m'est présent dans tous ses détails.

Nous marchions entre des cavaliers, il était nuit.

Rien de plus horriblement beau que le site où on nous fit descendre dans des ravins, près du château de la Muette.

L'obscurité, à peine éclairée de pâles rayons de lune, changeait les ravins en murs, ou leur donnait l'apparence de haies.

L'ombre des cavaliers faisait, de chaque côté de notre longue file, une frange noire, faisant paraître plus blancs les chemins ; le ciel, lourd de la grande pluie du lendemain, semblait descendre sur nous. Tout prenait, en s'estompant, des formes de rêve, — à part les cavaliers qui tenaient la tête et les premiers groupes de prisonniers.

Un large rayon, filtrant du dessous entre les pieds des chevaux, les mettait en lumière ; des lambeaux rouges avaient l'air de saigner sur nous et sur les uniformes.

Le reste de la file s'étendait en longue traînée d'encre, finissant au fond de la nuit.

On disait qu'on allait nous fusiller là. Je ne sais pourquoi, on nous fit remonter : je regardais le tableau, ne pensant plus où nous étions.

C'était à la même date fixée avec Dombrowski pour établir une ambulance au château de la Muette.

Ceci revient à une impression, celle des rapprochements. Empoignée par l'idée, je n'ai nul mérite à mépriser un danger auquel je ne songe pas, ou, saisie du tableau, je regarde et me souviens.

Je ne suis pas la seule éprise des diverses situations d'où se dégage la poésie de l'inconnu.

Il me souvient d'un étudiant qui, sans être le moins du monde de nos idées (il est vrai qu'il était encore moins de l'autre côté), vint faire le coup de feu avec nous à Clamart et au moulin de Pierre, avec un volume de Baudelaire dans sa poche.

Nous en avons lu quelques pages avec grand plaisir — quand on avait le temps de lire.

Je ne sais ce que la destinée lui a gardé, nous avons fait ensemble l'épreuve d'une double chance, assez drôle : en prenant le café au nez de la mort, qui avait, à la même place, frappé de suite trois des nôtres, les camarades impatientés de nous voir là nous firent retirer ; cela leur semblait fatal. Alors un obus tomba, brisant les tasses vides.

C'était surtout une nature de poète : il n'y eut là nulle bravoure ni de sa part ni de la mienne. Est-ce que c'était bravoure quand, les yeux charmés, je regardais le fort démantelé d'Issy, tout blanc dans l'ombre et nos files, aux sorties de nuit, s'en allant par les petites montées de Clamart, ou vers les Hautes Bruyères, avec les dents rouges des mitrailleuses à l'horizon ? C'était beau, voilà tout ; mes yeux me servent comme mon cœur, comme mon oreille que charmait le canon. Oui, barbare que je suis, j'aime le canon, l'odeur de la poudre, la mitraille dans l'air, mais je suis surtout éprise de la Révolution.

Il devait en être ainsi ; le vent qui soufflait dans ma vieille ruine, les vieillards qui m'ont élevée, la solitude, la grande liberté de mon enfance, les légendes, les bribes de sciences braconnées un peu partout, tout cela devait m'ouvrir l'oreille à toutes les harmonies, l'esprit à toutes les lueurs, le cœur à l'amour et à la haine ; tout s'est confondu dans un seul chant, dans un seul rêve, dans un seul amour : la Révolution.

Ai-je jamais cru ? Ai-je été prise par la tendresse écrasante d'un *Tantum ergo* ou portée sur les ailes d'un *Regina cœli* ? Je n'en sais rien ! j'aimais l'encens comme l'odeur du chanvre ; l'odeur de la poudre, comme celle des lianes dans les forêts calédoniennes.

La lueur des cierges, les voix frappant la voûte, l'orgue, tout cela est sensation.

L'impression d'un frappement d'ailes contre la voûte, je l'ai éprouvée telle, en chantant à l'église, étant sous-maîtresse chez Mme Vollier. Il y avait longtemps que je ne croyais plus ou que je m'étais rendu compte qu'en doutant on ne croit pas.

L'idée est donc véritablement le produit de l'organisme humain et pourtant on dirait qu'elle le chauffe et le lance comme l'aiguilleur conduit la machine. Cela s'explique : puisque les êtres sont le produit de leur époque, c'est cette époque qui les soulève avec les autres poussières.

Le *Manuel du baccalauréat* répondrait que l'esprit, n'étant pas composé de parties, ne saurait se dissoudre ; outre qu'on le voit s'éteindre partiellement avec tel ou tel lobe du cerveau — la folie l'attaque ou partiellement ou complètement.

La croyance universelle etc., etc., les penchants enracinés dans le cœur de l'homme, etc.

Ce sont toutes ces preuves-là qui me font dire : Il n'y a rien après la mort.

Une seule de ces raisons-là, cependant, est bonne, [non pour] un seul être disparu avec sa longue lignée ancestrale brute, comme la bête ou demi-brute comme nous, qui lui a donné naissance, mais pour l'être multiple qu'on appelle l'humanité et qui arrivera à ce progrès que nous regardons sans le comprendre, pareil à une lointaine lumière, à ce bonheur dont nous sommes avides et que nul ne peut avoir dans les circonstances actuelles.

Je ne sais quel poète disait :

> Tout homme a dans son cœur un *pourceau* qui sommeille.

Il n y a qu'un mot à changer pour que ce soit vrai.

> Tout homme a dans son cœur un *monstre* qui sommeille.

La bête noire, ce n'est pas le même monstre, mais chacun de nous sent revivre parfois le type ancestral qui domine sa lignée à travers des millions de millions de siècles de transformations et de révolutions.

Est-ce la bête à laquelle on ressemble, est-ce la bête qu'on aime ? L'une est peut-être l'autre. Pour moi, tigre, lion ou chat, j'aime la race féline ; j'aime surtout les grands fauves ; c'est pourquoi, si je suis jamais libre, j'irai là où sont les fauves de l'Ouest, et je leur parlerai de la Révolution. Ceux-là aussi, les brigands, sentent parfois en eux revivre la sauvage lignée ancestrale ; ils croient autrement que nous, mais ils croient ! Entre fanatiques nous verrons.

Avec ceux-là on risque une balle ou un coup de poignard, mais ils ne vous salissent pas ; la mort est [propre.]

Une vie isolée ne peut être intéressante qu'autant qu'elle tient aux multitudes de vies qui l'ont environnée ; les foules seules, avec chaque être libre dans l'ensemble immense, sont quelque chose maintenant.

C'est pourquoi, de plus en plus, les associations basées sur des rits, ou entravées par des rits quelconques, n'iront pas même jusqu'au jour où se lèvera la seule association viable, celle de l'humanité révolutionnaire : elles n'y assisteront que pareilles à des spectres.

Pendant la démarche courageuse des francs-maçons, en 1871, j'éprouvai l'impression d'une assemblée de fantômes se dressant sur les remparts devant les royalistes égorgeurs de la Révolution : c'était grand et froidement beau comme ce qu'on éprouve devant les morts.

Plus tard, en Calédonie, sous le rajeunissement de la sève des tropiques, je revis des francs-maçons ; ils me parurent animés d'un grand désir du progrès et se donnant la peine d'y prendre part : c'était là où le soleil est chaud.

En Hollande, depuis (dans la mère patrie des braves), il m'a semblé que la franc-maçonnerie subissait le rajeunissement du printemps.

III

Men of England, wherefore [plough] for the lord who lay ye low ?

SHELLEY.

Hommes d'Angleterre, **ou du monde, peu importe,** *pourquoi labourer pour les maîtres qui [vous] oppriment ?* **N'est-ce pas la même chose partout, et pourtant vous labourez toujours et les moissons succèdent aux semailles.**

Quant à agir, il est probable que la potence serait là ! Ce n'est pas ce détail qui nous gâte l'horizon, allez ! Il fut un temps où l'idée de faire, au bout d'une ficelle, la grimace aux pauvres gens, m'était désagréable ; j'ai su depuis qu'en Russie on vous met dans un sac. En Angleterre il est probable que les choses, aussi, se font convenablement. L'Allemagne a le billot après Reinsdorff et les autres. Tout cela n'est qu'une forme de la mort et plus la mise en scène est lugubre, plus elle s'enveloppe des rouges lueurs de l'aurore.

Au temps où j'avais des préférences, je songeais à l'échafaud d'où l'on salue la foule, puis au peloton d'exécution dans la plaine de Satory.

Le mur blanc du Père-Lachaise ou quelque angle de mur à Paris m'aurait plu ; aujourd'hui je suis blasée ; peu importe comment, peu importe où, je n'y bouderai pas. Au grand jour ou dans un bois, la nuit, qu'est-ce que cela me fait ?

J'ignore où se livrera le combat entre le vieux monde et le nouveau, mais peu importe : j'y serai.

Que ce soit à Rome, à Berlin, à Moscou, je n'en sais rien, j'irai et sans doute bien d'autres aussi.

Et quelque part que ce soit, l'étincelle gagnera le monde ; les foules seront partout debout, prêtes à secouer les vermines de leurs crinières de lions.

En attendant on parle toujours et on n'agit guère ; ce sont les grondements du volcan ; la lave débordera quand on n'y songera pas.

On dansera encore ce soir-là dans les Élysées, et les parlements diront encore : Il y a longtemps que cela gronde, cela grondera toujours sans qu'on y puisse rien faire. Alors viendra la grande débâcle, comme si les soulèvements des peuples n'arrivaient pas à leur heure comme ceux des continents, la race étant prête pour un développement nouveau qui irait toujours si [on] n'en faisait pas un moule.

Mes conférences à l'étranger ont soulevé dans la réaction deux questions dont j'aurais ri sans le respect que nous portons à nos convictions :

1° Où j'avais l'argent des voyages ;

2° Ce que je faisais des recettes.

L'argent des voyages, quand il n'était pas fourni par le groupe qui me demandait, c'était Rochefort qui me le prêtait et je ne le lui rendais jamais. Je revenais aux frais des groupes prélevés sur les conférences. — Les amis allaient prendre mon billet de chemin de fer.

La recette ? Les groupes révolutionnaires savent ce qui en était fait, je n'ai donc pas à m'occuper de cette question, je n'en gardais rien. Les conférences de Bruxelles, dont on fit des racontars plus ou moins vrais, passèrent convenablement, à part la troisième ou quatrième séance où un jeune drôle, qui prétendait se nommer Fallou, *et avouait naïvement être venu de Paris en même temps que moi,* ce qui dispense de plus amples informations, essaya de faire du potin en prétendant que j'avais demandé dans la *Révolution sociale* qu'on élevât une statue à M. Thiers !!! *Il prétendait avoir le journal* et un bon nombre de personnes avalaient cette bourde. C'est probablement parce que j'avais ainsi commencé un article : Foutriquet est écorné ! une main d'enfant a essayé... Malgré les pieds de bancs jetés sur la tribune par des amis de l'ordre la séance s'acheva, montrant (par l'exemple qu'on avait sous les yeux mieux que par toutes les paroles du monde) qu'on entend par l'ordre le droit d'assommer les gens qui prétendent que les abeilles ne doivent pas travailler éternellement pour les frelons.

A Gand, après le magnifique spectacle des corporations, j'eus le spectacle d'une scène moyen âge dans une ville moyen âge, pendant la nuit, ce qui ajoute à la mise en scène.

Une partie de la salle avait été occupée par des policiers envoyés de Paris et dont l'un donnait, comme un chef d'orchestre, le signal du bastringue. Les parties hautes de la salle étaient occupées par les élèves des universités catholiques ; leurs oreilles se dessinaient en larges ombres ; ils poussaient des hurlements à chaque signal du chef d'orchestre qui levait un bâton.

Si seulement il y avait eu quelques rugissements dans le concert, mais ce n'étaient que des glapissements.

Mes amis eurent le tort d'exiger que je quittasse la séance ; les petits messieurs se seraient au moins donné une extinction de voix et la partie raisonnable de la salle aurait pu juger leur conduite jusqu'au bout. J'obéis à regret à leur volonté.

Ils me forcèrent de partir ; c'était bien la peine ! Une amie qui m'accompagnait avait été séparée de moi et, à mon tour, je fis de l'autorité avec le cocher qui, après une demi-heure de silence, où il fouettait son cheval sans vouloir m'entendre, ni sentir que je le tirais par le bras, fut obligé de retourner à travers messieurs les escholiers, jetant des pierres jusqu'à la salle de réunion. Les vitres de la voiture étaient cassées, le cheval ne marchait guère et, de temps à autre, sous la nuit noire, une jeune tête, rouge de l'ivresse de la chasse, paraissait aux portières entre les fragments de vitres, hurlant une insulte. La ville se déroulait noire, la vieille ville fantôme.

A travers mon inquiétude pour mon amie Jeanne, je songeais aux anciens jours, aux d'Arteweld, dans le temps où les corporations tuaient d'un coup de hache ceux qu'elles croyaient désirer le pouvoir. Je regardais les bords sombres du canal ; c'était un tableau magnifique dans le cadre immense de la nuit et de l'eau.

Devant la salle de réunion était encore la foule des escholiers et de ceux qui les gardaient ; le moyen âge debout.

Quand je descendis pour leur demander, sérieusement inquiète, s'ils avaient vu la grande brune qui était avec moi et ce qu'ils en avaient fait, puisque c'était moi seule qu'ils voulaient occire, quelques-uns, devenant graves, s'informaient.

Alors, un commissaire de police m'aida à faire les recherches, un commissaire de police de Gand, qui me dit ne se mêler aucunement de ce qui s'était passé que pour m'aider dans mes recherches et qui le fit en effet.

Je me souviens même que, trouvant les escholiers peu convenables, il se mit devant moi, à mon grand étonnement, car je m'attendais à être conduite en prison pour avoir été insultée. C'est ainsi qu'on eût fait à Paris.

En Hollande, outre nos amis dont je garde si bon souvenir et les savants, curieux de voir de près quelles bêtes sont les révolutionnaires et qui sont de bonne foi dans leurs études, j'ai rencontré des ennemis de bonne foi, ne nous connaissant que par les racontars des journaux réactionnaires et qui, fort étonnés d'avoir été trompés, en sont arrivés à comprendre les révolutionnaires.

Londres ! Eh bien, oui, j'aime Londres où mes amis proscrits ont toujours été accueillis. Londres où la vieille Angleterre est encore plus libérale à l'ombre des potences que ne le sont des bourgeois soi-disant républicains et qui, peut-être, croient l'être.

Vous imaginez-vous que ceux qui commettent des crimes contre les peuples sont tous conscients de ce qu'ils font ? Il en est qui s'illusionnent et se donneraient volontiers des prix de vertu et... d'*intelligence !*

Allons donc, l'intelligence ! elle est dans les foules ! Elles n'ont pas la science, c'est vrai, mais avec ça que c'est du propre la science aujourd'hui ! Elle ouvre seulement ses bourgeons ; demain, à la bonne heure ! et demain elle sera à tous.

Si le peuple ne sait pas certaines choses il n'est pas entêté à soutenir que les vers luisants sont des étoiles ; c'est toujours quelque chose. Avant le congrès de Londres, nous avions reçu, Gautier et moi, bien des *avertissements anonymes* sur certains agents de M. Andrieux. Mais qui croit des lettres anonymes ?

J'avais, pour ma part, prié certains de mes amis de Londres d'aller voir une dame qui, disait-on, avait avancé de l'argent à M. Seraux. Nos amis trouvèrent la dame dans un appartement qui leur causa l'impression d'avoir été meublé de suite ; mais sur cette seule impression sans preuves, ils ne durent pas appuyer une accusation. La dame leur donna des explications probables ; ni eux, ni moi, ne pouvions penser qu'elle représentât M. Andrieux.

Qu'importe ! le piège qui nous était tendu a fait plus de mal à ceux qui le tendaient qu'à nous.

Voyez les grains de sable et les tas de blé mûrs et, dans les cieux profonds, les astres entassés ; tout n'est-il pas semblable ? Où tout cela s'est vu, c'est là que nous allons ; et voici venir la grande moisson, poussée dans le sang de nos cœurs ; les épis en seront plus lourds, elle en sera plus haute.

Dans la vie sombre reviennent, berçant les tristes jours, des refrains qui vous déchirent et vous charment à la fois.

> Coule, coule, sang du captif !

Les bagaudes, les Jacques, vous tous qui portez le collier de fer, causons, en attendant l'heure.

Le rêve se dégage des senteurs printanières, c'est le matin de la légende nouvelle.

Entends-tu, paysan, ces souffles qui passent dans l'air ? Ce sont les chansons de tes pères, les vieux bardits gaulois.

> Coule, coule, sang du captif

Vois cette rouge rosée sur la terre, c'est du sang.

L'herbe sur les morts pousse plus haute et plus verte.

Sur la terre, ce charnier des peuples, elle doit pousser touffue, mais le peuple quand il meurt de faim n'a pas toujours de l'herbe ; il n'en pousse pas entre les pavés des villes.

Tant qu'il lui plaira d'être le bœuf de l'abattoir ou du carnaval, le bœuf qui ouvre les sillons ou celui qu'on traîne au carnaval, on le dira, le refrain terrible qui déchire et qui charme :

> Coule, coule, sang du captif !

IV

Soixante et onze ! J'ouvre un cahier de papier de deuil sur lequel Marie inscrivit quelques poésies de moi.

Il y en a d'écrites à l'encre rouge, encore vermeille comme du sang.

Marie avait donné ce cahier à son frère Hippolyte qui me l'a prêté ; il ne l'aura plus qu'après moi et quelques-unes des pages restées blanches seront écrites.

Voici quelques feuillets des poésies écrites à l'encre rouge :

A MES FRÈRES Prison de Versailles, 8 septembre 1871

Passez, passez, heures, journées !
Que l'herbe pousse sur les morts !
Tombez, choses à peine nées ;
Vaisseaux, éloignez-vous des ports ;

Passez, passez, ô nuits profondes.
Émiettez-vous, ô vieux monts ;
Des cachots, des tombes, des ondes.
Proscrits ou monts nous reviendrons.

Nous reviendrons, foule sans nombre ;
Nous viendrons par tous les chemins,
Spectres vengeurs sortant de l'ombre,
Nous viendrons, nous serrant les mains,
Les uns dans les pâles suaires,
Les autres encore sanglants,
Pâles, sous les rouges bannières,
Les trous des balles dans leurs flancs.

Tout est fini ! Les forts, les braves,
Tous sont tombés, ô mes amis,
Et déjà rampent les esclaves,
Les traîtres et les avilis.
Hier, je vous voyais, mes frères,
Fils du peuple victorieux,
Fiers et vaillants comme nos pères,
Aller, la *Marseillaise* aux yeux.

Frères, dans la lutte géante,
J'aimais votre courage ardent,
La mitraille rouge et tonnante,
Les bannières flottant au vent.
Sur les flots, par la grande houle,
Il est beau de tenter le sort ;
Le but, c'est de sauver la foule,
La récompense, c'est la mort.

Vieillards sinistres et débiles,
Puisqu'il vous faut tout notre sang,
Versez-en les ondes fertiles,
Buvez tous au rouge océan ;
Et nous, dans nos rouges bannières,
Enveloppons-nous pour mourir ;
Ensemble, dans ces beaux suaires,
On serait bien là pour dormir.

Une de ces pièces fut envoyée par moi au 3ᵉ conseil de guerre, qui avait *jugé* les membres de la Commune ; mais la commission des grâces, *surtout*, est coupable des froides [fusillades]. Si les soldats ivres de sang en eurent jusqu'aux chevilles, la commission dite *des grâces en eut jusqu'au ventre*.

AU 3ᵉ CONSEIL DE GUERRE 4 septembre 1871, prison de Versailles.

Ils sont là, calmes et sublimes,
Les élus du libre Paris,
Et vous les charges de vos crimes,
Furieux de leurs fiers mépris.
De rien ils n'ont à se défendre,
Car vous aviez fui lâchement.
Ils ont défendu vaillamment
Tout ce que vous veniez de vendre.
Cassaigne, Manguet, Guibert, Merlin, Bourreau !
    Gaveau ! Gaveau !
Merlin, Gaulet, Labat, juger c'est beau.

Tous ces temps-ci sont votre ouvrage,
Et quand viendront des jours meilleurs.
L'histoire, sourde à votre rage,
Jugera les juges menteurs.
Et ceux qui veulent une proie
Se retournant suivront vos pas,
Cette claque des attentats,
Mouchards, bandits, filles de joie.
Gassaigne, Manguet, Guibert, Merlin, Bourreau !
    Gaveau ! Gaveau !
Merlin, Gaulet, Labat, juger c'est beau.

Le châtiment ne se fit pas attendre. Le commandant Gaveau, dont tout monde connaît, disait la *République française*, les réquisitoires passionnés, mourut fou. On avait été obligé de l'enfermer depuis quelque temps.

Il eut, disent les journaux de l'époque, la plus terrible agonie qu'on puisse imaginer ; il croyait voir, pendant toute la journée qui a précédé sa mort, des personnages fantastiques tourbillonner devant ses yeux ; il lui semblait recevoir des coups de marteau sur le crâne.

L'expert Delarue, qui avait attesté que le faux : *Flambez finances !* était de Ferré, fut condamné depuis pour une fausse expertise qui avait envoyé un homme au bagne pour cinq ans.

Il n'en coûte pas si cher pour envoyer les nôtres au mur de Satory !

La ferme de Donjeu, appartenant à M. Peltereau de Villeneuve, fut brûlée par accident.

Je ne sais quel accident a aussi éprouvé le colonel Merlin, qui, après avoir été juge dans le procès des membres de la Commune, commandait les troupes qui surveillaient l'assassinat du 28 novembre.

Pourquoi les criminels échapperaient-ils plus que les autres aux conséquences de leurs actes ? Chacun ne prépare-t-il pas sa destinée ? Clément Thomas n'avait-il pas préparé en 48 ce qu'il trouva en 71 ?

Le procès des membres de la Commune était rempli de vices de formes. Mais le recours en cassation présenté par MM. Ducoudray, Marchand et Dupont de Bussac avait surtout pour objet de voir *jusqu'au bout* la justice versaillaise ; nul des condamnés n'y comptait.

M. Gaveau avait insulté Ferré au cours du procès en disant : « La mémoire d'un assassin ! » Ce que constatait, en l'aggravant encore, la minute du jugement.

Le même M. Gaveau laissait vide deux fois le siège du ministère public, ne paraissait pas un instant à l'audience du 2 septembre et n'assistait pas même à la lecture du jugement, jugement auquel paraissaient des pièces fausses.

Les membres de la Commune ne dissimulaient pas leurs actes ; Ferré en porta haut la responsabilité au poteau de Satory, les autres au bagne et à la déportation. On voulut y joindre les faux établis pour les besoins de la cause (faux que l'on n'écrit pas même en français !).

Imbécillité des haines qui s'attachent à nous, pauvres grains de sable ; sans voir la tourmente qui nous roule ensemble contre le vieux monde !

Ce n'était pas facile d'obtenir un non-lieu, quand on n'avait rien fait, ni d'être jugé, quand on se sentait responsable de ses actes !

J'ai dit comment je fus envoyée à Arras, par une manœuvre de la préfecture de police, au lieu d'être jugée. Un nom fut biffé sur la liste de celles qu'on envoyait attendre dans des prisons lointaines, et le mien fut mis en place. Je dois dire que le conseil de guerre l'ignorait et même ne l'approuva pas.

La lettre de M. Marchand fera voir mieux que je ne pourrais le faire ces lenteurs calculées.

La protestation dont parle M. Marchand dans cette lettre, je l'ai écrite, avant de partir pour Arras, sur le registre de la correction de Versailles.

J'y protestais, non contre la prison, où nous avions trouvé un traitement bien différent de Satory et des chantiers, mais contre l'infâme manœuvre de ce départ, puisque j'appartenais aux conseils de guerre et non à la préfecture de police, qui voulait différer éternellement mon jugement, tout en m'insultant dans celui des autres femmes (affaire Retef et Marchais).

Voici la lettre de M. Marchand :

Mademoiselle,

Je réponds à votre lettre aussitôt sa réception. M. Ducoudray, à qui vous avez écrit hier, 15, est mort avant-hier subitement de la rupture d'un anévrisme, dans la cellule où il allait voir Ferré.

Votre protestation au greffe vaut certainement mieux qu'une scène de violence. Si vous voulez être jugée promptement, il vous faudrait écrire au général Appert ou au colonel Gaillard, au besoin par lettre chargée et notification de la réception, pour que la poste n'égare pas la lettre.

Recevez, mademoiselle, mes salutations.

H. MARCHAND, avocat.

Ce 16 novembre 1871.

Ce n'était point assez des jours de Mai où, comme les fleurs des pommiers au printemps, les rues étaient couvertes de blanches efflorescences ; mais il n'y avait pas d'arbres, c'était du chlore sur les cadavres.

Une énorme quantité de gens disparus prouve combien furent atténués les chiffres de l'hécatombe ; les soldats étaient las ; les mitrailleuses peut-être se détraquaient ; les bras sortant de terre, les hurlements d'agonie dans le tas des exécutés sommairement, la mortalité des hirondelles, qu'empoisonnaient les mouches de l'immense charnier, tout cela fit succéder les tueries froides aux tueries chaudes.

Ceux qui firent tout cela sont peut-être plus près de Charenton, avec Gaveau, que de tout autre chose.

Mais je ne puis aller plus loin, en ce moment, sans feuilleter quelques vieux papiers. Il s'y trouve des numéros de la *Révolution sociale*.

V

Il importe à mon honneur, après les révélations qui nous ont été faites, d'insérer dans mes *Mémoires* certains de mes articles du journal la *Révolution sociale*.

La souricière s'est beaucoup retournée contre ceux qui la tendaient en multipliant les correspondances entre révolutionnaires.

Mais je me suis seulement aperçue ce matin d'une petite manœuvre consistant, lorsque certains articles attaquaient spécialement des personnalités au lieu des idées (ce qui est complètement opposé à ma manière de voir), *à mettre en épigraphe des paroles de moi découpées* assez adroitement pour que certaines gens m'attribuent le reste.

Le résultat en fut des haines personnelles, dont le déchaînement contribua à la condamnation qui me sépara de ma mère et la fit, pendant deux ans, agoniser loin de moi, reprenant vie à chaque extraction, jusqu'au moment où il fallut lui avouer qu'au lieu d'un an j'avais été condamnée à six ans ; qu'au lieu d'être près d'elle à Saint-Lazare j'étais à Clermont.

A partir de cet instant, elle n'a plus voulu même regarder à sa fenêtre et ne s'est levée de son fauteuil que pour se coucher sur le lit d'où elle n'est plus sortie que pour le cercueil.

Oui, j'aurais pu aller à l'étranger et l'emmener avec moi, au lieu de venir, comme nous avons l'usage de le faire, répondre à mon jugement.

J'aurais pu aussi dérouter ceux qui m'interrogeaient pour savoir si *j'étais responsable* et me moquer de leurs finesses cousues de câbles ; mais nous ne déclinons pas les responsabilités, nous autres, et j'ai répondu aux estimables savants comme si je ne me doutais de rien, sachant bien pourtant d'où venait cette vengeance.

Je reviens à la *Révolution sociale*. J'ai souvent protesté, dans le journal même, contre des choses que je trouvais peu intelligentes, les croyant d'autant moins policières qu'il y avait plus d'accusations *anonymes* contre le fondateur du journal, M. Serraux.

Ce n'est pas d'aujourd'hui que l'idée anarchiste existe. Les vieux auteurs en vieux français, avant Saint-Just, trouvent que celui qui se fait dirigeant commet un crime.

Devant le libre désert des flots, je ne suis pas la seule qui ait réfléchi à l'éternel : « Plus ça change, plus c'est la même chose ».

Je devais donc, trouvant au retour un journal anarchiste, donner tête baissée à la première invitation à collaborer.

Je connaissais le programme de la *Révolution sociale*. En voici un fragment. Qui aurait pu penser à voir M. Andrieux dans le comité de rédaction !

> Que le parti révolutionnaire s'organise solidement, sur son propre terrain, avec ses propres armes, sans rien emprunter à ses ennemis de leurs institutions, de leurs sophismes, ni de leurs procédés ; qu'il s'apprête, lorsque les « temps héroïques » seront revenus, à faire le siège de l'État, de la forteresse qui défend et protège les avenues du privilège et à n'en pas laisser pierre sur pierre !
>
> **de chacun selon ses forces, a chacun selon ses besoins**
>
> Nous croyons, en effet, que la société, n'étant nullement chose d'innéité ni d'immanence, mais une invention humaine, destinée à combattre les fatalités naturelles, doit surtout profiter aux faibles et les entourer d'une sollicitude particulière, qui compense leur infériorité. Par conséquent, le but qu'il faut proposer à nos espérances, c'est la création d'un ordre social dans lequel

l'individu, pourvu qu'il donne tout ce qu'il peut donner de dévouement et de travail, reçoive tout ce dont il a besoin. Que la table soit mise pour tout le monde, que chacun ait le droit et le moyen de s'asseoir au banquet social, et d'y manger tout à son choix et à son appétit, sans qu'on lui mesure la pitance à l'écot qu'il peut payer !

(1er numéro de la *Révolution sociale*.)

Certaines gens seront bien étonnés de n'y trouver aucune des bêtises qui m'ont été prêtées. Il y en a peut-être d'autres ; mais à coup sûr ce ne sont pas celles qu'on croit.

J'empiète sur les événements pour ce chapitre, parce que c'est l'instant de publier ces fragments. Quelque franc que soit l'aveu de M. Andrieux, je dois les citations qui suivent :

En attendant, si nous fondions des journaux réactionnaires pour nous tomber dessus, on nous regarderait comme dignes de Charenton.

Le vent soufflait en foudre et je songeais à la charge sonnant sous la terre, quand M. Serraux m'offrit de collaborer à la *Révolution sociale*. J'aurais été capable de l'offrir moi-même ; j'avoue aussi que j'eus grande confiance en Serraux, et qu'il n'y a pas bien longtemps que je suis sûre du guet-apens.

M. Andrieux aurait pu mentir et accuser mes amis et moi. Il ne l'a pas fait ; c'est moins opportuniste que ne l'eussent fait bien d'autres du même parti, je dois le reconnaître.

Voici deux articles parus dans la *Révolution sociale*.

LA CANDIDATURE ILLÉGALE

Citoyens,

Vous nous demandez, à Paule Mink et à moi, ce que nous pensons des candidatures *mortes*.

Voici ma réponse, en attendant celle de la citoyenne Mink, qui, je crois, ne s'en écartera guère.

Les candidatures mortes sont à la fois un drapeau et une revendication.

Elles sont l'idée pure de la Révolution sociale planant sans individualité ; — l'idée qu'on ne peut ni frapper ni détruire ; — l'idée invincible et implacable comme la mort.

La candidature illégale est juste.

La candidature morte est grande comme la Révolution même.

Quant aux candidatures de femmes, c'est aussi une revendication, celle de l'esclavage éternel de la mère qui justement doit élever les hommes et les fait ce qu'ils sont ; mais peu importe, ne faisons-nous pas partie de l'esclavage commun ? Nous combattons l'ennemi commun.

Pour ma part, je ne m'occupe guère des questions particulières, étant, je le répète, avec tous les groupes qui attaquent soit par la pioche, soit par la mine, soit par le feu, l'édifice maudit de la vieille société !

Salut au réveil du peuple et à ceux qui, en tombant, ont ouvert si grandes les portes de l'avenir, que toute la Révolution y passe !

Louise Michel.

Voici un deuxième article :

En voyant mon nom parmi ceux qu'on propose pour des candidatures, je me sens obligée à une réponse.

Je ne puis m'élever contre les candidatures de femmes, comme affirmation de l'égalité de l'homme et de la femme. Mais je dois, devant la gravité des circonstances, vous répéter que les femmes ne doivent pas séparer leur cause de celle de l'humanité, mais faire partie militante de la grande armée révolutionnaire.

Nous sommes des combattants et non des candidats.

Des combattants audacieux et implacables : voilà tout !

Les candidatures de femmes ont été proposées, cela suffit pour le principe ; et comme elles n'aboutiraient pas, et dussent-elles même aboutir, *elles ne changeraient rien à la situation*. Je dois donc, pour ma part, prier nos amis de retirer mon nom.

Nous voulons, non pas quelques cris isolés, demandant une justice qu'on n'accordera jamais sans la force ; mais le peuple entier et tous les peuples debout pour la délivrance de tous les esclaves, qu'ils s'appellent le prolétaire ou la femme, peu importe.

Donc, que ceux qui espèrent encore au résultat par le vote mettent des noms d'ouvriers ; que ceux dont le cœur est plein d'un immense dégoût pour ce gouvernement de bas-empire qu'on appelle république, au lieu de s'abstenir si cela ne leur plaît pas, acclament le principe sacré de la révolution sociale, en réveillant le nom de leurs mandataires assassinés en 1871 : c'est toujours sortir du sommeil, — ce sommeil sinistre où nous ne laisserons pas le peuple, car pendant ces sommeils-là se font les empires et grandissent les opportunismes...

S'il est opportun à certaines gens que la fille du peuple soit dans la rue sous la pluie et la honte pour sauvegarder la fille du riche, s'il leur plaît de conduire par troupeaux les hommes à l'abattoir et les femmes au lupanar ; nous, qui ne voulons plus de ventes et d'achats de chair humaine, ni pour la gueule des canons ni pour les appétits parasites, nous disons bien haut : — Plus de questions personnelles, ni même de questions de sexe ! plus d'égoïsme, plus de crainte ! en avant les braves ! et que sachant où nous allons, les autres nous laissent.

Louise Michel.

Voici encore un fragment de la série de mes articles sur les grèves.

LA GRÈVE DES CONSCRITS Ah ! il n'y a pas de question sociale !

C'est pour cela que les petits enfants naissent dans le lit même où meurent leur père, et que l'Assistance publique envoie pour cette horrible misère un franc par personne.

C'est pour cela que l'affichage d'un discours coûte trente-quatre mille francs au peuple.

Car c'est le peuple qui paye, toujours le peuple.

Mais il doit être content, car on lui dit qu'il est « souverain », mot opportun pour cacher l'autre mot du lendemain, non moins opportun : *la vile multitude*...

Car la loi des majorités s'applique d'une manière affirmative quand il s'agit pour le troupeau humain de nommer Badinguet III ou Opportun Ier, et d'une manière négative quand il s'agit du droit que pourrait bien prendre la multitude « souveraine » pour résoudre la question sociale autrement que par la vente des filles du peuple pour le lupanar ; l'égorgement de ses fils sur les champs de bataille, pour tous les bons plaisirs opportuns ; la mort par la faim des vieux ouvriers, comme celle des vieux chevaux de Montfaucon.

Ah ! il n'y a pas de question sociale !

Mais elle se résumerait en un seul acte de volonté de ce peuple qu'on enchaîne en lui faisant croire qu'il est libre !

Acte purement passif et qui n'aurait pas de répression, car on peut fusiller une armée, égorger une ville, mais on n'ose pas s'attaquer à une nation entière.

Si tout un peuple héroïque fermait de sa pleine autorité les registres de la police des *mœurs*, qui fait que certaines jeunes filles se tuent, et elles ont raison, plutôt que d'y être inscrites... ;

Si tout un peuple refusait ses fils pour des entreprises hasardeuses aboutissant à de futurs Sedans ;

Si cette grève de conscrits imposait silence aux potentats qui prétendent engraisser de sang le sol fertile pour eux seuls, et forçait les rois ou dictateurs à prendre l'aigle de Boulogne, ou l'armet de Membrin, ou le sabre de Marlborough, et à s'en aller eux-mêmes en guerre, les questions dont ils espèrent bénéficier pour se maintenir seraient bientôt tranchées, car ils se garderaient de quitter le repos et l'engraissement opportuns !...

Eh bien, oui ! maintenant que le vent est à la guerre, dût-on, au nom de la nouvelle loi sur la liberté de la presse, venir m'arrêter au chevet de ma mère malade, je jetterai, moi qui ai vu la guerre de Prusse avec des généraux vendus et des bataillons généreux dont on neutralisait l'élan par des marches forcées, etc., ce cri qui s'échappe de ma conscience :

GRÈVE DES CONSCRITS

LOUISE MICHEL.

Qu'on me permette de citer encore un entrefilet publié par moi dans la *Révolution sociale*. Il avait tout simplement pour titre : A M. ANDRIEUX. Je ne sais qui (Andrieux lui-même peut-être) y avait substitué celui-ci : SILENCE A L'INFAME !

SILENCE A L'INFAME ! Le renégat Andrieux en me nommant à l'Arbresles, a provoqué une réponse, le malfaiteur a fait des aveux précieux, il a avoué qu'il nous avait fait revenir, mes compagnons et moi, pour nous avoir sous sa patte de bourreau, pour nous déshonorer par des condamnations infamantes, pour nous faire mourir à petit feu.

Nouméa était trop loin pour qu'Andrieux pût assouvir sa haine contre les épaves de la Commune ; à Lyon il les a fait arrêter de sa main ou assassiner par ses soldats : aujourd'hui il lui faut de la chair à casse-tête, et c'est pour cela qu'il a voté l'amnistie. Il le dit, il s'en flatte. Ce n'est pas révocation, c'est justice qu'il faut pour celui que l'on réserve comme exécuteur des hautes œuvres et valet de bourreau de toutes les tyrannies. Croit-on que les Français supporteront ce que les moujiks rejettent fièrement ? Non ; nous aussi, nous savons mourir, mais nous ne savons pas vivre sous le fouet. Il est des injures que les hommes qui se disent politiques ne sentent pas ; sans cela le pourvoyeur des gibets aurait reçu autant de gifles qu'il y a de mains au conseil municipal. Puisqu'il est inviolable pour les gens en place, c'est à ceux qui sont indépendants à se faire justice !

Louise Michel.

Les derniers numéros de la *Révolution sociale* me manquent ; j'aurais voulu les deux ou trois derniers articles, le dernier surtout que j'avais fait dans l'intention de faire sauter le journal par une condamnation, projet que j'avais communiqué à M. Serraux. (Je comprends qu'on ne l'ait pas voulu : qui diable pouvait se douter que le préfet de police était là-dedans ?)

En voilà assez du reste pour faire comprendre que :

1° Je me suis mise en dehors des personnalités ;

2° Que l'affaire de la statue de Foutriquet m'a laissée bien indifférente, puisque, pour qu'on n'attribuât pas ce ratage à un homme, je voulais le mettre sur le compte d'un enfant.

A cet âge-là, si la main n'est pas sûre, l'indignation est prompte et puis, qu'importe tout cela ? Si on nous trompe, une partie des pièges se trouvent brisés par notre franchise même et la Révolution n'en est pas salie !

VI

Puisque je suis en train de liquider plusieurs choses, avant d'aller plus loin, je veux parler une dernière fois, une fois pour toutes, du courage dans les prisons, et en finir avec l'héroïsme ! Il n'y a pas d'héroïsme, il n'y a que le devoir et la passion révolutionnaire dont il ne faut pas plus faire une vertu qu'on n'en ferait une de l'amour ou du fanatisme.

Quant à moi, mon séjour dans les prisons est facile comme il le serait à toute autre institutrice.

La solitude repose, surtout quand on a passé une grande partie de sa vie à avoir toujours besoin d'une heure de silence sans la trouver jamais, si ce n'est la nuit. C'est le cas d'un grand nombre d'institutrices. Et encore, *la nuit*, dans ces circonstances-là, on se dépêche de penser, de se sentir vivre, de lire, d'écrire, d'être un peu un être libre. A la dernière leçon on se sentait devenir la bête surmenée, mais la bête encore fière, relevant la tête pour aller jusqu'à la fin de l'heure sans qu'il y ait de défaillance. Maintenant le silence vous environne, toute fatigue a disparu, on vit, on pense, on est libre. (Ces quelques heures de repos achetées laborieusement pendant de longues années, je les ai trouvées en prison : voilà tout.)

C'est le meilleur qui puisse m'arriver pendant ces premiers mois où ma mère dont la pensée ne m'a jamais quittée pendant les deux ans de sa lente agonie, vient de mourir, juste au moment où adversaires et amis trouveraient bon de me faire sortir, comme si sa mort était un titre.

Les cadavres se payaient sous Bonaparte et sous bien d'autres ; il serait temps que cela finît ; les adversaires l'ont senti.

Peut être aussi dans ce beau pays de France, la mode d'attribuer à un *cas pathologique* tout caractère de femme un peu viril est-elle complètement établie ; il serait à souhaiter que ces cas pathologiques se manifestassent en grand nombre chez les petits crevés et autres catégories du sexe fort.

Passons. Je sais gré au gouvernement d'avoir senti combien était odieuse l'insulte qu'on voulait m'infliger.

Je n'ai pas copie de la lettre écrite pour refuser cette insulte. Mais voici trois lignes qui la résument, je les ai adressées à Lissagaray que je savais avoir protesté.

Il paraît que d'autres amis l'ont fait également ; ne lisant pas les journaux je l'ignorais et les remercie ici. Voici cette lettre.

4 mai 1885.

Citoyen Lissagaray,

Je vous remercie. Il paraît que vous avez senti que je ne pouvais, sans infamie, accepter une grâce à laquelle je n'ai pas plus de droit que les autres.

Tous ou rien.

Je ne veux pas qu'on me paye le cadavre de ma mère. Que les amis qui m'ont avertie à temps soient remerciés aussi.

J'accepte parfaitement la responsabilité de ce refus, et si les amis réfléchissent ils sentiront que ne pouvant plus rien pour moi, on ne doit pas au moins ajouter d'insulte.

Les adversaires l'ont senti.

Je vous serre la main.

LOUISE MICHEL

Si on ne m'avait pas écoutée, je serais partie *de suite* pour la Russie ou l'Allemagne. Là on tue les révolutionnaires, on ne les salit pas.

Qu'on me laisse tranquille.

L. M

Tous ou rien. Ainsi j'espère qu'on le sentira toujours et qu'on ne renouvellera pas l'insulte qu'on a bien voulu éloigner de moi et que je n'avais pas méritée.

Un homme prisonnier n'a à lutter que contre sa situation, telle que les adversaires la lui ont faite ; une femme prisonnière a non seulement la même situation, mais encore les complications de l'intervention des amis qui lui attribuent toutes les faiblesses, toutes les bêtises, toutes les folies ! Camarades, les hommes se plaisent à nous accabler et acceptent en son nom les abominables lâchetés auxquelles ne survivrait pas tout cœur honnête ; telle est la coutume !

Vous avez été bien bons pour ma pauvre mère et pour moi, mes chers amis, mais il faut vous habituer à ne pas compter pour folie si la mort de ma mère se dressant devant moi m'effarait. Souvenez-vous qu'une fois que la pauvre femme n'a plus souffert, je l'ai moi-même ensevelie, sans verser une larme et que de retour à Saint-Lazare, je me suis mise au travail *le lendemain même de sa mort* sans que personne m'ait jamais vue ni pleurer ni cesser un instant de tout voir avec calme.

Que veut-on de plus ?

Je vivrai pour la lutte, mais je ne veux pas vivre pour la honte ni sous la honte.

Après cette digression nécessaire, je reprends mon récit et j'arrive au voyage de Calédonie dont j'ai parlé à peine.

Je n'avais jamais voyagé que de Chaumont à Paris ; la mer fut pour moi le plus beau des spectacles, quoique les gravures, les récits et surtout mon imagination m'eussent blasée dès l'enfance sur l'Océan.

On le voit bien en songe tel qu'il est, cet Océan, mais quand la réalité arrive, cette fois-là, on reste charmé, magnétisé par l'immensité.

Comme il y avait longtemps que j'aimais la mer ! Je l'avais toujours aimée.

Pour premiers jouets, mon grand-père me faisait des bateaux, de beaux navires dont on pouvait carguer les voiles avec des câbles de gros fil.

J'ai des fragments d'un premier récit de ma vie, où je le racontais :

> Pour mes premiers jouets il me fit des bateaux,
> De beaux bateaux pontés ayant haubans et hunes
> Et dans la pierre ronde on les mettait à flots,
> A travers les crapauds monstres aux teintes brunes
> Qui sur les ponts parfois faisaient d'énormes bonds.
> C'était près du vieil orme et des ruches d'abeilles.
> Des roses de Provins aux pétales vermeilles
> Étendaient leurs rameaux sur les résédas blonds.

* * *

> Oh ! combien tout enfant j'ai vu de blanches voiles
> S'en aller sur les flots dans mes rêves le soir.
> J'en voyais un toujours, qui seul sous les étoiles
> Semblait un grand oiseau blanc à l'horizon noir.
> Comme je la peignais avec sa vive allure
> Et la fière forêt de sa haute mature,
> Mon grand-père me dit : Nous ferons ton bateau
> Avec du cœur de chêne et ce sera très beau.
> Car c'est une frégate………

Mais nous ne la fîmes pas avec du cœur de chêne, la frégate du rêve, pour la mettre à flots sur la pierre ronde, près des rosiers rouges, les abeilles volant sur ses mâts. Nous ne la fîmes jamais ! et c'est sur les grands flots, après la défaite, que j'ai reconnu la *Virginie*.

Explique qui voudra ce songe de mon enfance. Moi, quand je revis dans la réalité le navire du rêve, j'avais vu trop de choses pour en être émue !

J'ai parlé au commencement de certaines circonstances qui font songer à Edgar Poé, à Baudelaire, aux conteurs de choses étranges ; j'en dirai peu ; peut-être même l'histoire de la *Virginie*, voguant à pleines voiles telle que je la voyais en rêve, sera la seule page de ce genre.

Je dis *peut-être*, car souvent on s'emballe en écrivant et on va, on va, dans les souvenirs... sans penser seulement qu'on écrit. C'est dans ces occasions-là surtout que les fins de phrases restent dans la plume. On est toujours loin, bien loin de la ligne qu'on trace.

Des vers, encore, peindront mieux que tout notre voyage (mon premier voyage). Il faut convenir que, quand l'État se mêle d'en faire les frais, il n'y regarde pas ! Un voyage de long cours sur un vaisseau de guerre, je n'aurais jamais osé rêver pareille aubaine.

Il est vrai que cela nous coûtait cher : les nôtres, par milliers, tombés dans l'hécatombe, et nos mères qui ne croyaient plus nous revoir.

DANS LES MERS POLAIRES A bord de la *Virginie*.

La neige tombe, le flot roule,
L'air est glacé, le ciel est noir ;
Le vaisseau craque sous la houle
Et le matin se mêle au soir.

Formant une ronde pesante,
Les marins dansent en chantant ;
Comme un orgue à la voix tonnante,

Dans les voiles souffle le vent.

De peur que le froid ne les gagne,
Ils disent au pôle glacé
Un air des landes de Bretagne,
Un vieux bardit du temps passé.

Et le bruit du vent dans les voiles,
Cet air si naïf et si vieux,
La neige, le ciel sans étoiles,
De larmes emplissent les yeux.

Cet air est-il un chant magique,
Pour émouvoir ainsi le cœur ?
Non, c'est un souffle d'Armorique,
Tout rempli de genêts en fleur.

Et c'est le vent des mers polaires,
Sonnant dans ses trompes d'airain,
Les nouveaux bardits populaires
De la légende de demain.

O mer ! calme comme une nappe d'huile, reflétant paisible l'ombre des hautes vergues.

O mer houleuse du Cap ! aux montagnes de vagues toutes blanches d'écume, toutes noires de profondeurs, avec soleil levant sur les flots, les millions d'étoiles phosphorescentes constellant l'eau dans la nuit ; le bruit du vent faisant un orgue dans les voiles ; que tout cela était magnifique !

Et les moutons du Cap, ces pauvres albatros qui s'abattaient sur le navire, ou qu'on prenait à l'hameçon, pauvres albatros, pour les suspendre par le bec jusqu'à leur mort, de peur qu'une goutte de sang ne tachât la blancheur de leurs plumes, et qui, si tristement, soulevaient la tête le plus longtemps qu'ils pouvaient, arrondissant leurs cous de cygne, pour prolonger d'un instant leur misérable agonie, ouvrant avec une expression d'horreur leurs grands yeux aux cils noirs.

> Volez, oiseaux, la mer est belle.
> Les flots grondent, le vent mugit ;
> A l'aise on peut battre de l'aile
> Autour du navire qui fuit.
> Voguez sur la mer écumante,
> On dirait une flotte errante,
> Blanche sous le soleil qui luit !
>
> Volez, joyeux, près du navire ;
> Bientôt vous y serez captifs.
> Ne faut-il pas que tout empire,
> Hommes, dans vos plaisirs furtifs ?
> Pour une plus blanche fourrure
> On met la bête à la torture.
> Pauvres oiseaux, soyez craintifs.

Cette mort-là n'est pas que pour les albatros ; pour certains, on n'aimerait pas non plus les taches de sang.

Bien des lettres et bien des vers furent échangés sur la *Virginie* à travers les grilles des cages ; car à la défense de correspondre on ne se conforme jamais ; les autres articles du règlement étaient respectés, puisqu'on nous traitait avec égard.

J'ai conservé beaucoup de mes correspondances jusqu'au retour ; elles ont sombré depuis avec bien d'autres choses.

Je les ai regrettées ; il y avait des lettres simples et grandes, des vers de bien des déportés, et une dédicace fort jolie qu'un camarade, zélé protestant, avait inscrite sur le premier feuillet d'un livre pieux ; je jetai le livre par-dessus bord en conservant la dédicace ; elle avait un parfum de myrrhe et de cinnamone.

Quelques lettres, beaucoup même, étaient pleines du souvenir des absents ; nous les laissions moins libres, sous le reflux de la réaction triomphante, que nous ne le serions dans les déserts calédoniens.

Les seuls fragments qui restent sont quelques strophes de moi et une pièce de vers de Rochefort que voici :

A MA VOISINE DE TRIBORD ARRIÈRE.

J'ai dit à Louise Michel :
Nous traversons pluie et soleil
Sous le cap de Bonne-Espérance.
Nous serons bientôt tout là-bas,
Eh bien, je ne m'aperçois pas
Que nous ayons quitté la France !

Avant d'entrer au gouffre amer,
Avions-nous moins le mal de mer ?
Même effets sous d'autres causes.
Quand mon cœur saute, à chaque bond,
J'entends le pays qui répond :
Et moi, suis-je donc sur des roses ?

Non loin du pôle où nous passons,
Nous nous frottons à des glaçons,
Poussés par la vitesse acquise.
Je songe alors à nos vainqueurs :
Ne savons-nous point que leurs cœurs
Sont plus dures que la banquise ?

Le phoque entrevu ce matin

M'a rappelé dans le lointain
Le chauve Rouher aux mains grasses ;
Et les requins qu'on a pêchés
Semblaient des membres détachés
De la commission des grâces.

Le jour, jour de grandes chaleurs,
Où l'on déploya les couleurs
De l'artimon à la misaine,
Je crus — dois-je m'en excuser ? —
Voir Versailles se pavoiser
Pour l'acquittement de Bazaine !

Nous allons voir, sur d'autres bords,
Les faibles mangés par les forts,
Tout comme le prêchent nos codes.
La loi, c'est : malheur au vaincu !
J'en étais déjà couvaincu
Avant d'aller aux antipodes.

Nous avons, êtres imprudents,
Bravé bien d'autres coups de dents
Car ceux dont la main s'est rougie
Dans des massacres de Karnak
Donneraient au plus vieux Kanak
Des leçons d'anthropophagie !

Ira-t-on comparer jamais,
L'Osage qui se fait des mets
D'un corps mort trouvé dans les havres,
A ces amis de feu César
Qui pour le moindre balthazar
S'offraient trente mille cadavres ?

L'Osage, on ne peut le nier,

Assouvit sur son prisonnier
Des fringales souvent fort vives ;
Mais avant de le cuire à point,
Il lui procure un embonpoint
Qui fait honneur à ses convives.

Je connais un Pantagruel,
Non moins avide et plus cruel.
Les enfants, les vieillards, les femmes,
Que tu guettes pour ton dîner,
Avant de les assassiner,
O Mac-Mahon, tu les affames !

Puisque le vaisseau de l'État
Vogue de crime en attentat,
Dans une mer d'ignominie ;
Puisque c'est lui, l'ordre moral,
Saluons l'océan Austral
Et restons sur la *Virginie* !

Il y fait trop chaud ou trop froid,
Je ne prétends pas qu'elle soit
Précisément hospitalière.
Quand on marche dans le grésil,
Près d'un soldat dont le fusil
Menace l'avant et l'arrière.

Ce mât, qu'un grain fait incliner,
Le vent peut le déraciner,
Le flot peut envahir la cale ;
Mais ces ducs déteints et pâlis,
Crois-tu qu'ils n'aient aucun roulis
Sur leur trône de chrysocale !

Que nous soyons rêveurs ou fous,

Nous allons tout droit devant nous,
Tandis, et c'est ce qui console,
Qu'à les regarder s'agiter
On devine, à n'en pas douter.
Qu'il ont détraqué leur boussole

Nous pouvons sombrer en chemin,
Mais je prévois qu'avant demain,
Sans me donner pour un oracle,
Leur sort sera peu différent.
Qui veut défier le courant,
Est emporté par la débâcle.

Décembre 1873, à bord de la *Virginie.*

Henri Rochefort.

Je revois tout cela ; je sens l'odeur âcre des flots ; j'entends dans les voiles les orgues du vent, et le branle-bas et les bruits des manœuvres, et le coup de sifflet, quand les matelots halent sur l'ancre, s'arrêtent et tiennent bon ; et le roulement rude du câble, les sons des cuivres, les chants des matelots qui tirent au cabestan. L'harmonie devenant une force sans laquelle il leur serait impossible de jeter ou remonter l'ancre.

Le bateau tournant sur lui-même, je revois les ports de relâche, les Canaries, Sainte-Catherine, etc.

On déploie les huniers, on les borde, on les hisse ; les matelots, montés sur les vergues, déroulent les rubans de déferlage ; la toile gonflée leur échappe, les voiles s'ouvrent au vent, et la terre disparaît.

Je cite une pièce de vers encore, parce qu'elle fut écrite sous l'impression du moment et la rendra mieux.

A BORD DE LA VIRGINIE. 13 septembre 1873.

Voyez, des vagues aux étoiles,
Poindre ces errantes blancheurs !
Des flottes sont à pleines voiles
Dans les immenses profondeurs :
Dans les cieux, des flottes de mondes ;
Sur les flots, les facettes blondes
De phosphorescentes lueurs.

Et les flottantes étincelles,
Et les mondes au loin perdus,
Regardent comme des prunelles.
Partout vibrent des chants confus,
Disant les aurores nouvelles :
Le coq gaulois frappe ses ailes.
Au gui l'an neuf, Brennus ! Brennus !

La vue de ces gouffres enivre,
Plus haut, ô flots ! plus fort, ô [vents] !
Il devient trop étroit de vivre,
Tant ici les songes sont grands !
Ah ne vaudrait-il pas mieux être
Dans le fracas des éléments,
A la source rendre son être,
Se mêler aux ardents courants ?

Enflez les voiles, ô tempêtes !
Plus haut, ô flots, plus fort, ô vent !
Que l'éclair brille sur nos têtes.
Navire, en avant, en avant !
Pourquoi ces brises monotones ?
Ouvrez vos ailes, ouragans !
Nous nous en allons aux cyclones ;
Navire, en avant, en avant !

Il y a peut-être beaucoup de vers dans mes Mémoires ; mais c'est la forme qui rend le mieux certaines impressions, et où aura-t-on le droit d'être soi-même et d'exprimer ce qu'on éprouve, si ce n'est dans des Mémoires ?

Deux ou trois feuillets me restent de mon journal de bord ; j'y vois que nous sommes parties d'Auberive le mardi 24 août 1873, entre six et sept heures du matin.

J'avais vu ma mère la veille et remarqué pour la première fois que ses cheveux devenaient blancs.

Pauvre mère !

En traversant Langres, des ouvriers sortirent de leur atelier au nombre de cinq ou six et ôtèrent leurs casquettes ; c'étaient des travailleurs du fer, des couteliers. Leurs bras nus jusqu'au coude étaient noirs.

L'un d'eux, dont la tête était blanche, brandissant son marteau, jeta un cri dont le roulement de la voiture couvrit la moitié. C'était : Vive la Commune !

Quelque chose comme une promesse de rester digne de ce salut me traversa le cœur.

Le soir, nous arrivâmes à Paris dans la voiture cellulaire qui allait de la gare de l'Est à la gare d'Orléans ; je devinai la petite boutique de la rue Saint-Honoré où, après mon départ, ma mère devait entrer chez une parente.

Le mercredi, vers quatre heures de l'après-midi, nous arrivâmes à la maison d'arrêt de la Rochelle.

La *Comète*, où nous fûmes traités en vaincus et non en malfaiteurs, nous transporta de la Rochelle à Rochefort où nous montâmes à bord de la *Virginie*.

Des barques amies avaient tout le jour accompagné la *Comète* ; nous répondions de loin à leur salut.

J'aurais voulu, en les quittant, agiter en dernier adieu l'écharpe rouge que j'avais conservée, mais elle était dans les bagages et je n'eus que mon voile noir.

Cette écharpe, dérobée à toutes les recherches ; cette écharpe rouge de la Commune a été divisée, là-bas, en deux morceaux, une nuit où deux Canaques, avant d'aller rejoindre les leurs, insurgés contre les blancs, avaient voulu me dire adieu.

La mer était mauvaise, sont-ils seulement parvenus à l'autre rive ? Ou ces malheureux qui s'en allaient à la nage, ont-ils été tués ? J'ignore laquelle de ces deux morts les a pris.

C'étaient des braves, de ceux que blancs ou noirs aiment, les *Valkinis*.

J'en reviens à mon journal de bord. Jusqu'au lundi on côtoya les côtes de France, puis vint la pleine mer ; d'abord deux [ou] trois navires à l'horizon, puis un seul, puis plus rien.

Vers le 14, disparurent les derniers grands oiseaux de mer ; deux nous accompagnèrent quelque temps.

Le 16, la mer est forte, le vent souffle en tempête, le soleil fait mille facettes sur les lames ; deux rivières de diamants semblent glisser sur les flancs du navire.

C'est bien ma frégate, seule sous les cieux !

Le 19 août, un bâtiment noir pareil au *Néglefare*, le vaisseau spectral du nord, est en vue par moments, tantôt forçant de voiles, tantôt diminuant. Il évolue comme s'il guettait. Serait-ce des libérateurs ?...

D'une façon intermittente, il nous suit pendant deux jours ; on fait une manœuvre d'exercice dans la soirée ; deux coups de canon à blanc sont tirés pendant cette manœuvre.

Le navire étrange se perd dans la nuit ; il guette encore un peu, ses voiles blanches ont l'air d'étoiles au fond de l'ombre.

Il ne revint plus !

Le 22 août, des hirondelles de mer se perchent sur les vergues. Nous sommes en vue de Palma, grandes Canaries.

C'est là, peut-être, le reste de l'Atlantide ; pourquoi pas ? le sol tourmenté frémit encore.

Des montagnes, et des montages encore, entassées, mêlées aux nuages.

Le 24, on lève l'ancre à 9 heures du matin. En suivant le rivage on voit toujours des cimes sans nombre et sans fin, et dans les gorges profondes, des forêts ou des plantations d'un vert sombre tachées de vert tendre.

Des baies ouvertes au vent du nord-ouest ; au loin le pic de Ténériffe ; plus loin encore, un sommet bleuâtre perdu dans le ciel. Est-ce l'île Alegranza et le mont Caldera ? Non, ce doit être des sommets de nuages.

De la rade de Palma nous avons vu deux forts, celui de Euz et celui de Santa-Catharina ; des rochers sauvages et des ruines qu'on nous dit être celles d'un poste de douaniers.

Les maisons blanches de Palma semblent sortir des eaux ; au nord, sur une colline, est la citadelle nommée Plate-Forme.

Des habitants, venus dans des barques chargées d'énormes raisins, nous initient à la monnaie du pays : les onces d'or ou quadruples (personne de nous n'a besoin de s'en inquiéter) c'est 84 fr. 80.

Quant aux quarts, aux huitièmes, aux seizièmes de piastre ; aux piécettes et demi-piécettes, on peut à peu près s'entendre, cela va de 1 franc à 53 centimes ; il y a aussi le réal — la pièce de 5 francs en vaut 9 — et d'autres.

Le plus intéressant, c'est le type des habitants : deux d'entre eux sont magnifiques. Que la science me pardonne, mais, en me résumant une foule de lectures, je ne crois pas me tromper ; ce sont des Gouanches et leurs aïeux habitaient l'Atlantide.

Des Canaries à Sainte-Catherine, la mer est plus déserte ; de Sainte-Catherine à Nouméa elle l'est de plus en plus, puis, tout à fait.

Par la petite passe, c'est-à-dire par une des brèches du double rempart de corail qui enserre la Nouvelle-Calédonie, nous pénétrons dans Nouméa.

Ici, comme à Rome, il y a sept petites collines bleuâtres sous le ciel d'un bleu intense ; plus loin le mont d'Or aux crevasses rouges de terre aurifère et, tout autour, des sommets.

Je crois que je suis plus qu'à demi sauvage, car ces cimes arides, ces gorges arrachées, béantes encore, d'un cataclysme, ces cônes dont la flamme a jailli ou jaillira, tout ce désert me plaît.

Une montagne a été partagée en deux ; elle forme un V dont les deux branches en se réunissant feraient rentrer dans l'alvéole les rochers qui pendent à demi déracinés.

On cherche, comme toujours, à faire un sort à part aux femmes. On voudrait nous envoyer à Bourrail, sous prétexte que la situation y est meilleure, mais, par cela même, nous protestons énergiquement.

Si les nôtres sont plus malheureux à la presqu'île Ducos, nous voulons y être avec eux.

Enfin, sur la parole du commandant de la *Virginie*, nous descendons à la presqu'île, conduites par la chaloupe de ce bâtiment ; le commandant a compris et fait comprendre aux autres que nous avions raison.

Les hommes venus avec nous, débarqués depuis quelques jours déjà, nous attendaient sur le rivage avec les autre camarades.

Pendant plus de huit jours, on nous fêta de case en case ; le premier repas fut chez le père Malézieux, ce vieux de Juin dont la tunique, au 22 janvier, avait été si criblée de balles et qui, depuis, avait échappé, il ne savait guère comment ni nous non plus, à la lutte et à l'hécatombe ; je crois que moins on fait cas de sa vie plus elle vous reste ; il en est de cela comme de bien d'autres choses.

Lacour faisait le rôti dans un trou, à la mode canaque.

Lacour, le même qui, à Neuilly, près de la barricade Perronnet, une nuit, entendant qu'on répondait de l'orgue des protestants à l'artillerie versaillaise, tantôt comme un défi, tantôt en imitant le mieux possible le bruit diabolique de l'artillerie, entra avec cinq ou six gardes nationaux, menaçant celui qui attirait ainsi des obus sur la barricade.

Celui-là, c'était moi ! on m'avait enjoint de me reposer, l'oratoire touchait à la barricade, l'orgue était bon, il n'avait encore eu que quelques notes de brisées, et jamais je ne me sentis plus en en verve, chacun se repose à sa façon.

A Clermont, au bruit du vent qui me faisait un orgue, j'ai noté, de souvenir, quelques mesures de cette danse des bombes.

Au repas qui fut donné chez Rochefort, en notre honneur, Daoumi, Canaque de Sifou, vint en toilette d'Européen, chapeau à haute forme — ce qui déparait sa fière tête de sauvage — et gants de peau à ses larges mains ; tout cela par un pernicieux conseil de Balzenq — sorte d'alchimiste qui s'occupait d'essence de niaouli et de chaudronnerie, dans son trou plein de creusets, se prétendant *ferblantier* parce qu'il était né en Auvergne — ancien rédacteur du journal de Blanqui.

Daoumi, ce lion, fort empêtré de ses pattes ainsi emprisonnées, ne pouvait ni aider Olivier Pain *dans les confections du rôti*, ni mettre, comme tout le monde, la main à la pâte (à n'importe quoi) ; c'est pourquoi je parvins à lui faire dire une chanson de guerre, tout en donnant des feuilles à la chèvre attachée au ricin.

Ce chant que Daoumi disait de cette douce voix des Canaques et qu'il me traduisit avec un superbe aplomb, me parut beau ; en voici les paroles :

Quant à l'air une menace y hurle *en quarts de tons*, l'adieu de la fin s'élance en véritable cri. Ces quarts de tons ont été donnés par les cyclones. Les Arabes les ont tirés, eux, du simoun.

CHANSON DE GUERRE

beau, très bon	Ka kop,
Rouge ciel !	Méa moa,
Rouge hache,	Méa ghi,
Rouge feu,	Méa iep,
Rouge sang,	Méa rouia,
Salut adieu,	Anda dio poura,
Hommes, — bravos, —	Mateh malch kachmas !

Ce couplet seul m'est resté. D'abord on le répète trois fois, comme un refrain, ensuite il contient lui-même des répétitions.

L'air change à chaque strophe et se répète semblable les trois fois, pour cette sorte de refrain. On voit par bien des mots déjà le passage des peuples vieux en Calédonie. *Anda dio* n'a pas l'allure du reste.

Daoumi lui-même, quoique fils d'un théama de Lifon est presque Européen à force de vivre chez les blancs. Il sait lire parfaitement, il n'écrit pas plus mal que bien d'autres et même, sous ce misérable tuyau de poêle dont il a la simplicité de s'affubler, il a un certain air d'Othello.

On prétend qu'une blanche l'a aimé et qu'elle a failli mourir de chagrin du refus de ses parents.

Depuis cette première fois où j'avais vu Daoumi, je l'ai revu bien d'autres fois. Il s'était placé à la cantine de la presqu'île Ducos afin de s'exercer à la vie d'Europe. Il m'a raconté les légendes des tribus, m'a donné des vocabulaires et j'ai tâché de mon côté de lui dire ce que j'ai cru le plus nécessaire qu'il sût.

Il m'a présenté son frère, un magnifique sauvage aux dents étincelantes, aux larges prunelles phosphorescentes, vêtu complètement en Canaque, c'est-à-dire pas du tout et parlant difficilement notre langue moins douce que leurs dialectes.

Lorsque, mes cinq ans de presqu'île étant terminés, je

pus aller à Nouméa comme ceux qui ayant un état peuvent se suffire, ce n'était pas la jeune fille blanche qui était morte, c'était Daoumi.

Son frère a repris le projet interrompu par le mort ; c'est lui qui retournera dans sa tribu avec une certaine somme de connaissances et en fera bénéficier les siens.

Le beau sauvage est vêtu en étrange Européen, il sait lire, et il venait écrire chez moi ; nous parlions de Daoumi, du long passé d'ombre des tribus, du court avenir qui se prépare pour les hommes ignorants et désarmés avec nos avidités et nos innombrables moyens de destruction. Devant cette intelligence haute et ferme, devant ce cœur brave et bon, je me demandais : Quel est l'être supérieur, de celui qui s'assimile à travers mille difficultés des connaissances étrangères à sa race, ou de celui qui, bien armé, anéantit ceux qui ne le sont pas ?

Combien, si c'est une preuve de supériorité que les autres races s'effacent devant la race blanche, des légions de tigres, d'éléphants, de lions, nous sembleraient supérieurs si, couvrant tout à coup l'Europe, ils mettaient la patte sur nous ! Les monstres primitifs, à ce triomphe de la destruction, seraient terriblement nos maîtres !

Les cerveaux ne sont pas cultivés, il y a de bonnes terres en friches et de vieilles cultures bien épuisées, c'est ainsi pour les races humaines.

Entre ceux qui ne savent rien, et ceux qui savent mal — faussés depuis des milliers de générations, par toutes les infaillibilités qui se trompent — la différence n'est pas si grande qu'on croit, le même coup de vent de la science véritable passera sur tout cela.

Dans les premiers temps où nous habitions la presqu'île, peu de navires encore avaient transporté des condamnés de la Commune. Il y en arriva jusqu'à la fin.

Les dernières condamnations ne furent pas bien éloignées de l'amnistie à laquelle le peuple contraignit le gouvernement.

Depuis notre arrivée, chaque courrier apportait à ceux qui avaient le mal du pays des illusions qui les berçaient pour le cimetière ; beaucoup auraient triomphé de leur désir ardent du retour si, aux lueurs de cet espoir prématuré, n'eût succédé la désillusion.

On avait beau leur dire qu'une déportation dure d'ordinaire une dizaine d'années ; que trop de notre sang avait coulé pour qu'on nous fît revenir ; ils préféraient à la voix de la raison les paroles mensongères qui les tuaient.

Souvent, en blouse de toile blanche, on s'en allait par les chemins de la montagne, la fleur du cotonnier sauvage à la boutonnière, car les pères de famille, ceux qui avaient de petits enfants, partaient les premiers pour la délivrance de la mort.

La *ville* de Numbo se bâtissait, peu à peu, chaque nouvel arrivant ajoutant aux autres sa case de terre couverte de l'herbe des brousses. Numbo, dans la vallée, avait la forme d'un C, dont la pointe est était la prison, la poste, la cantine ; la pointe ouest, une forêt sur les mamelons, couverts de plantes marines ; au milieu et tout le long des baies, de l'est à l'ouest, c'étaient des cases. Celle de Bauër formait un pavillon fort joli de loin ; il y avait devant une corbeille avec des euphorbes qu'on cultivait quelquefois.

Au-dessus, c'était le *Théâtre*, un véritable théâtre qui avait *ses directeurs*, ses acteurs, ses machinistes ses décors, *son comité de direction*.

Ce théâtre était un chef-d'œuvre, dans les conditions où on se trouvait. On y jouait tout, drames, vaudevilles, opérettes. On y chanta un opéra par fragments, *Robert le Diable ;* on ne l'avait pas complet.

Il faut avouer que les jeunes premières avaient de grosses voix, les mains dans la poche de leurs jupes comme si elles y cherchaient un cigare et que même ma robe du conseil de guerre, qui était fort longue, laissait leurs pieds à découvert jusqu'à la cheville, car c'étaient de grands jeunes gens.

Ils finirent par allonger leurs jupes et, à la fin, rien ne manquait aux costumes. On allait tous les dimanches *au théâtre*. Wolowski avait exercé les chœurs, on parlait d'un orchestre au moment où je quittai la presqu'île pour Nouméa.

Depuis longtemps j'avais l'idée de branches de palmier remuées ; de bambous frappés ; de notes d'appel tirées d'un coquillage en forme de corne ; d'effets produits par une feuille appliquée sur la bouche, enfin d'un orchestre canaque avec les quarts de tons. Je croyais, à l'aide des renseignements de Daoumi et des Canaques qui apportaient les vivres, pouvoir essayer. Mais mon dessein fut traversé par le comité du théâtre légèrement classique ; on m'accusa de sauvagerie.

C'était justement à l'époque de la révolte des tribus, et je passais près des camarades pour être plus canaque que les canaques. On se disputa un peu au bord de la mer et, afin d'envenimer encore la situation, je parlai d'une pièce canaque qui s'usait dans ma poche absolument comme si j'avais l'idée qu'on la représentât *en maillots noirs*. J'ajoutai même ces détails de costumes, avec une foule d'autres destinés à horripiler, et l'histoire alla son train, passionnant mes adversaires et me faisant méchamment rire au fond.

— Il paraît, me dit Bauër, que vous voulez faire jouer une pièce canaque ?

Je me gardai bien de démentir, au contraire, et ce doit être cette fois-là que le poste descendit croyant à une émeute ; il n'y avait que Bauër et moi discutant la question canaque !

Nous n'en étions pas moins bons amis et cette fois-là encore, pour nous raccommoder, après avoir passé des

Canaques au type le plus intelligent que nous en connaissions, Daoumi, Bauër me donna une étude qu'il venait d'écrire sur *Othello*, allant de la Desdémone de Shakespeare à la Françoise de Rimini du Dante. Étude que j'avais encore dans mes papiers il y a deux ans. Je me souviens de cette phrase qui résume l'étude : « Il est curieux de voir comment se transforme la donnée d'Othello chez une nature où le grand souffle dramatique fait presque absolument défaut, où en revanche excelle le génie comique. Si nous ouvrons Molière pour y chercher une situation analogue à celle du Maure nous tombons dans Sganarelle. »

C'était, je crois, cette même année où Caulet de Taillac, pris d'un âpre désir de revoir sa mère qu'il sentait mourante, faiblit et demanda à rentrer en France ; quand il arriva, sa mère était morte, ce fut pour mourir lui-même.

Que de tristes histoires ! J'ai parlé de Verdure, mort de chagrin de n'avoir pas de nouvelles, quelques jours avant l'arrivée d'un paquet de lettres à son adresse — le courrier n'étant pas encore régularisé.

Je n'avais vu Verdure qu'une fois depuis le 4 Septembre, où nous avions ensemble cueilli au jardin des Tuileries des boutures d'arbres de liberté ; ma mère en conserva une pendant plusieurs années ; elle périt à l'hiver glacial qu'il y eut peu avant notre retour.

Pauvre Verdure ! On n'avait pas eu au temps de la lutte beaucoup de temps pour voir ses amis. J'aurais bien aimé à le retrouver là et à l'aider au lieu de reprendre ses élèves.

Les camarades cultivaient des fleurs sur les tombes. Henry Lucien fit pour celle d'Eugénie Tiffaut, belle fille aux yeux bleu sombre morte à seize ans, une statue de terre cuite, respectée par les cyclones jusqu'à notre départ.

Passedouet a des couronnes venant de France ; sur la tombe d'un petit enfant, Théophile Place, pousse un eucalyptus.

Un suicidé, Muriot, dort sous le niaouli qui tord, toutes

blanches, ses branches désolées comme les brins d'un spectre. En bas du cimetière s'entrelacent des palétuviers, tantôt gagnant sur l'Océan, tantôt repris par les flots ; au-dessus est le rocher de marbre rose où j'aurais tant désiré qu'on gravât les noms. Peut-être un jour je le ferai moi-même, laissant abrupt le roc à demi couvert de brousse.

Lorsque nous demeurions à Numbo, dans les baraques en bas de l'hospice, j'avais à demi démoli celle qui était inhabitée pour en faire une serre ; les gardiens furent épouvantés de mon audace : oser toucher à un *bâtiment de l'État* ! et les déportés, eux-mêmes, me trouvant pas mal *de toupet*, se demandaient ce qui m'en arriverait à la visite du gouverneur.

Il m'en arriva que je lui fis voir, dans le coin le plus à la lumière, des arbres *en traitement* que je voulais cacher jusqu'à la complète réussite de l'essai.

C'étaient quatre papayers que j'avais vaccinés au pied avec de la sève d'autres papayers malades de la jaunisse.

Le gouverneur, c'était la Richerie, comprit l'essai et ordonna que la *serre* me fût laissée.

Mes quatre papayers eurent la jaunisse et se rétablirent ; peut-être furent-ils les seuls qui n'en moururent pas cette année-là, surtout les papayers de la presqu'île. Mais M. Aleyron, de grotesque et brutale mémoire, ayant envoyé les femmes à la forêt Ouest, je ne sais ce que devinrent mes arbres.

J'aurais voulu réussir sur une vingtaine avant d'en parler, d'autant plus que même là où tous souffraient pour la liberté, l'empire des préjugés était tel encore qu'on entendait des choses comme ceci : « S'il était vrai que la vaccine puisse s'appliquer à toutes les maladies, *la Faculté l'aurait fait ! Êtes-vous docteur,* pour vous occuper de ces choses-là ? etc. » Comme si on avait à s'informer, quand une route est bonne, si c'est un âne ou un bœuf qui y est entré le premier.

Jugez donc, si j'avais parlé d'étendre la vaccine aux végétaux, ce que mes *ultra universitaires* m'auraient répondu !

Il n'en est pas moins vrai qu'on essaye la vaccine de la rage, de la peste, du choléra telle que je l'avais essayée là-bas et que la sève étant du sang, on peut l'étendre jusqu'aux maladies des végétaux.

En fait d'essais, si l'audace est utile, c'est surtout quand elle s'appuie sur l'analogie qui existe entre tout ce qui vit.

J'ai déjà raconté qu'après le départ de Rochefort, MM. Aleyron et Ribourt eurent le ridicule de faire jouer pendant un certain temps autour de nous la *Tour de Nesles*, avec décors grandioses. On entendait dans les nuits claires, au sommet des montagnes : « Sentinelles, garde à vous ! » Et l'ombre noire des factionnaires, debout sous le grand clair de lune, passait sur les cimes.

Après les choses ridicules, il y eut les choses odieuses : les déportés privés de pain. Un malheureux, qui ne jouissait même pas de toutes ses facultés, fut visé comme on aurait fait d'un lapin, parce qu'il rentrait un peu après l'heure dans sa concession.

Quelques lettres que j'avais pu faire passer en fraude — on ne s'en privait pas sous Aleyron et Ribourt — me furent rendues au moment où on me demandait une histoire de la déportation, histoire qui ne pouvait être faite qu'à l'aide de nos documents à tous ; en voici deux :

Presqu'île Ducos, 9 juin 1875.

Chers amis,

Voici les pièces officielles du transfèrement dont je vous ai parlé.

Transfèrement auquel nous n'avons consenti qu'après qu'il eût été fait droit à nos protestations : 1° sur la forme dont l'ordre avait été donné ; 2° sur la manière dont nous habitions ce nouveau baraquement.

Il est de fait, qu'occuper un coin ou l'autre de la presqu'île nous est fort indifférent, mais nous ne pouvions supporter l'insolence de la première affiche, et nous devions poser des conditions et ne consentir au changement de résidence qu'une fois les conditions remplies.

C'est ce qui fut fait.

Voici copie de la première affiche posée, le 19 mai 1875, à Numbo ; c'est sous forme d'affiches qu'on nous transmet les ordres du gouvernement :

décision 19 mai 1875.

Par ordre de la direction, les femmes déportées dont les noms suivent quitteront le camp de Numbo le 20 du courant pour aller habiter dans la baie de l'Ouest, le logement qui leur est affecté : Louise Michel, n°1 ; Marie Schmit, n° 3 ; Marie Cailleux, n° 4 ; Adèle Desfossés, n° 5 ; Nathalie Lemel, n° 2 ; la femme Dupré, n° 6.

Voici nos protestations :

Numbo, 20 mai 1875.

La déportée Nathalie Duval, femme Lemel, ne se refuse pas à habiter le baraquement que lui assigne l'administration, mais elle fait observer :

1° Qu'elle est dans l'impossibilité d'opérer elle-même son déménagement ;

2° Qu'elle ne peut se procurer le bois nécessaire à la cuisson de ses aliments et le débiter ;

3° Qu'elle a construit deux poulaillers et cultivé une portion de terrain ;

4° En vertu de la loi sur la déportation qui dit : « Les déportés pourront vivre par groupes ou par familles » et leur laisse le choix des personnes avec lesquelles il leur plaît d'établir des rapports, la déportée Nathalie Duval, femme Lemel, se refuse à la vie commune, si ce n'est dans ces conditions.

Nathalie DUVAL, femme Lemel, n° 2.

2ᵉ protestation :

Numbo, 20 mai 1875.

La déportée Louise Michel, n° 1, proteste contre la mesure qui assigne aux femmes déportées un domicile éloigné du camp, comme si leur présence y était un scandale. La même loi régit les femmes et les hommes déportés, on ne doit pas y ajouter une insulte non méritée.

Pour ma part, je ne puis aller à ce nouveau domicile sans que les motifs pour lesquels on nous y envoie, étant honnêtes, *soient rendus publics par l'affiche* ainsi que la manière dont nous y serons traitées.

La déportée Louise Michel déclare que, dans le cas où ces motifs seraient une insulte, elle devra protester jusqu'au bout, quoi qu'il lui en arrive.

LOUISE MICHEL, n° 1.

Le lendemain de nos protestations, on nous prévint d'avoir à déménager dans la journée, chose que nous nous empressâmes de ne pas faire, ayant bien résolu de ne pas quitter Numbo avant qu'on eût fait droit à nos justes protestation et déclaré que nous étions prêtes à aller en prison si on voulait, mais nullement à nous déranger pour déménager.

Ayant affirmé, du reste, qu'une fois l'affiche insolente réparée et nos logements disposés de façon à ne pas nous gêner les unes les autres, nous n'avions nulle raison pour préférer une place à l'autre.

Allées et venues, menaces du gardien-chef qui, fort embêté, vint à cheval vers le soir pour nous paraître plus imposant ; pétarade du cheval, qui s'ennuyant de la longue pause de son maître devant nos cases le remporte plus vite qu'il ne veut au camp militaire.

Arrivée, trois ou quatre jours après, du directeur de la déportation accompagné du commandant territorial qui promettent de faire droit à nos réclamations par une seconde affiche et de séparer en petites cases où nous pourrions habiter deux par deux ou trois, comme nous voudrions, le baraquement de la baie de l'Ouest, de façon à laisser grouper celles dont les occupations allaient ensemble.

Une partie des engagements fut d'abord remplie, mais tant qu'ils ne le furent pas tout à fait il fut impossible de nous faire partir de Numbo et, comme il n'y avait pas de places pour nous à la prison, on se décida à les remplir complètement.

Nous sommes maintenant à la baie de l'Ouest ; c'est triste pour Mme Lemel qui ne peut guère marcher tant elle est souffrante, c'est pourquoi je n'ose me réjouir du voisinage de la forêt que j'aime beaucoup,

Tel est, sans passion ni colère, le récit de notre transfèrement.

LOUISE MICHEL, n° 1.

Baie de l'Ouest, 9 juin 1873.

J'aurais dû mettre la première lettre qui termine ce chapitre par ordre de date, mais je n'ai pas voulu interrompre le récit commencé de notre transfèrement. Celle-ci, envoyée à Sydney, parvint à la *Revue australienne*.

18 avril 1875, Numbo, New-Caledonia.

Chers amis,

Par les différentes évasions qui ont eu lieu depuis peu, vous devez connaître à peu près la situation où se trouvent les déportés, c'est-à-dire les vexations, abus d'autorité, dont MM. Ribourt, Aleyron et consorts se sont rendus coupables.

Vous savez que, sous l'amiral Ribourt, le secret des lettres fut violé comme si les quelques hommes qui ont survécu à l'hécatombe de 1871 fissent peur aux assassins à travers l'océan.

Vous savez que, sous le colonel Aleyron, le héros de la caserne Lobau, un gardien tira sur un déporté *chez lui* ; ce déporté avait, sans le savoir, enfreint les limites pour aller chercher du bois ; quelque temps auparavant, un autre gardien avait tiré sur le chien du déporté Croiset, placé entre les jambes de son maître. Visait-on l'homme ou le chien ?

Que de choses depuis ! Il me semble, que j'en vais beaucoup oublier, tant il y en a... mais on se retrouvera.

Vous avez su déjà qu'on privait de pain ceux qui, se conformant tout simplement à la loi de la déportation, se présentent aux appels sans se ranger militairement sur deux lignes ; la protestation à ce sujet fut énergique, calme, montrant que, malgré les divisions introduites parmi nous, par des gens complètement étrangers à la cause et qu'on a jetés à dessein parmi nous, les déportés n'ont point oublié la solidarité.

On a, depuis, privé de vivres, à l'exception du pain, du sel et des légumes secs, quarante-cinq déportés comme s'étant montrés hostiles à un travail qui n'existe que dans l'imagination du gouvernement.

Quatre femmes en ont été également privées comme *laissant à désirer sous le rapport de la conduite et de la moralité*, ce qui est faux. Le déporté Langlois, mari d'une de ces dames, ayant répondu énergiquement, puisque sa femme ne lui avait donné aucun sujet de mécontentement, a été condamné à dix-huit mois de prison et 3,000 francs d'amende.

Le déporté Place, dit Verlet, ayant également répondu pour sa compagne, dont la conduite mérite le respect de toute la déportation, à six mois de prison et 500 francs d'amende et, de plus, ce que rien au monde ne pourrait lui rendre, son enfant, né pendant sa prison préventive, est mort par suite des tourments éprouvés par sa mère qui le nourrissait.

Il ne lui fut pas permis de voir son enfant vivant.

D'autres déportés, Cipriani, dont la dignité et le courage sont connus, à dix-huit mois de prison et 3,000 francs d'amende ; Nourny, condamnation à peu près semblable pour lettres insolentes bien méritées par l'autorité.

Dernièrement, le citoyen Malézieux, doyen de la déportation, se trouvant assis le soir devant sa case en compagnie des déportés qui travaillent avec lui, un gardien ivre l'accusa de *tapage nocturne*, le frappa et il fut de plus mis en prison.

Chez nos aimables vainqueurs, le plaisant se mêle au sévère : il se trouve que les gens qui ont le plus travaillé depuis leur arrivée sont sur la liste des retranchés. Un déporté se trouve porté à la fois sur les deux listes, *le Journal officiel de Nouméa en fait preuve* : sur l'une comme puni pour refus de travail, sur l'autre comme récompensé pour son travail.

Je passe une provocation faite à l'appel du soir, quelques jours avant l'arrivée de M. de Pritzbuer. Un gardien, connu pour son insolence, menaçait les déportés, son revolver à la main. Le plus profond mépris fit justice de cette provocation et de bien d'autres depuis. MM. Aleyron et Ribourt cherchaient à se justifier.

Il est probable que d'autres listes de retranchés vont faire suite à la première et comme le travail n'existe pas, toutes les communications ayant été coupées depuis trop longtemps pour qu'on ait rien tenté et, de plus, le métier d'un certain nombre de déportés exigeant des premiers frais qu'il leur est impossible de faire, vous pouvez juger de la situation.

Dans tous les cas ces choses auront servi à dévoiler complètement jusqu'où peut descendre la haine des vainqueurs et il n'est pas mauvais de le savoir.

Non pour les imiter ; nous ne sommes ni des bouchers ni des geôliers, mais pour connaître et publier les hauts faits du parti de l'ordre afin que sa première défaite soit définitive.

Au revoir, à bientôt peut-être, si la situation exige que ceux qui ne tiennent pas à leur vie la risquent pour aller raconter, là-bas, les crimes de nos seigneurs et maîtres.

Louise Michel, n° 1.

On comprendra sans peine, après ces quelques faits, pourquoi, à la demande de déposition qui me fut faite au retour, je répondis comme suit :

CHAMBRE DES DÉPUTÉS.
Commission n° 10.
A Monsieur le président de la commission d*enquête sur le régime disciplinaire de la Nouvelle-Calédonie.

Paris, 2 février 1881.

Monsieur le président,

Je vous remercie de l'honneur que vous me faites de m'appeler en témoignage sur les établissements pénitentiaires de la Nouvelle-Calédonie.

Mais tout en approuvant la lumière que nos amis jettent sur les tourmenteurs lointains, je n'irai pas en ce moment, tandis que M. de Gallifet, que j'ai vu faire fusiller des prisonniers, dîne au Palais-Bourbon chez le chef de l'État, y déposer contre les bandits Aleyron et Ribourt.

S'ils privaient de pain les déportés ; s'ils les faisaient provoquer, à l'appel, par des surveillants, le revolver au poing ; si on tirait sur un déporté rentrant le soir dans sa concession, ces gens-là n'étaient pas envoyés là-bas pour nous mettre sur des lits de roses.

Quand Barthelémy-Saint-Hilaire est ministre ; Maxime du Camp à l'Académie ; quand il se passe des faits comme l'expulsion de Cipriani, celle du jeune Morphy et tant d'autres infamies ; quand M. de Gallifet peut de nouveau étendre son épée sur Paris et que la même voix qui réclamait toutes les sévérités de la loi contre les *bandits de la Villette* s'élèvera pour absoudre et glorifier Aleyron et Ribourt, j'attends l'heure de la grande justice !

Recevez, monsieur le président, l'assurance de mon respect.

LOUISE MICHEL.

La fin de ma lettre du 18 avril 1875 avait trait à un projet dont nous nous entretenions, Mme Rastoul et moi, au moyen d'une boîte allant, pleine de fil, pelotes ou petits objets de ce genre, de la presqu'île à Sydney. Nos lettres étaient entre deux papiers collés dans le fond de la boîte.

Il s'agissait qu'une nuit, après l'appel, je devais, par les sommets de la montagne, gagner la forêt nord par le chemin de laquelle on pouvait, en observant trois ou quatre précautions assez chanceuses, gagner Nouméa par le cimetière.

De là, quelqu'un que Mme Rastoul devait prévenir m'eût fait passer sur le courrier.

Une fois à Sydney, j'aurais tâché d'émouvoir les Anglais par le récit des hauts faits d'Aleyron et Ribourt, et j'espérais qu'un brick, monté par de hardis marins, reviendrait avec moi chercher les autres.

Faute de quoi je serais moi-même revenue.

C'est notre boîte qui n'est plus revenue ; et j'ai su en passant au retour par Sydney, de Mme Rastoul maintenant Mme Henry, que c'est au moment où je devais recevoir l'avertissement convenu pour effectuer notre projet que lettre et boîte ont été livrées.

J'ai toujours ignoré pourquoi l'administration de la Nouvelle-Calédonie ne m'en parla jamais.

VII

digression obligée

La note ci-jointe, relative à un jugement rendu ces jours derniers (mai 1885), m'oblige à entrer dans de courtes explications relativement à diverses collaborations et aux conditions dans lesquelles elles ont été faites, avant de reprendre mon récit. Certaines choses n'attendent pas.

Je lis dans un journal, n° du 7 mai 1885 :

> LES DEUX NADINES. Il y a quelques années, M. Grippa, dit de Winter, a publié chez l'éditeur Denoc un roman intitulé : le *Bâtard impérial*, écrit en collaboration avec Mlle Louise Michel.
>
> De ce livre fut tiré un drame signé seulement, *L.-M.* et joué, sous le titre de *Nadine*, au théâtre des Bouffes-du-Nord. La pièce n'eut que trois représentations, et *Nadine* serait sans doute tombée à jamais dans l'oubli sans un procès venu hier à la 1re chambre du tribunal civil, et qui en a fait un instant revivre le souvenir.
>
> Mme *Bertre*, en littérature Marie de Besneray, a publié en 1884, chez Plon, un roman intitulé *Nadine* ; ce livre, sorte d'idylle russe, n'avait de commun que le titre *Nadine* avec l'autre *Nadine*, qui n'était qu'une apologie du nihilisme et de la Commune.
>
> M. *Grippa*, cependant, a prétendu que l'ouvrage de Mme *Bertre* n'était qu'une contrefaçon, ou au moins une concurrence déloyale faite au drame de Mme Louise Michel. Il a formé une demande de dommages-intérêt à fixer par état, plus la publicité du jugement dans *vingt* grands journaux, dans *quinze* revues périodiques et dans *cinquante* journaux étrangers.

jugement :

« Me Lesenne a plaidé pour Mme Bertre ; Me Caraby, pour M. Plon.

« Me Estibal a plaidé pour M. de Winter.

« Attendu que Grippa de Winter demande aux défendeurs des dommages et intérêts à fixer par état, en réparation de préjudice que lui a causé la publication du roman de *Nadine*, dont le titre a été emprunté au drame du même nom ayant pour auteurs Grippa et Louise Michel.

« En la forme :

« Attendu que le drame de *Nadine* a été représenté et publié sous le nom de Louise Michel seule, que Grippa n'établit pas sa collaboration à cette œuvre : qu'il n'a donc ni intérêt ni qualité dans l'instance, etc., etc.

« Par ces motifs, déclare Grippa non recevable, en tous cas mal fondé en sa demande, l'en déboute et le condamne aux dépens vis-à-vis de toutes parties. »

Après avoir rendu justice à M. Grippa de Winter, en déclarant que dans le *Bâtard impérial* et *Nadine* il a honnêtement agi en faisant sa part de l'ouvrage et en laissant la mienne telle que je la faisais, je déclare non moins franchement que, pour ce qui me concerne, je n'ai jamais été et ne serai jamais disposée à des procès, pas plus littéraires qu'autrement. Encore moins peut-être, si on peut s'exprimer ainsi, quand on n'a la coutume de s'adresser pour quoi que ce soit aux tribunaux.

J'ajouterai que, malgré le profond secret gardé par M. Grippa sur ces procès auxquels il savait que je ne prendrais part que pour déclarer que je ne disputerais jamais à personne des idées, comme des chiens se disputent un os, j'ai su les divers incidents de sa petite affaire.

Je conserve les actes qui établissent mes collaborations, afin d'être libre de ne prendre aucune part aux bénéfices ou pertes des procès intentés par mes collaborateurs. Ils sont libres, de leur côté, d'agir comme ils le veulent.

Je dois ajouter que ceci n'attaque en aucune façon le talent ni l'honorabilité de M. Grippa, ni d'aucun collaborateur qui en ferait autant ; cela dépend du plus ou moins d'importance qu'on ajoute aux choses : voilà tout.

J'ai eu, depuis mon retour de Calédonie, deux autres collaborateurs, Mme Tynaire (Jean Guetré), à qui appartient, à peu de chose près, la première partie de la *Misère* ; la seconde, à partir du chapitre Toulon, est complètement de moi. J'avais commencé, dans le *Forçat* de Lille, à publier en feuilletons cette seconde partie qui, avec quelques lignes d'introduction, formerait un ouvrage complet.

Mme Tynaire pourrait également, en ajoutant quelques pages, en faire un avec la première partie.

Mme Tynaire peut être pour moi une amie, mais non un collaborateur, à cause de la différence de nos manières de voir ; différences parfaitement accentuées dans la *Misère* ; on peut y reconnaître facilement nos deux parts.

Elle attend de moyens auxquels je ne reconnais aucune efficacité, le bien-être général que je ne vois possible qu'en coupant, par des révolutions successives, les séries de transformations sociales.

Afin de rester bonnes amies au lieu de nous prendre aux plumes, j'ai renoncé à faire la seconde partie des *Méprisées*, où j'aurais été obligée de faire subir aux personnages restants des vicissitudes de caractère et d'aventures qui eussent été incompatibles avec la façon dont ils avaient été présentés au lecteur.

Le roman des *Méprisées* n'a donc pas de moi une seule ligne.

Puisque j'en suis sur cette pente-là, terminons ce chapitre par un bilan de mes ouvrages.

Qui pourrait compter les chansons effeuillées aux âpres bises de la Haute-Marne, dans mon nid de Vroncourt ! les vers accrochés aux aubépines ou aux routes des chemins ! les essais oubliés dans mon pupitre de classe !

Et plus tard, demandez aux vents, aux prisons, à la mer, aux cyclones. Est-ce que je sais où tout cela s'en va !

Si je voulais pourtant parler de tout ce qui m'est resté dans la mémoire, il y aurait de quoi lasser le lecteur.

Des vers envoyés à Victor Hugo dans mon enfance et dans ma jeunesse, dont j'ai cité quelques-uns au hasard, il s'en trouvera deux ou trois pièces dans mon volume de vers : ceux qui sont restés dans les papiers rangés par Marie Ferré avec ma mère pendant la déportation.

Le plus grand nombre de mes ouvrages, les meilleurs sans doute, car ils étaient gros de haine et d'indignation, ont sombré probablement dans le panier aux ordures de monsieur Bonaparte.

Que de malédictions je lui ai envoyées !

J'ai parlé de diverses poésies insérées dans différents journaux, plusieurs années avant les événements de 1870-71, dans le *Journal de la jeunesse*, l'*Union des poètes*, dans le journal d'Adèle Esquiros, dans la *Raison* d'Adèle Caldelar et autres feuilles, etc.

Un article signé *Louis* Michel dans le *Progrès musical*, à propos d'un instrument que je rêvais : un piano à archets au lieu de marteaux.

On en fait maintenant en Allemagne.

Un certain nombre de pièces de vers furent signées Enjolras, d'autres *Louis* Michel, d'autres de mon nom. Je ne sais ce que tout cela est devenu.

J'ai continué toute ma vie la *légende du barde*, il y en a partout des fragments.

D'un grand nombre de manuscrits en prose, le *Livre d'Hermann*, la *Sagesse d'un fou ; Littérature au crochet*, les *Diableries de Chaumont*, etc. quelques fragments me restent également ; peut-être les réunirai-je un jour pour y rechercher, comme dans les vers, les [transformations] de l'idée à travers la vie.

Les *Océaniennes* et les *Légendes canaques* ont paru par fragments à Nouméa et au retour.

Des masses de drames d'enfants se sont envolés, après chaque distribution de prix, pendant bien des années.

De la *Femme à travers les âges*, la première partie a été publiée dans l'*Excommunié* de H. Place. On y annonçait les *Mémoires d'Hanna la nihiliste*, quand le journal a cessé de paraître.

J'avais réuni sous ce titre grand nombre des épisodes de ma vie, avec des épisodes russes. Des ouvrages faits à Auberive, quelques pages me restent du livre du *Bagne* ; la *Conscience* et le livre des *Morts* sont perdus.

J'ai laissé, à mon dernier voyage à Lyon, le drame du *Coq-Rouge* au *Nouvelliste*. Il paraît également un roman dans le *Forçat* de Lille.

Tous les articles *signés de moi* **dans la** *Révolution sociale*, l'*Étendard* **et autres journaux.**

Le commencement de l'*Encyclopédie enfantine*, faite en Calédonie, a paru dans le *Journal d'éducation* de Mlle Cheminat.

Un certain nombre d'articles *tous signés*, sont disséminés.

Quant à tous les scénarios en chantier, aux romans commencés un peu partout, et que je n'ai jamais eu le temps de terminer à cause des événements, je ne les compte pas.

Il y a là, entre autres, les *Pillards*, dont j'avais eu l'idée en même temps que Digeon.

Le héros est l'enfant aux cheveux rouges, ce pauvre petit abandonné, hérissé comme un chien perdu, qui, au 9 février dernier, prit un gâteau, et à qui mes camarades, plus honnêtes que moi, voulaient le faire jeter ; j'avoue que je le pris sous ma protection pour qu'il le mangeât ; il n'en avait sans doute jamais goûté.

Pauvre môme ! Combien il y en aura comme celui-là, jusqu'à la Révolution !

Si seulement ils avaient du pain à l'appétit de leurs jeunes dents avides de petits loups humains, qui ne trouvent rien, même en sortant du bois !

Rien ! Je me trompe, ils trouveront la maison de correction, où la dureté avec laquelle ils sont traités prépare de futurs condamnés à mort ou au bagne.

Allons, bon ! me voilà emballée ailleurs que dans la nomenclature de mes ouvrages, et même je n'y pensais plus guère.

Terminons le chapitre, en nommant l'*Encyclopédie enfantine* qui sera publiée chez Mme Keva, et les *Légendes canaques*, publiées en ce moment chez le même éditeur.

Aussi bien les *Légendes canaques* sont liées à mon séjour en Calédonie, que je reprends au chapitre suivant.

VIII

Il y a, entre la forêt Ouest et la mer, une bande de rochers volcaniques ; les uns debout pareils aux menhirs de Carnak, les autres affectant des formes monstrueuses ; un, même, semble couché près des menhirs ; d'autres rochers sont couchés, pareils à des tombes ; l'un a la forme étrange d'une rose énorme avec quelques pétales brisés.

A la haute mer, le flot empêche ceux qui craignent la fraîcheur de l'eau de rôder de ce côté.

Le mât des signaux domine la forêt Ouest, il est fleuri d'hirondelles et, de loin, on dirait des branches d'un joli bois gigantesque.

De ce lieu de repos on entend les hirondelles bavardes se raconter, en se fendant le bec jusqu'aux yeux, une foule de choses.

La forêt, deux fois par an, se couvre de lianes, presque toutes aux fleurs blanches ou jaunes. Les feuilles ont toutes les formes possibles, elles sont en fers de flèche comme le tarot, en fers de lance, en forme de feuilles de vigne. La liane à pomme d'or fleurit comme l'oranger ; la liane fuchsia couvre les arbres environnants d'une neige de bouquets blancs pareils à des fuchsias, si serrés qu'on voit à peine les feuilles.

Une liane à feuilles de trèfle, petites, épaisses et transparentes qu'on dirait taillées dans du verre, fleurit en corbeilles suspendues à un fil et pareilles à la fleur vivante du corail.

Sur la forêt entière, flottent dans les airs, balancées au vent ou jetées en folles arabesques, des lianes pareilles à des houblons, à des clématites aux fleurs d'or.

D'autres, aux feuilles de ciguë, accrochent partout leurs vrilles d'un vert tendre.

Une liane aux feuilles de vigne, fragiles, transparentes et couvertes d'une sorte de duvet pareil à la fleur qu'on voit sur nos prunes, a des graines guillochées dans des fruits pareils à des pastèques, jaunes, petits et guillochés eux-mêmes. La graine plate est recouverte d'une chair vermeille semblable à la gelée animée que les cyclones, râclant le fond de la mer, jettent sur le rivage, et qui, sans autre forme qu'un tas de chair, sans organes, sans rien au monde, s'allonge comme si elle se faisait des tubercules pour retourner dans les flots.

Une autre liane a pour baies des milliers de pendants d'oreilles rouges. La fleur, petite, d'un blanc verdâtre, forme des bouquets d'étoiles.

Il y a des arbustes couverts de minuscules œillets blancs ; d'autres ont la fleur de la pomme de terre avec de petits tubercules à la racine ; on dirait des euphorbes arborescents.

Les pois arborescents, aux gousses poilues, poissées de gomme, ont des fleurs jaunes ombrées de rouge, de la couleur de nos giroflées.

Le haricot arborescent, petit et d'un noir bleu, a, par extraordinaire, une fleur bleue ombrée de noir ; c'est peut-être la seule fleur du pays qui ne soit pas jaune, blanche, ou rouge. Cette dernière couleur est rare ; à part le flamboyant, il y a peu d'arbres aux fleurs empourprées.

Les fleurs blanches dominent.

Ensuite les jaunes.

En troisième lieu, viennent quelques rouges ; je n'ai vu que la bleue dont j'ai parlé.

La couleur violette est représentée par de toutes petites pensées sauvages, qui croissent en grand nombre avec des liserons roses également fort petits et de grands résédas sans odeur, aux endroits de sable et d'herbe courte.

Les bois sont rouges de tomates indigènes, grosses comme nos cerises, montant haut à l'ombre et cachées comme des fraises aux endroits où le soleil parvient.

Les lauriers roses ont des bouquets de fleurs disposées comme celles de l'hortensia, quelques-unes d'un rose pâle, le plus grand nombre blanches, ayant une fraîcheur de papier de riz.

Des milliers d'arbustes aux fleurs d'héliotrope, au bois blanc, creux et garni d'épines, croissent partout.

Les baies de la forme et de la couleur des cassis ont un goût parfumé ; à peine si chaque bouquet de fruit donne une demi-goutte de jus qui a le goût du madère très fort ; je crois qu'on pourrait, de ce jus fermenté, fabriquer une liqueur réconfortante pour les malades.

J'ai parlé de la graine guillochée d'une liane à fruits jaunes ; l'analogue de cette graine existe à l'état vivant : c'est une carapace blanche décorée des mêmes guillochures, affectant la même forme complètement fermée, si ce n'est à l'endroit où devait sortir la tête et à l'opposé.

Cette étrange tortue n'avait pas de pattes. Les cyclones arrachent ces carapaces des abris où elles gisent sous les flots, et les jettent sur le rivage.

Sur un morne naguère émergé, une algue aux raisins violets s'étend bien vivante, attendant le flot qui reviendra, ou se fait terrestre, cherchant à attacher ses racines au sol.

C'est bien ainsi que se forment ou se développent, de la plante à l'être, des organes nouveaux suivant les milieux.

Savons-nous nous servir de l'organe rudimentaire de la liberté, des organes rudimentaires des arts, plus ou même autant que ces fucus apprenant la vie de la terre ? Je ne le crois pas.

Vienne le cyclone révolutionnaire, le peuple apprendra aussi la vie nouvelle.

Une fois, deux fois par an quelquefois, une neige grise enveloppe la presqu'île, tourbillonnant par flocons ; on en a quelquefois plus haut que les chevilles : ce sont les sauterelles.

Quand elles commencent à tournoyer dans l'air, on peut éloigner par places ces abeilles des sables en faisant du bruit ; mais elles reviennent et des forêts aux cultures, tout n'en est pas moins dévoré, feuilles, légumes, herbe tendre ; quand il y en a dans les vieilles brousses, tout est dévoré, à part les troncs des arbres.

Peut-être avec des fosses profondes où on balayerait les sauterelles et qu'on recouvrirait d'assez de terre pour éviter la mauvaise odeur, aurait-on un riche engrais.

La seconde apparition des sauterelles est due aux œufs de la première qui éclosent dans les brousses, y sautent longtemps, sans ailes comme des grillons, avant de prendre leur vol, de dévorer la seconde récolte et de s'en aller ailleurs détruire la végétation d'une autre contrée, pondre et mourir.

Rien de beau comme la neige grise et tournoyante des sauterelles ; tout le ciel est pris par cette teinte uniforme ; on voit au travers le soleil tamisé par les flocons d'insectes comme à travers un crible et les flocons gris tombent, tombent toujours dans des clairs-obscurs étrangement noyés.

Les sauterelles n'attaquent qu'en dernier lieu les ricins qui viennent partout et, souvent, elles ne les attaquent pas du tout ; on pourrait donc élever, en Nouvelle-Calédonie, les vers à soie de ricin presque aussi estimés dans les Indes que ceux du mûrier.

Pendant dix ans, j'ai demandé des œufs de ces vers ; mais (je demande pardon aux savants qui me les ont envoyés, de raconter ceci) comme les œufs étaient d'abord dirigés sur Paris, d'où ils retournaient sur l'océan avec les lettres du courrier, ils étaient toujours éclos dans ces pérégrinations.

Pourtant nous avons vu arriver des navires ayant fait relâche dans les parages d'où on m'envoyait les vers à soie.

Après avoir bien maudit les us et les coutumes des

savants, qui ne font rien tout simplement, j'ai trouvé, la dernière année de mon séjour en Calédonie, des ricins couverts de vers, au corps nu, aux allures qui m'ont paru celles des bombyx ; me suis-je trompée ? Le ver à soie de ricin existe-t-il à l'état sauvage en Calédonie ? C'est ce que je vérifierai peut-être plus tard.

Au milieu de la forêt Ouest, dans une gorge formée de petits mamelons encore imprégnés de l'âcre odeur des flots, est un olivier immense dont les branches s'étendent horizontalement comme celles des mélèzes ; jamais aucun insecte ne vole sur ses feuilles noirâtres au goût amer. Quelle que soit l'heure et la saison, une fraîcheur de grotte est sous son ombre, la pensée y éprouve, comme le corps, un rafraîchissement soudain.

Les fruits de cet arbre sont de petites olives vernissées, d'un rouge sombre. Est-ce un olivier ? Je ne le crois pas.

Au-dessus, enveloppant tout un rocher de ses arcades, était un figuier banian, coupé la dernière année de notre séjour.

Jamais je ne vis insectes plus étranges que ceux qui habitaient à l'ombre de ce banian, dans les fentes du rocher émietté par places.

Dans cette poussière blanche sont de gros vers blancs, à cornes pareilles à celles du renne et une sorte de bourgeons noirs ; j'en ai vu de tout enveloppés comme des cercueils, j'en ai vu de plus ou moins ouverts, sans pouvoir surprendre si c'est la première étape de la mouche-feuille, la phyllis des naturalistes. Une seule fois j'ai vu la *mouche-fleur*, je ne crois pas qu'elle ait été encore signalée.

Si l'alcool ne nous eût été interdit, j'aurais pu conserver des insectes ; il y en a de curieux, d'uniques peut-être, surtout dans les fentes du rocher dont je viens de parler, et dans les tas de poussière formés soudainement par l'effondrement d'un niaouli séculaire. On a quelquefois cette chance à la forêt Nord.

Dans celle de l'Ouest, les niaoulis sont moins communs ; c'est sur les pentes des hauteurs qui couronnent Numbo qu'on en voit le plus à la presqu'île de Ducos. Leurs branches, éplorées sous le grand clair de lune, se lèvent comme des bras de géants, pleurant sur l'asservissement de la terre natale.

Par les nuits obscures, les niaoulis dégagent une phosphorescence.

La Calédonie est la terre des bois précieux : le bois de rose, l'acajou aux fruits jaunes ou rouges, le bois ferde, les faux ébéniers, le dragonnier à la sève sanglante, et tant d'autres.

Certains arbres sont en train de s'en aller, ou viennent avec les Européens. Comme il arrive avec chaque émigration, des tribus de petits chênes s'acclimatent ou périssent.

Ceux-là s'en vont, car nul chêne n'a donné là-bas les glands d'où ils auraient germé.

Là-bas, chaque plante, chaque arbre a son insecte, son insecte de la couleur de son bois quand il est chenille, de la couleur de ses fleurs quand il est ailé.

La chenille de l'herbe porte deux bandes vertes, celle du niaouli est un ver qu'on peut confondre avec la branche qu'il ronge, et il se métamorphose en une sorte de demoiselle, dont les ailes et le corps imitent le bois et les feuilles du niaouli.

Sur chaque arbre vit une punaise qui n'appartient qu'à cet arbre-là. Toutes sont de véritables pierres précieuses, des rubis, des émeraudes, décorés d'ornements finement dessinés ; quelques-unes sont transparentes comme du cristal. Elles ne sentent pas mauvais, privilège qu'on ne peut accorder aux Canaques, lesquels s'enduisent d'huile rance de coco, dont la mauvaise odeur éloigne les moustiques.

La Nouvelle-Calédonie est le paradis des araignées ; on les respecte parce qu'elles détruisent, dit-on, les cancrelats. Celles qu'on laisse à cet effet dans les cases appartiennent à une énorme espèce noire, aux pattes énormes et poilues ; on dirait des mygales.

L'araignée à soie tisse dans les bois sa toile attachée à de gros câbles tendus souvent d'un arbre à l'autre et dont elle confie au vent le soin d'attacher les premiers ; quand elle les juge assez solidement noués, elle s'en sert comme d'une arche de pont, pour les doubler, tripler un million de fois et tendre une route de gaze, ou bien elle barre un chemin, ne comptant pas, dans ces solitudes, sur l'homme ni la bête pour détruire son travail.

Peut-être pourrait-on utiliser l'araignée à soie.

Une autre, véritable monstre, exploite le travail ou la vie de pauvres petites araignées qui vivent dans sa toile et la *raccommodent ;* les mange-t-elle ? c'est probable, à moins que leur travail ne lui soit plus profitable que leur peau. Nous ne l'avons pas vu, cependant.

Une petite araignée transparente a l'air d'une goutte de rosée rouge ; une grosse blanche, pareille à une énorme noisette, est aussi estimée pour son goût fin par les Canaques, que les sauterelles dont ils se font des crevettes.

La soie de plusieurs insectes est forte et lisse ; les feuilles même, dont quelques-unes sont enduites de vernis, pourraient fournir de la soie, peut-être aussi bonne que celle des vers ; une liane donne une soie fine et longue comme des chevelures. Plusieurs espèces de cotonniers sauvages, les uns arbres, les autres plantes, pourraient être utilisés, ainsi qu'un sorgho sauvage, aux grains énormes.

A de rares endroits, on n'a pas encore entaillé la forêt pour bâtir, avec du bois de rose ou de l'ébénier, la charpente des maisons de Numbo ou de Tendu faites de briques crues comme l'ancienne Troie et recouvertes de l'herbe des brousses. Dans ces endroits des forêts vierges, des centaines de roussettes pendues par les pieds aux arbres comme de grosses poires soulèvent leur fine tête de renard et regardent curieusement de leurs petits yeux noirs.

De rares oiseaux à lunettes s'envolent tout à coup en froissant de leur ailes les branches entrelacées. Est-ce la faute des roussettes si les oiseaux sont rares ? On prétend qu'elles se nourrissent au contraire de fruits sauvages.

Les fruits calédoniens, figues sentant la cendre, pommes âpres de l'acajou, grosses mûres couvertes d'une couche blanche qui ressemble au sucre mais qui ne sent rien, prunes jaunes à l'énorme noyau rond, ne sont pas bons dit-on ; moi, je les aime tels, bien mieux que ceux d'Europe.

Je les aimais surtout dans le silence profond de la forêt, quand je les cueillais aux buissons entre les rochers et le chemin de laves ; que le vent de mer soufflait en foudre, et que j'avais dans ma poche, pour jusqu'au prochain courrier, quelque bonne lettre de ma mère et de Marie.

Les insectes calédoniens n'ont pas encore de venin, ils connaissent l'homme depuis trop peu de temps, sans doute, pour que la nécessité ait distillé le venin. Les serpents d'eau ont les crochets trop courts et leur espèce (qui s'éteint partout) le sera là comme ailleurs avant que les crochets n'aient crû.

Ces serpents sont grands et très beaux : les uns rayés blanc et noir par anneaux ; les autres noir et blanc. Quelques-uns d'entre nous en ont apprivoisé. J'en ai eu un pendant longtemps dans un trou d'eau que j'avais creusé à cet effet dans la baraque dont j'avais fait une serre, mais je l'ai laissé partir à cause de ma vieille chatte qui l'avait en horreur et le provoquait tellement en lui crachant au visage qu'il aurait peut-être fini par l'étouffer dans ses replis. Il la suivait de ses petits yeux de reptile avec une expression peu sympathique.

Entre eux, les animaux calédoniens emploient les poisons dont ils ne peuvent atteindre l'homme : la mouche bleue, de la taille d'une guêpe, qui emmène pour le sucer le cancrelat dans son repaire, le pique avant de lui crever les yeux ; il est probable qu'elle lui injecte une sorte de curare.

Une autre mouche, grosse comme un frelon, mure dans son nid, sans doute pour la nourriture de ses larves, d'autres mouches qu'elle doit anesthésier comme celles d'Europe le font aux chenilles qu'elles murent également dans les alvéoles de leurs nids. Un scorpion, inoffensif pour l'homme, attire, en les fascinant, les insectes dont il fait sa proie.

Il y a parmi les bruyères roses, au sommet des hauts mamelons de la forêt Ouest, d'énormes rochers écroulés comme des ruines de forteresses, des lianes aux feuilles fragiles, aux fleurs embaumées, voilant d'énormes mille-pieds qui s'enlacent comme des serpents autour d'une foule d'autres insectes ; je ne les ai pas vus les manger, mais j'en ai vu étouffer leurs victimes. Est-ce par appétit ? est-ce par plaisir ? Je n'en sais rien.

Dans les mêmes ruines, pleines de grandes bruyères roses, une araignée brune, velue comme un ours, cache ses amours ; la femelle surprend le mâle et le dévore sitôt qu'il ne lui plaît plus, à la place même où elle l'a attaché dans sa toile.

Ceci est le contraire de l'espèce humaine.

La troisième année seulement, de notre séjour à la presqu'île Ducos, nous avons vu des papillons blancs ; ces insectes sont-ils triannuels ou est-ce une nouvelle variété créée par la nouvelle nourriture apportée aux insectes par les plantes d'Europe semées à la presqu'île ? On pourra le vérifier.

Souvent je revois ces plages silencieuses, le bord de la mer où, tout à coup, sous les palétuviers, on entend clapoter l'eau battue par une lutte de crabes ; où l'on ne voit que la nature sauvage et les flots déserts.

Et les cyclones ? quand on les a vus on est blasé sur les terribles splendeurs de la fureur des éléments.

C'est le vent, les flots, la mer qui, ces jours-là, chantent les bardits de la tempête ! Il semble, par moments, qu'on s'en aille avec eux hurlant dans le chœur terrible. On se sent porté sur les ailes qui battent dans le noir du ciel sur le noir des flots.

Parfois un éclair immense et rouge déchire l'ombre ou fait voir une seule lueur de pourpre sur laquelle flotte, comme un crêpe, le noir des flots.

Le tonnerre, les rauquements des flots, le canon d'alarme dans la rade, le bruit de l'eau versée par torrents, les énormes souffles du vent, tout cela n'est plus qu'un seul bruit, immense, superbe : l'orchestre de la nature sauvage.

La nuit est profonde mais les éclairs presque continuels ; l'œil, l'oreille sont charmés.

Notre premier cyclone eut lieu la nuit ; ce sont les plus beaux.

C'était à la presqu'île Ducos ; le baromètre était descendu au plus bas ; l'air, que pas un souffle ne rafraîchissait, l'avait annoncé dès le matin.

L'inquiétude prit les animaux, chacun prit ses bêtes dans sa case.

Ayant enfermé dans la mienne ma chèvre et mes chats, il me vint une idée que je voulus communiquer de suite à Pérusset (c'était un ancien capitaine au long cours) ; il n'y avait pas de temps à perdre.

Suivant avec assez de difficulté le chemin de Numbo, car la soirée s'avançait et la tempête commençait, je parvins jusqu'à sa case qui était une des premières du côté de la forêt Ouest où nous habitions.

Je frappe.

— Qui est là, par ce temps ? Sacré bougre ! Voilà ! voilà !

Et, toujours grommelant, Pérusset ouvrit sa porte.

— Je viens vous chercher.

— Pourquoi faire ?

— Le bateau qui nous garde ne garde plus rien ; il ne sera pas en rade de la nuit ; avec un radeau nous pouvons nous confier au cyclone, il nous portera jusqu'à la prochaine terre, Sydney, sans doute, et à vous, un vieux loup de mer, on donnera un brick pour revenir chercher les autres.

Mais je le flatte en vain : l'appelant vieux loup de mer, vieux pirate, corsaire, etc. ; mon vocabulaire s'épuise, Pérusset me regarde en silence. Il est savant, et quand la science fait réfléchir on ne se livre pas volontiers à l'inconnu. Enfin, bien gravement il me dit :

— D'abord, nous n'avons pas de quoi faire un radeau.

— Il y a de vieux tonneaux ; on les attache.

— Où en prendre ?

— Partout où il y en a, à la cantine, n'importe où.

— Et quand même, savons-nous où nous aborderons ?

— Dame ! c'est la chance. Il faut la tenter ; il y a mille chances contre *aucune* de périr.

— Eh bien, nous aurons celle que vous appelez *aucune*.

Nous nous disputons, l'orage se déchaîne, la pluie commence.

— Voulez-vous que je vous reconduise ? dit Pérusset inquiet du chemin que j'avais à faire ?

— Non, je n'ai pas besoin de vous.

Je lui jette sa porte au nez ; j'entends sa lampe qui tombe ; pauvre vieux ! il rouvre la porte, mais je lui crie de loin :

— Je suis en nombreuse compagnie.

Je lui dis cinq ou six noms ! — Rentrez, nous partons à huit.

— Est-ce bien sûr ?

— Mais, sans doute, je ne mentirais pas.

Ce n'est pas vrai, je suis toute seule et c'est meilleur quand on est en colère ; me tenant aux rochers je rentre à la baie de l'Ouest.

Que c'est beau ! que c'est beau ! Je ne pense plus ni à Pérusset ni à rien ; je regarde, je regarde de tous mes yeux et de tout mon cœur.

La mer, pareille à une nuit, élève jusqu'aux rochers où je suis, d'énormes griffes d'écume toute blanche ; il y a dans les flots comme une poitrine qui râle.

En rentrant dans ma case je change de vêtements, les miens étant lourds comme du plomb, étant imbibés d'eau.

Voilà des visites, ce sont tous les jeunes gens mes élèves ; ils ont eu peur qu'il ne nous arrive quelque chose et les voilà.

— Nous avons manqué, disent-ils, être renversés par le vent.

— J'en sais quelque chose.

Ah ! si pour le radeau j'avais pensé plutôt à ces jeunes gens-là ; si le titre de capitaine au long cours ne m'avait pas éblouie ! comme s'il y avait à diriger quelque chose par le cyclone ! Il n'y a qu'à s'y livrer !

Ce sont ceux-là qui auraient bien trouvé ce qu'il fallait et nous aurions tenté le sort.

Maintenant il n'est plus temps ; bah ! qu'est-ce que cela fait ? Ce qu'on voit ici a son utilité et sa beauté et, égoïste que je suis, je me mets à regarder, regarder tant que j'ai des yeux, cette nuit où tout s'écroule, gémit, hurle et qu'à travers les torrents de la pluie comme à travers un voile de cristal, les éclairs se montrent splendides d'horreur.

Quel silence au lendemain ! Sur le rivage échancré, sont jetées ensemble les épaves arrachées aux entrailles de la mer et celles qui viennent de la presqu'île ou de l'île Nou.

Sur une branche arrachée à la forêt, une femelle d'oiseau à lunettes couve ses petits que le cyclone a emportés sans les briser. J'attache le mieux possible la branchette à un gommier ; elle sera toujours mieux qu'à terre.

Comment les oisillons ne sont-ils pas tombés du nid

pendant leur terrible voyage ? Il a fallu que la mère les tînt pressés sous elle.

Dans la race humaine, par des incendies ou d'autres sinistres, quelques parents affolés oublient leurs enfants en s'enfuyant.

Le second cyclone, je l'ai vu de jour, à Nouméa ; c'était beau mais moins grand que le cyclone de nuit à la presqu'île Ducos.

Les toitures de tôle s'envolant comme d'immenses papillons faisaient un effet étrange ; la mer aboyait avec rage et nous trempions dans l'eau plus qu'elle ne tombait tant elle se versait comme un océan, et, pourtant, l'effet dramatique était moins terrible ; serais-je déjà blasée là-dessus comme sur le reste ?

L'aiguille de la boussole est affolée et cherche le nord avec angoisse ; les grands coups d'aile du vent frappent plus fort de temps à autre au milieu de tous ces bruits énormes.

IX

Encore une parenthèse

Cette année, aux jours de mai, sombres anniversaires de l'hécatombe, les morts vont vite ! Trois tombes viennent de s'ouvrir :

— VICTOR HUGO !
— AMOUROUX !
— COURNET !

Toutes trois rappellent 71 : Amouroux traîna le boulet du bagne en Nouvelle-Calédonie ; Cournet fut proscrit, et la proscription fut la portion la plus malheureuse peut-être des vaincus ; Victor Hugo offrit sa maison, à Bruxelles, aux fugitifs de l'abattoir.

C'est pourquoi l'idée de faire parler sur cette tombe M. Maxime Du Camp, pourvoyeur des tueries chaudes ou froides, me fait horreur.

Tout enfant j'ai envoyé des vers à Victor Hugo ; je lui en ai envoyé toute ma vie, sauf depuis le retour de Calédonie. Pourquoi faire ? Le maître était fêté par tous, même par ceux qui, autrefois, étaient loin de le fêter ; je n'avais nul besoin d'assister aux jours joyeux. Mais, sur la tombe où osera parler M. Du Camp de Satory, je reviens, criant de la prison, comme les morts crieraient s'ils sentaient à travers le néant, à travers la terre : « Arrière ! les bandits ! Salut au barde qui maudissait les bourreaux ! »

> AUX MANES DE VICTOR HUGO
> Tu peux frapper cet homme avec tranquillité.
>
> VICTOR HUGO.

Aux survivants de Mai, dans la grande héca-
    tombe,
Il offrit sa maison ; aujourd'hui, sur sa tombe,
C'est Maxime Du Camp,
Du Camp de Satory ! qui prendra la parole.
Pourquoi, pour saluer ce barde au Capitole,
Un front marqué de sang ?

De ce sang des vaincus, qui fit horreur au maître ;
Non pas dans les combats, mais après, comme
    un traître.
Comme à la chasse un chien
Fait lever le gibier, ce mouchard volontaire,
Six ans nous l'avons vu, pour les conseils de
    guerre,
Chasser au citoyen !

Le bourreau Gallifet se montre face à face ;
On sait les quinze noms de ceux du coup de
    grâce ;
Dans l'abattoir sanglant

Ils n'ont fait que tuer ; lui, jetait de la boue
A ceux qu'il indiquait pour qu'on les mît en joue,
Lui, Maxime Du Camp !

Du Camp de Satory ; on peut frapper cet homme
Avec tranquillité, pas comme un autre, en somme,
Mais en le souffletant.
Car ce n'est qu'un défi, sa parole honteuse,
Comme un crachat jeté à la foule houleuse
Qui l'entoure en grondant.

Sous les arbres en fleur, au rouge anniversaire,
Comme une insulte à ceux qui dorment sous la
    terre,

Il ne parlera pas.
O maître ! nous veillons des tombes et des geôles ;
Sur toi ne tombera nulle de ses paroles
Et nul bruit de ses pas.

Ah ! de la part des morts, de la tombe béante,
Le peuple jettera, fétu dans la tourmente,
Le sinistre histrion.
Qu'il aille sous le vent terrible des colères,
Sous le vent qui dans l'air fait craquer nos bannières,
Qu'il aille, ce haillon !

Peut-être que ce sera au Père-Lachaise.

Maxime Du Camp de Satory parlant au Père-Lachaise ! Devant le mur blanc des fusillés ! Ce monstre, qui servit pendant plus de six ans de pourvoyeur aux bourreaux, le faisait par plaisir et non comme les misérables vulgaires, qui le font la plupart pour nourrir leurs petits. Que de choses fait faire aux misérables la nichée qui meurt de faim ! Lui, Maxime Du Camp de Satory, il faisait pour son plaisir lever les vaincus devant les vainqueurs !

Je l'avais un peu oublié, au milieu de tant de douleurs. L'épouvantable idée de le dresser devant nous aux jours de Mai m'a rappelé ses crimes.

Peut-être on trouverait là le juste châtiment s'il osait s'y montrer.

Là-bas, en Calédonie, sur un rocher énorme, ouvrant comme une rose géante ses pétales de granit tachés de petites coulées noires de lave pareilles à des filets de sang noir, est une strophe d'Hugo que j'y ai gravée pour les cyclones :

✱✱✱

Paris sanglant, au clair de lune,
Rêve sur la fosse commune.
Gloire au général Trestaillon !
Plus de presse, plus de tribune.
Quatre-vingt-neuf porte un bâillon ;
La Révolution, terrible à qui la touche,
Est couchée à terre ; un Cartouche
Peut ce qu'aucun Titan ne put.
Escobar rit d'un rire oblique.
On voit traîner sur toi, géante République,
Tous les sabres de Lilliput ;
Le juge, marchand en simarre,

Vend la loi.
Lazaret Lazaret Lazaret
Lève-toi !

VICTOR HUGO.

Que cette strophe, ô maître, s'effeuille sur ta tombe !

Pareille au drame, qui n'existe plus sur les théâtres parce qu'il se déroule réel dans les rues avec les foules de la légende nouvelle, la poésie appartient désormais à tous.

C'est un sens qui se développe comme celui de la liberté, comme celui de l'harmonie, avec mille autres que nous ignorons encore, dans les effluves révolutionnaires où tout bourgeonne, où tout fleurira, où tout aura son fruit et fera sa gerbe.

Une chose assez étrange, c'est la ressemblance qui existait entre quatre têtes de vieillards qui viennent de tomber, fauchées avec le siècle qui finit.

Louis Blanc, Victor Hugo, Blanqui, Pierre Malézieux, l'homme de Juin et de 71, qui ne voulut plus vivre le jour où, au retour, les patrons le trouvèrent trop vieux pour travailler.

La ressemblance entre Victor Hugo et Pierre Malézieux était frappante et complète : une même grandeur, douce chez le poète, fière chez le vieux lutteur, éclairait ces deux visages d'une superbe lumière, et tous deux ressemblent au vieil Homère.

Avez-vous vu de vieux lions couchés vous regardant ? Il y a dans ces fauves doux et forts quelque chose de ces grands vieillards.

Le rocher dont je parlais tout à l'heure et sur lequel, entre deux lignes de laves qui l'encadrent comme une page de deuil, j'ai gravé là-bas des vers d'Hugo, atteste, par le nombre de pierres différentes qui y ont été pressées à l'état incandescent et dont quelques-unes, plus vite refroidies, ont gardé pure leur essence, que les terres de la Nouvelle-Calédonie ont subi les révolutions géologiques qui ont fait émerger des sommets nouveaux ou conservé en partie ceux du continent qu'elles disloquaient.

Comme l'Australie et la Nouvelle-Zélande, la Calédonie dut tenir à l'Asie ; peut-être que les îles plus petites et plus rapprochées de la Polynésie ont émergé, mais, à coup sûr, certaines échancrures de baies, certains arrachements de montagnes qui, d'une seule en ont formé deux, qu'on pourrait rejoindre comme les deux parties les plus incontestablement soudées autrefois, attestent les tourments du sol calédonien. En outre, le rat calédonien m'a paru semblable au rat australien ; le chien de la Nouvelle-Zélande est considéré comme une variété du dingo australien, et si le crâne quaternaire de néandertal a ses analogues dans les races encore vivantes océaniennes, on peut donc admettre qu'un immense continent s'est émietté dans l'onde aux époques antéhistoriques ; d'autres ont sombré ailleurs.

Je ne sais pas si les migrations des traditions polynésiennes, qui trouvèrent une autre race là où s'établissait la leur, sont fondées ou non, mais les légendes qui s'y rattachent sont trop nombreuses pour qu'il n'y ait pas un peu de vérité au fond.

Je ne sais pas non plus sur quoi s'appuient ceux qui voient en Asie certaines peuplades appartenant au même type que des tribus océaniennes. Mais je crois que les prétendus albinos vus par Cook et d'autres dans ces parages ne sont pas des albinos, mais les derniers représentants d'une ramille arienne, aux longs cheveux et *aux yeux bleus*, ce qui n'appartient nullement aux albinos.

Ces Arias, égarés au cours d'une migration ou au milieu de la révolution géologique, ont vécu, se mariant entre eux, parmi les tribus océaniennes ; c'est ce qui explique leur extinction et les formes rachitiques de leurs derniers représentants.

Andia, le barde *blanc* aux longs cheveux, Andia le Takala, qui, près d'Ataï, chantait et fut tué en combattant, était l'un des derniers, si ce n'est le dernier ; son corps était tordu comme les troncs des niaoulis, mais son cœur était brave.

Andia, son nom était bien un nom des Arias, et, dans les traditions de sa race ou dans les ressources de son oreille plus savante, il trouva, au milieu des Canaques qui, pour orchestre, ont les branches de palmier remuées, des bambous frappés et la corne d'appel faite d'un coquillage, il trouva ou retrouva le luth, dont il fit les cordes avec les entrailles d'un chat sauvage, descendant dégénéré, aux pattes de derrière très hautes, aux pattes de devant très basses, des chats abandonnés par Cook dans les forêts, chez qui la nécessité de sauter développe les jarrets du kangourou.

Une cornemuse fut également faite par Naïna (*d'après les traditions de ses ancêtres*) ; mais, sauvage comme son entourage, il la fit de la peau d'un traître.

Ce barde au teint olivâtre, aux jambes torses, à la tête énorme, à la taille de nain, aux yeux bleus pleins de lueurs, mourut pour la liberté de la main d'un traître.

Ataï lui-même fut frappé par un traître. Que partout les traîtres soient maudits !

Suivant la loi canaque, un chef ne peut être frappé que par un chef ou par procuration.

Noudo, chef vendu aux blancs, donna sa *procuration* à Segou, en lui remettant les armes qui devaient frapper Ataï.

Entre les cases *neigres* et Amboa, Ataï, avec quelques-uns des siens, regagnait son campement, quand, se détachant des colonnes des blancs, Segou indiqua le grand chef, reconnaissable à la blancheur de neige de ses cheveux.

Sa fronde roulée autour de sa tête, tenant de la main droite un sabre de gendarmerie, de la gauche un tomahawk, ayant autour de lui ses trois fils et le barde Andia, qui se servait d'une sagaie *comme d'une lance*, Ataï fit face à la colonne des blancs.

Il aperçut Segou.

— Ah ! dit-il, te voilà !

Le traître chancela un instant sous le regard du vieux chef ; mais, voulant en finir, il lui lance une sagaie qui lui traverse le bras droit. Ataï, alors, lève le tomahawk qu'il tenait du bras gauche ; ses fils tombent, l'un mort, les autres blessés ; Andia s'élance, criant : tango ! tango ! (maudit ! maudit !) et tombe frappé à mort.

Alors, à coups de hache, comme on abat un arbre, Segou frappe Ataï ; il porte la main à sa tête à demi détachée et ce n'est qu'après plusieurs coups encore qu'Ataï est mort.

Le cri de mort fut alors poussé par les Canaques, allant comme un écho par les montagnes.

A la mort de Gally Passeboc, les Canaques saluèrent leur ennemi de ce même cri parce que, disent-ils, ils aiment les braves.

La tête d'Ataï fut envoyée à Paris ; j'ignore ce que devint celle du barde.

Que sur leur mémoire tombe ce chant d'Andia :

« Le Takata, dans la forêt, a cueilli l'adouéke, l'herbe bouclier, au clair de lune, l'adouéke, l'herbe de guerre, *la plante des spectres.*

« Les guerriers se partagent l'adouéke qui rend terrible et *charme les blessures.*

« Les esprits soufflent la tempête, les esprits des pères ; ils attendent les braves ; amis ou ennemis, les braves sont les bienvenus par delà la vie.

« Que ceux qui veulent vivre s'en aillent. Voilà la guerre ; le sang va couler comme l'eau sur la terre ; il faut que l'adouéke soit aussi de sang. »

X

Depuis que j'ai vu les cyclones, je ne regarde plus les orages d'Europe que j'aimais tant autrefois.

Là-bas, de temps à autre, les yeux fixés sur la mer, la pensée libre dans l'espace, je revoyais les jours d'autrefois. Je sentais l'odeur des roses du fond du clos, du foin coupé au soleil d'été, l'âpre odeur du chanvre que j'aimais tant autrefois ; maintenant je n'y songe plus.

Je revoyais tout ; mille détails qui ne m'avaient point frappée jadis me revenaient dans les souvenirs fouillés ; je découvrais les sacrifices faits pour moi par ma pauvre mère, simplement, sans se plaindre ; elle m'eût donné son sang comme elle m'avait, miette à miette, laissé prendre ce que nous possédions, pour des idées qui n'étaient pas les siennes. Elle aurait voulu vivre près de moi, dans un coin paisible, quelque école de village perdue au milieu des bois. Pauvre mère ! Maintenant, tout est fini ; mais, après toi (si ce n'est la Révolution), après toi plus ne m'est rien, si ce n'est d'aller près de toi là-bas où tu dors.

Maintenant, les plumes qui ont déversé tant de venin sur moi peuvent fouiller jusqu'au cœur, pareilles à des becs de corbeau ; elles n'y trouveront plus que de la pierre.

Et pourtant cette pierre saigne encore à certaines heures.

Hier, 24 mai, je ne sais quel coup de clairon rapide a traversé l'air ; ce son de cuivre m'a fait froid dans la poitrine. Cet appel est comme un écho des jours de Mai 71 ; conduit-on encore les soldats contre ce peuple qui voudrait les défendre des Tonkins, où leurs corps vont engraisser la terre ?

Parlons d'autrefois.

A Nouméa, je pouvais, à mon école du dimanche, prendre sur le vif la race canaque.

Eh bien ! elle n'est ni bête ni lâche, deux fameuses qualités par le siècle qui court !

La curiosité de l'inconnu les tient autant que nous, plus peut-être ; leur persévérance est grande et il n'est pas rare qu'à force de chercher seuls à comprendre une chose qui les intéresse, au bout de quelques jours, *de quelques années même*, j'ai vu [cela], ils viennent vous dire : « Moi compris ce que toi as dit *l'autre jour*. » Ils appellent ça *l'autre jour*.

Dans ces cerveaux, pareils à des feuillets blancs, se graveraient bien les choses nouvelles ; mieux peut-être que dans les nôtres, tout embrouillés de doctrines et tout maculés de ratures.

Il faut, pour les Canaques, des méthodes mouvementées ; n'en faut-il pas pour tout esprit jeune, et nous-mêmes n'apprenons-nous pas plus vite ce qui nous arrive avec des couleurs dramatiques que par des nomenclatures arides ?

Dans tous les cas, comme les Canaques n'ont pas le temps ni les facilités d'user les culottes, qu'ils n'ont pas toujours non plus, sur les bancs des écoles, et que, du reste, ceux qui leur ont montré jusqu'à présent le peu qu'ils savent ont hâte de les conduire jusqu'à l'écriture lisible, les moyens rapides doivent être préférés aux autres.

La lecture, le calcul, des éléments de musique reçoivent, en les enseignant au moyen d'une baguette sur le mur où sont tracés les lettres, les chiffres et la portée où un bout noir figurera les notes, une allure mouvementée qui en facilite la compréhension.

L'écriture est apprise comme par intuition ; si, au moyen de lettres mobiles on fait composer les mots, on est tout étonné de voir le pauvre noir écrire très vite les mots convenablement.

Je dis convenablement avec d'autant plus d'assurance

que les Canaques sont d'une merveilleuse adresse de mains pour l'écriture comme pour le dessin.

A propos du dessin, la confiance où ils sont de réussir pour des contours quelconques aussi bien que pour la forme des lettres les aide à imiter avec autant de perfection un dessin qu'un modèle d'écriture.

De là à refaire en relief, sur des planchettes, les mêmes contours, il n'y a pas même un pas : c'est la même chose.

J'avais à Nouméa un piano dont les amis se souviennent ; une partie des notes étaient muettes et, à moins de chanter constamment, on ne pouvait s'en servir, jusqu'au moment où Bœuf le rétablit tel qu'un véritable instrument ; c'est ainsi qu'il servit.

Eh bien ! cela m'a servi à une portion de méthode qui n'est pas sans résultat. Avec un piano d'étude où certains ressorts rendraient muettes, momentanément, tantôt une partie des notes, tantôt l'autre, les élèves, en se rendant compte des lacunes, en les comblant tantôt par les notes chantées du morceau qu'ils étudient, tantôt en cherchant d'eux-mêmes une phrase musicale qui comble la lacune, arrivent à créer des motifs souvent étranges, quelquefois beaux.

Puisque nous en sommes là-dessus, ajoutons que je l'ai essayé aussi bien là-bas sur les enfants des écoles qu'à mon cours canaque du dimanche. La façon la plus rapide de commencer la musique, c'est de faire transposer un motif extrêmement facile en ajoutant comme exercice gammes et accords, tantôt plaqués, tantôt en arpèges.

Tout cela le plus simplement possible.

Pour la mesure, les mêmes notes, changées de mesure par l'élève, ne sont pas mauvaises.

Ah ! camarades, vous avez ri de l'orchestre canaque, attendez un peu ; il y avait, à mon cours du dimanche, de grands Tayos aux oreilles bien détachées de la tête, pour mieux entendre, et bien bercées par le vent de mer dans les palmiers, bien pleines du bruit des tempêtes, qui, ayant rêvassé quelque cinq ou six ans sur le peu qu'ils ont appris, trouveront avec ce peu-là de quoi peut-être nous étonner.

Le sens des nombres chez eux, contrairement à nous, que nos voyages et les foules ont habitués aux immensités, est de tout petits nombres ; il leur est impossible de nombrer de grandes quantités, et nous, ces quantités nous semblent petites.

Évaluer une foule considérable serait pour un Canaque *nombarou*, ce qu'on ne peut plus nombrer ; c'est pour nous aussi *nombarou*, mais, en sens contraire, cela nous paraît une poignée.

C'est donc par l'algèbre qu'il faut leur commencer les mathématiques et non par l'arithmétique.

Laissez faire, ils rêveront sur tout cela ! Si, au lieu de civiliser les peuples enfants à coups de fusil, on envoyait dans les tribus des maîtres d'école, comme le désirait le maire de Nouméa, M. Simon, il y a longtemps que les tribus, au lieu de cueillir le mirarem au clair de lune, auraient enterré la pierre de guerre.

C'est pendant mon séjour à Nouméa que mourut Pérusset des suites d'un naufrage auquel il n'avait échappé que grâce à une énergie peu commune.

Je lui avais pardonné depuis longtemps, au vieux loup de mer, son refus du soir du cyclone. Il avait fait bien d'autres actions hardies ; sentait-il que les flots lui seraient mortels ? L'homme a comme la bête son instinct qui l'avertit du danger ; c'est en le raisonnant que nous le perdons ; le cheval n'hésite pas à s'y livrer et trouve le chemin caché sous la neige, quand son maître à bout d'intelligence lui lâche la bride.

Peut-être, s'il m'avait écoutée, fussions-nous parvenus, comme bien d'autres épaves, en rade de Sydney, qui sait ?

De temps à autre, le dimanche, pendant mes cours canaques, j'apercevais à la fenêtre la tête de M. Simon et j'étais sûre de recevoir après ce qui nous manquait, blanc, planchettes pour sculpter, cahiers, etc., il y avait même en plus des pétards, du tabac et autres gâteries pour les Tayos.

Quant à Mme Simon, aux institutrices de Nouméa et à d'autres dames encore, elles savent, comme les amis de 71 qui sont restés là-bas, combien leur souvenir m'est cher ; mais faut-il tout avouer ? Eh bien, ce sont mes amis noirs surtout que je regrette, les sauvages aux yeux brillants, au cœur d'enfant. Eh bien, oui, je les aimais et je les aime, et ma foi ceux qui m'accusaient, au temps de la révolte, de leur souhaiter la conquête de leur liberté avaient raison.

La conquête de leur liberté ! Est-ce que c'est possible avant qu'ils aient donné de telles preuves d'intelligence et de courage. Qu'on en finisse avec la supériorité qui ne se manifeste que par la destruction !

En même temps que la nouvelle de l'amnistie, je reçus avis que ma pauvre mère avait eu une première attaque. L'ennui la tenait, elle avait peur de ne plus me revoir, j'avais peur également d'arriver trop tard.

Mon voyage fut donc triste ; à peine si je montais sur le pont, de temps à autre ; la pensée qu'elle serait morte avant mon arrivée ne me quittait pas.

Pourtant le voyage était beau et en passant par le canal de Suez, c'était le tour du monde commencé sur la *Virginie* que j'achevais sur le *John-Helder*. Il y avait, outre moi, vingt autres déportés rencontrés à Sydney où, grâce aux leçons que je donnais et à l'aide de quelques amis, je pus aller par le courrier afin d'arriver plus tôt près de ma mère.

A Sydney, le consul français n'était pas décidé à me rapatrier avec les autres ; mais sur la déclaration que dans ce cas je serais obligée de faire pendant quelques jours des conférences sur la Commune de Paris et d'en employer le prix à mon voyage, il préféra m'expédier avec les autres par le *John-Helder* qui partait pour Londres.

Je ne sais de quelle nature est le consul de France à Sydney. Mais j'ai vu en Hollande un tableau représentant un bourgmestre flamand, assis paisible devant une coupe de bière qui pourrait être celle de Gambrinus ; c'est exactement son portrait, la coloration du visage, la pose, le calme profond.

J'ai compris devant ce portrait mieux encore que devant le consul, combien nos idées doivent lui paraître subversives et combien, outre la bonté qui se cache au fond de la physionomie, il a dû trouver préférable de me laisser partir le plus vite possible pour retrouver ma mère.

Nos amis, Henry et autres, nous comblèrent de gâteries pour le voyage ; il y eut entre nous des discussions à qui en prendrait le moins pour lui seul, si bien qu'on laissa le tout ensemble et qu'ils s'arrangèrent pour m'en faire consommer la plus grande partie.

Je suis convaincue que bien des fois ils se passèrent de café tandis que j'en avais toujours.

J'avais vu un peu les environs de Sydney avec Mme Henry ; les bois, les grandes solitudes coupées de larges routes, où l'on ne voit que la forêt, toujours la forêt pleine de gommiers et d'eucalyptus.

On dit que le serpent-fouet et autres y sont communs ; nous n'en avons pas vu un seul.

Il est vrai que c'était à la fin de l'hiver et que là comme ailleurs, ces animaux doivent craindre le froid.

Je n'ai pas vu non plus de kangourous, ce qui m'aurait beaucoup plus intéressée ; le *confortable* des routes si larges et si belles coupant les forêts doit éloigner les animaux sauvages.

Sydney est déjà une vieille ville, Melbourne même sent l'Europe ; mais une Europe lavée par les flots.

Quelques souvenirs.

J'ai ici un album de Sydney où Mme Henry et ses enfants, Lucien Henry et d'autres amis m'ont écrit sur les premiers feuillets. En passant à Melbourne, des amis inconnus vinrent nous rendre visite ; ils y ont écrit leurs noms.

Avant de nous séparer, mes vingt compagnons de route y ont également inscrit leurs noms.

C'est tout ce qui me reste des pages. Les autres ont été effeuillées sur le *John-Helder* ; j'y avais esquissé des petites têtes mignonnes et frêles de ces nombreux babies anglais dont les passagers des troisièmes cabines avaient des collections, en leur double qualité de gens peu fortunés et de fils d'Albion.

Aux pauvres toujours les nombreuses nichées ; la nature répare d'avance les pousses fauchées par la mort.

Les mères, blondes Anglaises comme les petits, m'ont demandé ces croquis ; c'était juste.

Quelques croquis de matelots à l'énorme carrure suivirent le même chemin ; il ne m'est resté qu'une esquisse faite près de l'isthme de Suez, de ce désert de sable où les rochers ont la forme d'Isis couchées. Au loin toujours le sable, et sur la rive entre le Nil et les roches feuilletées comme l'écorce du niaouli qui forment des murailles, une caravane au repos avec les chameaux le cou allongé sur le sable.

J'eus quelques bonnes fortunes, telles que la présence d'une dame anglaise qui s'occupe spécialement de ces malheureuses qu'on abreuve de honte parce qu'on en a fait des prostituées, comme si la honte était pour les victimes et non pour les assassins.

Une vieille dame anglaise avec qui je fis la traversée de Melbourne à Londres, une Française et bien d'autres encore. Combien de bonnes amitiés pourront lier en voyage ceux qui vivront dans une société moins âpre que le nôtre !

Un peu de ridicule en passant pour ceux qui aiment à rire.

J'avais rapporté de Nouméa cinq de mes plus vieux chats, après avoir confié les trois autres plus jeunes et plus beaux à des amis. De Nouméa à Sydney, ils firent le trajet sur le pont, s'abritant du froid comme ils purent dans une caisse. Dans les régions froides où le vent soufflait rude et glacé, ils se serraient l'un contre l'autre, regrettant probablement le chaud soleil de leur patrie ; mais avec une sorte de compréhension qu'ils devaient s'abstenir de manifestations bruyantes, ni là, ni sur le *John-Helder*, où après être entrés en contrebande, pressés tous les cinq dans une cage à perroquet, ils passèrent toute la traversée attachés comme des chiens au rayon qui formait mon lit, ils ne poussèrent pas une plainte, se contentant de me caresser tristement.

Mais une fois à Londres, autour d'une énorme jatte de lait apportée par les amis devant le feu, ils commencèrent à s'allonger en bâillant, et là seulement le gros chat rouge et la vieille noire exprimèrent leurs impressions sans doute peu favorables au bateau anglais. Quant aux trois petits ils regardaient le feu avec adoration.

Le *Figaro* et autres feuilles drolatiques, au lieu de prendre beaucoup de peine pour prêter à mon retour des épisodes burlesques, auraient mieux fait d'ouvrir les yeux assez pour voir que Marie, Jules Vallès et moi, nous avions quelque chose sous les bras en guise de portefeuilles.

Ce quelque chose bien caché sous nos manteaux, c'étaient des chats !

Trois sont encore vivants, la vieille noire et deux des petits ; et, en rie qui voudra, ce quelque chose de vivant qui me reste du foyer, ces pauvres bêtes qui, en mon absence depuis deux ans, vivaient couchées au pied de ma mère ou sur son lit, sont pour moi un cher souvenir — autant que quelque chose que ce soit peut tenir au cœur de ceux qui voient devant eux la vie déserte et le foyer détruit.

Peut-être est-il préférable que nous soyons ainsi ; de cette façon on ne regarde plus en arrière.

XI

J'ai parlé déjà de la bonne réception qui nous fut faite par les proscrits de Londres. On ne s'était pas revu depuis dix ans ; cela nous faisait l'effet, nous retrouvant ainsi, de revivre les jours de la Commune.

J'avais su en chemin, par une lettre de Marie, que ma pauvre mère, sur l'annonce de mon retour, s'était un peu remise, et j'étais heureuse de me retrouver au milieu des nôtres ; mais j'avais trop de hâte de la revoir pour ne pas partir de suite pour Paris.

Nos places payées et chacun dix francs en poche, les amis nous conduisirent à la gare où nous devions prendre le chemin de fer pour nous conduire au bateau en partance pour Dieppe.

La gare de Londres avait été ébranlée par le chant de la *Marseillaise* que de loin nous entendîmes longtemps gronder sans que la susceptibilité anglaise en ait été le moins du monde troublée, et tant que nous l'avons entendue, nous avons répondu sans que personne ait cherché à nous en incriminer.

A Dieppe des amis attendaient à la gare ; à la première station après, c'était ma chère Marie avec Mme Camille B...

J'ai quelques documents conservées par Marie sur mon retour.

Voici une lettre que j'adressais à Rochefort et à Olivier Pain :

> Chers citoyens Rochefort et Pain,
>
> Je reçois une dépêche de Pain qui me demande des détails sur mon arrivée.
>
> Mais vous savez bien que si j'accepte d'être l'objet d'une de ces réceptions qui ne sont pas payées trop

cher de toute une vie, je ne veux pas que ce soit ma personnalité, mais uniquement la Révolution sociale et les femmes de cette Révolution auxquelles tout soit adressé.

Du reste, je ne me souviens que de ceci : c'est que je vous ai tous embrassés à mon arrivée, et qu'affolée par l'idée de revoir ma mère, je n'ai rien voulu entendre et n'ai rien compris avant d'être à la gare Saint-Lazare. J'ai vu seulement cette grande foule grondante que j'aimais tant autrefois et que j'aime plus encore depuis que je reviens du désert. J'ai entendu seulement la *Marseillaise* et une unique impression m'a dominée : c'est qu'au lieu de livrer à de nouvelles hécatombes cette foule bien aimée, il vaut mieux ne risquer qu'une tête, et que les nihilistes ont raison.

J'ai hâte de remercier, j'ai hâte de dire qu'avec les dix déportés qui sont revenus hier, nous avons eu également à Londres, par les derniers proscrits, un de ces accueils fraternels qui nous avaient presque préparés à la journée d'hier et qui prouvent combien nous sommes amis et combien nous nous souvenons à travers le temps, l'exil et la mort.

J'écris, en même temps qu'à vous, à Joffrin, au sujet de la réunion de Montmartre avant laquelle je ne puis aller à aucune ; c'est à Montmartre que j'ai marché autrefois, c'est avec Montmartre que je marche aujourd'hui.

Je vous embrasse de tout cœur,

Louise Michel.

On a vu dans les chapitres précédents la réunion de Montmartre, dans cette salle de l'Élysée-Montmartre, si pleine pour moi de souvenirs. Voici quelques-unes des autres ; j'en trouve les comptes rendus dans un des registres de Marie.

Entre autres celle de la salle Graffard. A ce propos, j'ignore pourquoi j'ai vu si souvent sous certaines caricatures, sous des portraits, et je crois à l'inscription du Musée Grévin, Louise Michel *à la salle Graffard* ; j'ai dû être à la salle Graffard comme dans toute autre salle ; il me semble qu'on ne change pas de figure à une tribune ou à l'autre.

Sous mon portrait qu'un très jeune peintre, le fils de Mme Tynaire, s'est entêté à faire pour le Salon et que je lui ai laissé faire malgré l'ennui que j'éprouvais de poser en ce moment : c'était immédiatement après la mort de Marie, je crois que le jeune artiste a mis cette légende : *Louise Michel à la salle Graffard*.

J'ai laissé faire ce portrait pour ne pas contrarier un enfant de talent, sûre que j'étais qu'il serait reçu pour deux raisons. Celle que je place la première est qu'il peint bien ; la seconde sur laquelle je comptais pour lui est que ce portrait ressemble trait pour trait, et surtout expression pour expression, non pas à moi, mais à une ancienne prisonnière que j'ai vue en 72, à la centrale d'Auberive et qui s'appelle Mme *Dumollard.*

Je rends justice à ma laideur, mais entre cela et le portrait, magnifiquement peint — mais ne me ressemblant en rien — dont je parle, il y a la différence qu'on peut vérifier par n'importe quelle photographie de moi mise auprès du portrait.

La réaction devait se frotter les pattes en disant : Quel monstre !

Cela m'a fait rire jusqu'à ce qu'on ait eu la bêtise de raconter à ma mère divers incidents ; mais son ennui n'a pas tenu devant la scène suivante :

Un bonhomme tiré au moins à un million d'épingles, un bonhomme bête et raide comme une poupée de bois, se présente boulevard Ornano, 45, où nous demeurions ma mère et moi.

— Mademoiselle Michel ? me dit-il, en oubliant d'ôter son tuyau de poêle et en battant sa patte droite d'une petite badine.

— C'est moi.

— Non, ce n'est pas vous.

— Comment ! ce n'est pas moi ?

— Allons donc ! je connais Louise Michel, j'ai vu son portrait au Salon.

— Eh bien ?

— Eh bien ! tâchez de ne pas vous moquer de moi, et puis ce n'est pas une femme qui a *chevaux et voitures* qui ouvre elle-même sa porte. Allez me la faire venir ! Je vous répète que ce n'est pas elle qui ouvre la porte.

— C'est elle qui la ferme aussi.

Et là-dessus comme le bonhomme n'était pas tout à fait dedans, je le pousse tout à fait dehors la porte sur le nez. Il déblatère un peu derrière et puis je l'entends qui descend déblatérant toujours.

C'était bien vrai qu'on me disait chevaux et voitures et qu'on faisait semblant de croire que les réunions étaient à mon profit.

Comme ceux qui les organisaient savent ce qui en était fait, j'avoue que je ne m'occupais guère de ces racontars méchamment bêtes.

Marie restait près de ma mère quand je sortais et je pus ainsi parcourir le Midi où les divers groupes révolutionnaires m'avaient appelée.

A Bordeaux j'étais avec Cournet. Je me souviens qu'à une réunion intime où se trouvaient représentées les diverses fractions échelonnées sur le chemin que nous parcourons, on agita la question de la mort.

— Nous, nous mourrons debout ! s'écria Cournet. Il pensait au branle-bas qui aura lieu quand de partout la Révolution montera à l'assaut de la vieille épave.

Ce jour-là tout le monde donnera, et les jeunes, et les revenants de l'hécatombe, probablement les derniers blanquistes ; ces liens appuieront les forces révolutionnaires comme une armée. En tête Soixante-et-onze prendra sa place avec les groupes anarchistes où nous avons le droit de mourir aussi debout. Mais ne vous plaignez pas, amis fauchés au rouge anniversaire que les drapeaux arrosés de sang conduisent au Père-Lachaise. Vous êtes morts sans cesser la lutte ; c'est mourir debout.

J'ai su vaguement, car je ne lis pas les journaux depuis deux ans, ce qui s'est passé au Père-Lachaise le 26 mai.

C'était impossible qu'il en fût autrement ; la défense de porter les bannières de *couleurs prohibées* le faisait présager.

O mes amis, que nul d'entre vous après la victoire du peuple ne soit assez fou pour songer à un pouvoir quelconque.

Tous les pouvoirs feront de ces choses-là, tous ! Quand on a revêtu la tunique de Nessus de l'autorité, on sent en même temps les effluves de Charenton.

Que cette fois le peuple soit le maître ; le sens de la liberté se développera. Peut-être vaudra-t-il mieux pour lui que nous tombions dans la lutte afin qu'après la victoire il ne se fasse plus d'états-majors, et comprenne qu'à tous le pouvoir est juste et grand, qu'à quelques-uns il affole.

Un ami me récite un passage de journal dont il veut que j'aie connaissance. Après les brutalités de ceux qu'enivrent le vin et le sang, il y a comme en Soixante-et-onze ceux qui les applaudissent, les encouragent, trouvent qu'il n'y a pas assez de meurtres commis.

Nous, au lendemain de la victoire et même à l'instant où elle nous appartiendra, nous aurons, je l'espère, autre chose à faire que des infamies pareilles.

La Révolution est terrible ; mais son but étant le bonheur de l'humanité, elle a des combattants audacieux, des lutteurs impitoyables, il le faut bien.

Est-ce que vous croyez qu'on choisit, pour tirer les gens de l'eau où ils se noient, si on les prend par les cheveux ou autrement ? La Révolution agit ainsi pour tirer l'humanité de l'océan de boue et de sang où des milliers d'inconnus servent de pâture à quelques requins.

Allons, me voilà emballée ! Je reprends mon récit.

Après mon arrestation pour l'affaire de l'anniversaire Blanqui, Marie tomba malade.

Depuis dix ans elle souffrait d'une maladie de cœur ; toute émotion lui était fatale ; elle en eut une violente me voyant arrêtée.

Pauvre Marie !

Elle dort dans un grand châle rouge qu'on m'avait donné pour faire au besoin une bannière ; il a fait un linceul ; pour nous c'est la même chose maintenant.

MARIE FERRÉ

Mes amis, puisqu'il faut nous dire qu'elle est
    morte,
Qu'au seuil de nos prisons, nous ne la verrons
    plus ;
Puisque du froid néant nul ne rouvre la porte,
Que vers les trépassés nos cris sont superflus ;
Parlons d'elle un instant ; que son nom nous re-
    porte
    Vers ceux que nous avons perdus.

Modeste, elle savait être héroïque et fière.
Souvent, nous admirions ce contraste charmant !
Maintenant, c'en est fait, dans le noir cimetière
Pour jamais elle dort, emportant en mourant
Notre dernier sourire ; et mon cœur sous sa
    pierre
    Se sent enseveli vivant.

Entre le ciel désert et la terre marâtre,
Quand, parfois, nous avons des trésors aussi
    beaux,

C'est afin que la mort vienne nous les abattre,
Afin que tout soit deuil sous les rouges drapeaux.
Tous ceux que nous aimons comme un sarment
    dans l'âtre
  Vivants sont pris par les tombeaux !

O Révolution ! mère qui nous dévore
Et que nous adorons, suprême égalité !
Prends nos destins brisés pour en faire une aurore.
Que sur nos morts chéris plane la liberté !
Quand mai sinistre sonne, éveille-nous encore
  A ta magnifique clarté !

Louise Michel.

Février 1882.

Je croyais mourir après ce coup terrible ; ma mère me restait, ma mère et la Révolution. Maintenant je n'ai plus que la Révolution.

Si ces Mémoires auront un grand nombre de volumes ? Je n'en sais rien ! cela dépend de bien des choses. Si on voulait tout dire on écrirait sans fin.

Dans tous les cas, je ferais bien peut-être d'esquisser dans ce premier volume l'histoire de mes prisons.

Il faut bien qu'on sache combien parmi ces misérables qu'on méprise, se trouvent de braves cœurs ; il faut bien qu'on voie une foule de choses telles qu'elles sont, et ceux-là seuls le savent qui les ont vécues ! Je termine le chapitre des conférences pour en arriver à celui des prisons.

Je cite quelques fragments encore ; en voici un de notre ami Deneuvillers. C'est la contre-partie honnête de ce qui se passa le même jour dans l'autre salle. J'ai raconté dans un chapitre précédent les folies qu'y firent les réactionnaires devenus enragés parce que les gens de bonne foi écoutaient, sans parti pris, parler de la Révolution.

Je cite ce fragment, non par orgueil personnel, mais par orgueil révolutionnaire. On y verra la conduite du peuple opposée à celle de ses exploiteurs conscients ou inconscients du rôle qu'ils jouent.

LOUISE MICHEL A GAND Louise Michel a donné mercredi, au profit de la cause socialiste, une conférence à la salle du Mont-Parnasse. Trois mille compagnons étaient présents et ont fait un accueil enthousiaste à la conférencière, qui a parlé sur la *propagande révolutionnaire*.

Lorsque la citoyenne s'est retirée pour aller donner une autre conférence à l'Hippodrome, celle-ci dans un milieu bourgeois, réactionnaire, l'honnête et vaillante population gantoise voulait lui faire cortège pour la protéger contre les insulteurs.

— Il ne faut pas, leur a dit Louise Michel, laisser croire aux ennemis du peuple que nous prenons pour idole les uns ou les autres de nous. Nous ne devons faire cortège qu'à la Révolution. C'est pourquoi je vous demande de me laisser partir seule.

Autant les ouvriers se sont montrés calmes et enthousiastes, autant les réactionnaires de l'Hippodrome se sont montrés sauvages, furieux !

Les cléricaux en délire avaient depuis trois jours préparé des choristes hurleurs qui devaient empêcher d'entendre. On ne voyait que bouches largement ouvertes, poussant des cris furieux, et une levée de gourdins à faire envie à Piétri !

Côté comique : la conférencière a gardé comme souvenir des [arguments] cléricaux un fragment de banquette, du poids de deux kilos, qui lui a été jeté sur la tête.

Les meutes catholiques s'assemblaient dans les rues, où elles donnaient de la voix contre les socialistes, dont on avait tenté d'assassiner celui qu'ils désignaient comme leur chef, le courageux Anseele, qui ne leur a échappé des mains que grâce à *notre* intervention dans la lutte.

Nous avons eu jusqu'au soir le spectacle des fureurs épileptiques de ceux qui, en étouffant une conférence, croient avoir sauvé la religion et la société.

Sans la protection du bourgmestre et du commissaire de police en chef qui ont fait preuve d'un dévouement vraiment héroïque en s'interposant dans la lutte au Cirque, et jusque dans la gare, nous ne savons ce qui serait advenu à notre amie.

Ces turpitudes n'empêcheront pas le vent de la liberté de souffler à pleines voiles et de rendre la Révolution plus inévitable et plus proche.

DENEUVILLERS.

Je suis obligée de chercher mes citations chez les amis, ne pouvant trouver la vérité ailleurs. Je coupe, du reste, quand c'est possible, les choses trop flatteuses pour moi qu'ils mettent parfois en réponse à celles qui sont trop exagérées par la haine en sens contraire.

Je ne suis pas méritante, puisque je suis ma pente comme tous les êtres et comme toutes les choses, mais je ne suis pas non plus un monstre.

Nous sommes tous des produits de notre époque, voilà tout. Chacun de nous a ses qualités et ses défauts ; c'est la loi commune ; mais qu'importe ce que nous sommes, si notre œuvre est grande et nous couvre de sa lumière ; il ne s'agit pas de nous dans ce que nous commençons, il s'agit de ce qui sera pour l'humanité quand nous aurons disparu.

Qu'on me permette de citer cet extrait de l'*Intransigeant* :

D'une part, nous lisons dans le *Voltaire* :

Ce que rapporte la propagande révolutionnaire.

Les conférences de Mlle Louise Michel, à Bruxelles, lui ont été payées à raison de 500 francs chacune, soit 1,500 fr. pour les trois.

A ce prix, les appels à la révolte deviennent une assez bonne affaire.

D'autre part, un lecteur aimable, s'étonnant du *don princier* que la citoyenne Louise Michel adresse, par notre entremise, aux victimes de Chagot, nous demande des renseignements sur ses moyens d'existence. Au sentiment de ce monsieur, notre amie aurait pour spécialité de débiter « des idioties que nous trouvons charmantes » et de faire « des voyages d'agrément aux dépens d'imbéciles exploités par un comité de gredins ».

✻✻✻

Au lecteur aimable, nous nous bornerons à soumettre quelques chiffres, dont ils sera loisible au *Voltaire* de faire son profit.

Ici, nous sommes d'autant plus à l'aise que notre courageuse et excellente amie est absente et qu'au risque de la mécontenter, nous pouvons dire d'elle une faible partie de ce que nous en pensons.

Sur le prix de sa première conférence, indépendamment de ce qui a été consacré à des œuvres de propagande révolutionnaire, l'*Intransigeant* a reçu cent francs pour les proscrits de 1871.

Sur le prix de la seconde conférence, cent francs ont été donnés aux mineurs du Borinage ; cent autres francs à la presse socialiste d'Anvers et trois cents francs, le reste — c'est le « don princier », figuraient hier en tête de notre souscription en faveur des prévenus de Chalon-sur-Saône et de leurs familles.

Il n'a certainement pas été fait un moins digne et moins démocratique usage du prix de la troisième conférence.

Notre correspondant est-il satisfait ?

✳ ✳ ✳

Parlons un peu de la conférence de Versailles. Nous y étions allés, tout un groupe d'anarchistes, nous attendant à tout, mais regardant comme un devoir d'aller saluer de là les poteaux de Satory et le mur du Père-Lachaise.

Il me reste une lettre sur cette conférence ; la voici :

> Septembre 1882. A propos des incidents qui se sont produits à la réunion organisée dimanche dernier, à Versailles, par un groupe socialiste révolutionnaire, la citoyenne Louise Michel nous adresse la note suivante :
>
> « Est-ce que nos amis attendaient pour nous une autre réception ?
>
> « Nous n'avons pas besoin de parler de Révolution à ceux qui sont révolutionnaires, mais à ceux qui ne le sont pas.
>
> « Puisque nous avons commencé par Versailles, je ne vois pas d'empêchements à ce que nous finissions par la Bretagne.
>
> « Nous irons prochainement faire un tour dans ces bons pays du Roy.
>
> « S'il s'y trouve des gens qui nous reçoivent à coups de fourche, il s'en trouvera aussi qui seront acquis, par la propagande, à la Révolution sociale. Tout leur entêtement breton se tournera vers le vrai ; tout leur fanatisme sera pour l'avenir au lieu d'être pour le passé.
>
> « Il y a longtemps que j'y pense, pour ma part, à la conquête de cette Bretagne, depuis le jour où, de la place de l'Hôtel-de-Ville, je regardais avec indignation les larges faces blondes des gars bretons, collées aux vitres de la maison commune, d'où ils nous canardaient avec tant de conviction, de par le plan Trochu.

« C'était le 22 janvier,
« Oh ! oui, nous les aurons, comme tous les autres, pour la Révolution, les fidèles du Roy, tout comme les autres prolétaires.

« LOUISE MICHEL. »

Notre amie la citoyenne Louise Michel, a adressé hier au rédacteur en chef de l'*Intransigeant* la lettre suivante, qui vise l'article intitulé *Souvenirs de Satory* :

« *Au citoyen Rochefort*,

« Mon cher compagnon de route,

« Je viens vous serrer la main pour votre article d'aujourd'hui.
« Comment pouvaient-ils s'imaginer, ces gens-là, que la poursuite et les cris d'une meute inconsciente pouvaient m'émouvoir, tandis que j'avais devant moi Satory ?
« C'est absolument comme si je m'étais amusée à me plaindre à la presqu'île Ducos, avec l'île Nou à l'horizon.
« Nous avons pu constater, une fois de plus, que les arguments sérieux font défaut à nos adversaires. Ils emploient les hurlements : c'est avouer qu'ils sont perdus.
« Ce troupeau, du reste, ne manquait pas de pittoresque ; il y avait surtout un mendiant boiteux, s'allongeant comme une araignée sur ses béquilles, et vociférant contre les *ennemis de la propriété*.
« Vous avez vu les *Gueux* de Callot ? On eût dit celui-là détaché du cadre.
« Il y avait aussi quelques grands drôles de la suite d'Amphitrite, et des gavroches (parmi lesquels plus d'un futur insurgé) ; enfin tout le tableau de la bêtise humaine.
« N'importe ! cette scène aura contribué à nous amener plus d'un auditeur. Les choses ont une éloquence que n'ont pas les paroles.

« LOUISE MICHEL. »

Non seulement les calomnies allaient leur train, mais des idiots affolés de haine firent paraître dans un journal (je ne me souviens plus lequel) d'infâmes calomnies qu'ils avaient essayées sans succès, ou plutôt avec un succès contraire à leurs projets, dans une assemblée où se trouvaient par hasard des déportés de la Commune.

Cette fois ils espéraient mieux, sans songer que des milliers de personnes avaient vu ma vie jour à jour. C'est un Calédonien encore, M. Locamus avocat, ancien conseiller municipal, ancien officier à Nouméa qui leur a répondu.

Je suis obligée, devant la persistance des calomniateurs *anonymes*, à ces deux reprises, d'en finir par cette lettre, quelque flatteuse qu'elle soit, avec ces effrontés coquins.

Est-ce la peine ? oui, puisque nous tous témoins de ces mensonges, nous mourrons bientôt peut-être, nous devons nous garder purs pour la Révolution qui vivra éternellement.

Il n'est pas inutile de secouer les [taches] de boue.

> Le citoyen Locamus, ancien conseiller municipal de Nouméa, nous adresse la lettre suivante :
> Nous croyons devoir la publier, bien que notre amie Louise Michel n'ait besoin d'aucune attestation pour faire justice d'immondes calomnies, contre lesquelles sa vie tout entière proteste :
>
> « Paris, 27 février.
>
> « Monsieur le rédacteur en chef,
> « Je viens de lire dans l'*Intransigeant* les quelques lignes extraites de la réponse de Louise Michel à ses calomniateurs. Je n'ai pas lu la calomnie et je suis convaincu, comme vous, qu'il n'y a qu'à la mépriser.
> « Cependant, puisque Louise Michel a daigné répondre, je crois de mon devoir d'intervenir.
> « Nouméa est loin, et la réponse à ces calomnies pourrait se faire trop longtemps attendre. Heureusement, il y a des Nouméens à Paris.

« C'est en ma qualité de conseiller municipal de Nouméa, délégué à l'instruction publique en 1879 et 1880, que je viens donner à notre ancienne institutrice communale un certificat d'estime et de satisfaction.

« La commission de l'instruction publique municipale était composée de trois membres, M. Puech, négociant important, M. Armand déporté amnistié, et moi.

« Les écoles laïques que nous avons inaugurées dans la colonie ont donné les meilleurs résultats.

« Louise Michel, appelée à nous seconder par un arrêté du maire par intérim, M. Simon, s'est acquittée de ses fonctions avec un dévouement qui ne s'est jamais démenti.

« Son concours nous a été de la plus grande utilité.

« J'ajouterai que la conduite et l'attitude de Louise Michel à Nouméa ont inspiré le respect et l'admiration, même à ses ennemis politiques.

« Recevez, monsieur, mes salutations sympathiques

« P. Locamus. »

Parlons des conférences de Londres. Les dépenses de voyages furent faites par les citoyens Otterbein de Bruxelles, et Mas d'Anvers, à qui je les dois encore.

A Londres, j'ai vécu comme précédemment chez nos amis Varlet, Armand Moreau, Viard ; tous m'ont un peu gâtée comme toujours. Je suis loin de dépenser de l'argent quand je vais à Londres ; ce sont eux au contraire qui en dépensent ; quant au résultat des conférences, nos amis savent ce qui devait en être fait.

Comme la salle était fort chère, à une réunion des groupes révolutionnaires, il fut suppléé à ce qui manquait ; l'*Intransigeant* ajouta encore, car il avait été promis à nos amis de 71 devenus infirmes qu'il y aurait pour eux un petit souvenir.

La recette était minime devant le projet, que nous

avions formé depuis longtemps, de créer un établissement *plus que modeste*, mais enfin où les anciens proscrits devenus incapables de travailler — ou plutôt à qui on refuse du travail, car les communards sont fiers, et d'autres déjà ont pris la route du père Malézieux — où, disons-nous, les meurt-de-faim anciens et nouveaux eussent au moins trouvé un peu de pain et quelques gouttes de bouillon, sans autre titre que la misère. Avec des réunions, nous pensions entretenir cette maison qui, tenue par des infirmes sous ce titre, *Bouillon des proscrits*, eût peut-être sauvé des désespérés.

Les journaux anglais, même les plus aristocratiques et les plus réactionnaires, rendirent compte avec une grande impartialité de mes conférences de Londres. Cette bienveillance relative était due peut-être à la mauvaise foi de quelques feuilles bourgeoises du département du Nord.

Rien de plus favorable aux gens, que d'en dire trop de mal. Après un bon éreintement on s'aperçoit de suite des plus grossières exagérations.

Quant aux comptes rendus des journaux opportunistes de Paris, ils étaient tous faits sur le même cliché. Ils n'avaient pas besoin d'envoyer des reporters. Il leur suffisait de connaître le nom de la salle où je parlais, le sujet traité et le groupe qui avait organisé la réunion, pour arranger de la belle façon « la furie révolutionnaire ».

Mes conférences de Londres étant faites dans les quartiers riches, où l'on ne me connaissait que d'après la légende forgée par mes ennemis de France, mes auditeurs britanniques furent tout étonnés de ne me trouver ni aussi mal élevée, ni aussi ridicule qu'ils étaient habitués à l'entendre dire. Ils ne reconnaissaient nullement le portrait horrible qu'on leur avait fait de moi. Aussi tous les journaux, même l'aristocratique *Pall Mall Gazette*, furent-ils envers moi d'une courtoisie parfaite.

Ce qui les étonnait beaucoup, c'est que je ne partageais

pas les idées courantes sur les workhouses. Ils voyaient là chez moi, bien à tort du reste, une contradiction ; mais je vais développer plus loin mes idées à ce sujet.

Ils se trompaient en parlant de mon *enthousiasme* pour cette institution. Ce n'est pas un pareil sentiment que peuvent inspirer les workhouses. Je constatai seulement avec plaisir que l'Angleterre, elle, considère comme un devoir de s'occuper de ceux qui n'ont ni pain ni abri.

Je ne citerai pas les noms de ceux ou de celles qui, là-bas, me témoignèrent de la sympathie. Ceux-là se souviendront de ce soir d'hiver, de cet hiver noir de Londres, sur lequel flotte un linceul de brume, tombant par gouttes incessantes et tout à coup par larges ondées ; un soir glacé dans la grande salle froide, devant l'auditoire correct et froid du grand quartier aux immenses palais, sous lesquels les misérables ont des trous pareils à ceux des bêtes ! Je sentis, à travers tout cela, l'impression de l'honnêteté humaine persistant malgré les maudites entraves qu'on s'est éternellement données.

Ceux qui étaient là ne partageaient pas mes croyances, mais ils étaient de bonne foi, et je ne sais pourquoi ils me firent, graves et froids comme ils sont, l'effet d'une famille.

Alors, comme autrefois dans mon enfance à Vroncourt, comme au temps où, toute jeune institutrice, je m'asseyais chez Mme Fayet sur la pierre de l'âtre, en laissant s'échapper tout ce que j'avais dans le cœur, je me mis dans la grande salle froide, à dire les tableaux de ma vie qui passaient devant moi, depuis Vroncourt jusqu'à la Nouvelle-Calédonie, avec la sensation présente des choses passées.

Il en est peut-être qui s'en souviennent, et je leur ai dit, du reste, d'y penser quand, dans nos procès, les tribunaux nous présentent sous un aspect qui n'est pas le nôtre.

Si, comme toute notre race, il y a en nous encore de la bête humaine, ce n'est pas la bête qu'on exhibe, le boniment est faux ; c'est en quoi fait défaut la prudence des serpents qui sifflent sur le même cratère où rauquent les lions, attendant que la lave nous emporte.

Une chose me frappa en Angleterre, et je l'ai dit de suite, c'est le soin avec lequel dans quelques workhouses, Lambeth par exemple, on ouate le nid immense où la vieille Albion entasse la misère, pour qu'elle la laisse attendre dans son île, confortablement située pour cela, que le reste de l'Europe ait fait sa révolution. Alors, n'imitant pas les bêtises qu'elle a vu faire aux autres, elle fera tout d'une seule fois. Albion se lèvera soudain, secouera la poussière de sa robe blanche et allumera le feu sacré, où les vents du large l'activeront au lieu de l'éteindre et en feront une aurore.

Pour que leurs institutions surannées durent plus longtemps, les Anglais les réchauffent de l'enthousiasme des femmes. Des femmes dirigent les workhouses ; il y aura des femmes au Parlement.

Mais les branches vertes du vieil arbre ne peuvent rajeunir le tronc pourri ; elles produiront des feuilles et des fleurs tant qu'elles pourront vivre, en tirant, non de la sève tarie, mais de l'air plein de chauds effluves, ce qui soutient leur existence.

Il est certain workhouse où les vieillards et les pauvres sont heureux ; c'est que celle qui le dirige a senti qu'il faut la liberté pour que les malheureux, comme les autres, puissent vivre.

Il n'y a pas de règlement ; c'est écrit en toutes lettres sur le mur.

Aussi l'ordre est plus grand là que partout ailleurs ; c'est l'horloge qui préside.

A l'heure du repas, du travail, des promenades, chacun s'en va librement où il faut, comme on va chez soi à son repas ou à son travail.

Ah ! vous croyez peut-être, miss M..., miss X..., miss F..., que je vous ai oubliées ? Non, allez !

Vous croyez peut-être, miss M..., que le livre n'existe plus, où vous m'avez écrit les paroles du vieux de la Montagne : Ni Dieu, ni maître !

Si, je l'ai toujours.

J'ai toujours aussi la chanson de la *Chemise*, si bien traduite en vers français par vous, sir T. S...

XII

Des fragments constituent ce chapitre ; ce sont des conférences diverses. Voici d'abord une lettre que j'adressais au journal le *Citoyen* :

Phrase historique :

« On ne doit pas laisser les cochons s'engraisser. »

Décidément le *Gaulois* n'en a pas pour son argent ; car en rétablissant ma phrase (écrite aux trois quarts, je l'avoue) il l'a faite presque polie, tandis que, dans mon intention, elle était pire que l'offense.

Offense faite, du reste, par les amis d'un certain personnage, qui disent qu'on attaque leur maître chaque fois qu'on prononce le nom de l'animal en question et crient au crime de lèse-majesté.

Encore s'expriment-ils grossièrement, tandis que nous employons le mot parlementaire de sanglier domestique !

Mais, tandis que les repus sont en train de digérer, n'oublions pas ceux qui ont faim et froid, les vaillants qui ont empêché en 1871 le retour de l'Empire et qui sont sans travail et sans asile sur le pavé glacé.

Des citoyennes dévouées parlent de former, au moyen d'une conférence monstre, un établissement de bouillon qui durerait jusqu'en mars prochain, et où chaque amnistié trouverait chaque jour un repas qui l'empêcherait de mourir de faim.

Qu'on ajoute une ou deux centaines de familles ou d'hommes seuls qui donneraient à coucher jusque-là à un amnistié sans travail, et le peuple aurait lui-même sauvé de la mort ses frères de la déportation et du bagne.

Ce serait le commencement de faire ses affaires soi-même,

LOUISE MICHEL.
(Le *Citoyen* du 28 janvier 1881).

La seconde partie de cette lettre, seulement, a trait à la fondation du bouillon des proscrits, qu'avec rien nous espérions fonder ; les conférences et le dévouement de ceux qui travaillent aidant pour ceux qui ne travaillent pas.

De ceux qui y auraient trouvé la miette qui parfois sauve une existence, quelques-uns eussent aidé parfois.

Quant au livre de comptes il eût été toujours ouvert.

Encore ne faut-il pas passer pour des exploiteurs quand on met son temps et le peu qu'on peut gagner.

Cette idée d'exploitation, un tas d'imbéciles dont les scies : que j'avais chevaux et voitures ! que je possédais des rentes, etc., etc., me l'ont fait subir pendant les trois ans que j'ai passés en liberté après le retour.

Ma pauvre mère en a souvent pleuré, la bonne et simple femme. Quand des lettres d'insulte succédaient à des demandes de trois ou quatre cents francs et même de plusieurs milliers de francs, tandis qu'il n'y avait pas cent sous à la maison !

On n'a pas le temps de courir chez les éditeurs quand on passe une partie du temps près de sa mère malade, et l'autre aux conférences.

C'est alors qu'on collabore avec ceux qui ont eu le temps de trouver un éditeur.

Ah ! pourtant que je serais heureuse si elle était encore là, la chère femme et comme je ne m'inquiéterais guère de toutes les accusations !

A propos d'argent, du reste, j'ai toujours eu la coutume de garder, tant en Nouvelle-Calédonie que depuis le retour, les reçus ou pièces qui établissent, en cas de besoin, ce que j'ai fait des diverses sommes dont j'ai pu disposer.

Je reviens à la partie de la lettre qui n'a pas trait

au bouillon des proscrits ; je l'explique, quoiqu'elle n'ait trait qu'à une mesquinerie, pour le cas où cela amuserait quelque lecteur.

On aimait à faire croire dans certains journaux que j'avais dit cette bêtise de la Palisse :

« Quand les cochons sont gras on les tue. » J'avais dit dans une suite de comparaisons que le sanglier dégradé par l'engraissement devient pourceau domestique. C'est tout.

Or, chaque fois qu'on faisait allusion au compagnon de saint Antoine, il était opportun aux réactionnaires de dire qu'on insultait un personnage du gouvernement.

Tout ce qui était gras ne pouvait plus être nommé ; le nom de Vitellius était prohibé.

Quelquefois on ne pensait pas même au personnage en question. S'il était vivant, je ne terminerais pas si court à son sujet. Voici un fragment auquel la lettre citée précédemment devait faire allusion.

> Doux spécimen des projets de la prophétesse révolutionnaire Mlle Louise Michel. Tandis que le cercle d'études socialistes des Ve et VIIe arrondissements proclame qu'il faut aiguiser les armes de la Révolution, Mlle Louise Michel commente, dans deux lettres, son mot désormais historique : *Quand les cochons sont gras, on les tue.*

Extrait d'une lettre à M. Fayet :

> Quant aux craintes que vous me manifestez sur mon avenir, soyez tranquille, je n'aurai pas besoin de l'hospice.
> Vous possédez assez de mes vers d'autrefois, pour reconnaître que j'ai toujours pensé qu'il vaut mieux qu'un seul périsse que tout un peuple.

Les six dernières lignes de ce fragment opportuniste sont et seront toujours vraies.

Il n'est pas défendu de ne vouloir vivre qu'autant qu'on est utile et de préférer mourir debout à mourir couché.

Quant à penser qu'un seul n'est rien devant tous, j'en ai toujours été persuadée ; seulement le tyrannicide n'est praticable que quand la tyrannie n'a qu'une seule tête ou un certain groupe de têtes. Quand elle est devenue l'hydre, c'est la Révolution qui s'en charge.

Le mot *praticable* semblera peut-être mal employé, mais sommes-nous autre chose que des projectiles plus ou moins bien appropriés à la lutte et valons-nous la peine d'être considérés autrement, êtres irresponsables que nous sommes ! Ce langage froid nous convient, car notre poussière de sauvages ne tiendra guère de place.

La race que nous ne verrons pas et qui sera transformée et développée par les événements, méritera, peut-être, des paroles plus élevées.

Fauves encore nous-mêmes, nous cherchons à faire, cependant, la place nette pour ceux qui vont venir.

La Révolution sera la floraison de l'humanité comme l'amour est la floraison du cœur.

Ceux-là qui y seront, marcheront dans l'épopée et, seuls sauront la dire, car ils l'auront faite et le sens rudimentaire des arts aura, à travers des effluves nouveaux, son développement pour tous.

En attendant, le dernier des bardes qui chantaient seuls, comme le vieil Homère, est mort d'hier ; nous serons, nous, le chœur des bardes qui chanteront d'un bout de la terre à l'autre en dérapant enfin l'épave du vieux monde.

Avant d'en finir avec les conférences, parlons de celle de Lille, pour la grève des fileuses.

Elles étaient autour de nous à la tribune, ces ouvrières des caves de Lille, que leurs sabots gris préservent si peu de l'eau et que le travail tue avant l'âge.

Elles ne demandaient pour continuer cette horrible vie que deux ou trois sous de plus par jour.

Deux ou trois sous pour le pain suffisant à celles qui travaillent si durement pour les riches, pareilles au ver à soie qu'on fait bouillir quand il a tissé son cocon.

Elles aussi, quand le labeur est achevé, il faut qu'elles meurent ; il faut que la vie s'arrête avec le fil. Qu'est-ce donc qui soignerait leur vieillesse ? Est-ce que leurs filles, à peine hors du berceau, ne se seront pas enchaînées à la même torture ? Il faut bien que les riches usent et abusent de leurs troupeaux.

Les vers à soie, les filles du peuple, c'est fait pour filer.

Et le ver sera bouilli et la fille mourra ou se tordra comme du bois vert ployé.

Deux ou trois sous pour un peu de pain, en plus, à ceux qui gagnent des milliards aux autres !

Il fallait tenir une semaine et les exploiteurs eussent cédé ! Pour cela il fallait deux mille francs.

Grâce aux *réactionnaires* qui payèrent leurs places pour venir m'insulter, nous avons eu, en une seule conférence, les deux mille francs, que je priai les organisateurs de mettre de suite en sûreté ; ensuite, je pus annoncer à ces messieurs que nous avions ce qu'il nous fallait et qu'ainsi ils étaient libres de m'entendre ou de passer le temps à hurler, ce qui m'était parfaitement égal, puisque nous avions les deux mille francs qu'il fallait.

Cette explication franche les ayant calmés, la conférence eut lieu sans autre incident et je pus, vers une heure du matin, prendre le chemin de fer pour revenir près de ma mère. Je rapportais pour la tombe de Marie Ferré, comme un souvenir sacré, le bouquet donné par les ouvrières de Lille.

Malheureusement, des *malfaiteurs*, — je maintiens le mot — firent à la fin de la semaine, croire à quelques travailleuses crédules que les autres rentraient au bagne capitaliste ; elles s'imaginèrent de leur devoir d'en faire autant, et là, virent qu'on les avait trompées.

Il était trop tard mais la leçon ne sera pas perdue.
Voici un bout de journal sur les conférences de l'Union ouvrière d'Amiens.

> Amiens. — L'Union ouvrière d'Amiens avait délégué cinquante de ses membres, sous la présidence du citoyen Delambre, pour recevoir à la gare la citoyenne Louise Michel. Plus de cinq cents personnes s'étaient jointes à la délégation.
> Par les soins de l'Union ouvrière, une conférence avait été organisée au cirque Longueville pour l'après-midi ; quinze cents citoyennes et citoyens y étaient réunis.
> Après quelques paroles du citoyen Hamet, qui présidait la conférence, Louise Michel est montée à la tribune. Elle a dépeint les souffrances de la classe ouvrière et flagellé la conduite de nos gouvernants.
> « Les hommes au pouvoir aujourd'hui, a-t-elle dit, sont des jésuites sous le masque républicain. Ils envoient les soldats à Tunis pour finir comme à Sedan.
> « Je revendique les droits de la femme, non servante de l'homme. Si un jour nos ennemis me tiennent qu'ils ne me lâchent pas, car je ne combats pas en amateur mais comme ceux qui veulent vraiment, et qui trouvent qu'il est temps que les crimes sociaux finissent. C'est pourquoi, pendant la lutte, je serai sans merci et je n'en veux pas pour moi, n'étant dupe ni des mensonges du suffrage universel ni des mensonges de concessions qu'on aurait l'air de faire aux femmes.
> « Nous sommes une moitié de l'humanité, nous combattons avec tous les opprimés et nous garderons notre part de l'égalité qui est la seule justice.
> « La terre appartient au paysan qui la cultive, la mine à ceux qui la fouillent ; tout est à tous, pain, travail, science, et plus libre sera la race humaine, plus elle tirera de la nature de richesses et de puissance.
> « La vile multitude est le nombre, et quand elle voudra elle sera la force, non pour écraser mais pour délivrer. »

> Le citoyen Gauthier a pris ensuite la parole pour exposer ses idées sur la question du capital ou du travail.

En parlant du Nord, je pense à une tournée de conférences avec Jules Guesde, pour une grève encore.

Pendant le trajet, nous avions eu la comédie : un bonhomme racontant à un autre les enterrements d'hommes célèbres qu'il avait déjà vus, et si le diable existait, ce n'est pas lui qui raconterait ainsi. Je me demandais si c'était pour tout de bon. Ayant reconnu que oui, je craignais que Guesde ne s'avisât de déranger l'oiseau. Le bonhomme terminait ses espérances de convoi par celles dont bientôt Victor Hugo, dont il supputait l'âge, lui procurerait le spectacle ; ayant longtemps remué cette idée, il commença un autre sujet, Thiers.

Décidément il avait le dé de la conversation, ce corbeau funèbre ; l'autre, dont le cou était rouge comme celui d'un dindon l'admirait ainsi qu'une jeune femme aux yeux étonnés, quand un commis voyageur, un commis voyageur ni poseur ni vantard, le remisa en remplaçant par la vérité les bêtises de ce monsieur qui déplorait les misères des *pauvres patrons*.

Cette tournée présenta de gais incidents. Dans un café, une douzaine d'oisifs vinrent faire cercle autour de nous, nous regardant comme des bêtes curieuses.

Je me mis à crayonner leurs binettes et comme l'expression s'en accusait avec une naïveté bestiale (elles étaient réussies), je mis dessous ces légendes : « Mouchard béat. Mouchard savant. Imbécile. Mouchard malveillant. »

Ils n'étaient pas plus mouchards que nous, mais c'était trop bête de nous regarder ainsi.

L'un d'eux regarda par-dessus mon épaule, les autres aussi y vinrent et ils partirent ; nous en étions débarrassés.

A la réunion, le commissaire de police, revêtu de son

écharpe, se plaça près de nous. Croyant sans doute les contes de la réaction, il parut s'étonner du calme conservé par nos amis.

Il est vrai que l'un des quatre commissaires de la salle (quatre hercules) avait très gracieusement mis sous son bras, comme un jeune chat, un petit bourgeois qui donnait le signal du boucan, avant qu'on n'ait rien dit encore. Les autres petits bourgeois se calmèrent comme par enchantement.

XIII

J'arrive au procès de Lyon, pour affiliation à l'Internationale, qu'on sait ne plus exister.

Au procès de Lyon, je songeais, en regardant M. Fabreguettes, le profil anguleux, le bras levé avec la manche large qui remonte, la parole acerbe, je songeais à une gravure devant laquelle j'ai souvent rêvé dans mon enfance et qui représente le grand inquisiteur Thomas de Torquemada.

A mon procès, je songeais à l'*Éloge de la folie* d'Érasme.

Les marottes manquaient, mais le son des grelots tintait à l'oreille.

Les jurés hébétés, affolés du réquisitoire où il leur avait été dit que, s'ils ne me condamnaient pas, leurs boutiques ne seraient pas en sûreté ; cette idée burlesque de m'accuser d'avoir *ri* sur une porte ; les petits jeunes gens venus pour m'insulter et dont quelques-uns, cependant, sont sortis calmés, pris *peut-être* par la Révolution qui souffle dans les prétoires, je revois tout cela.

Mais ce n'est pas moi, messieurs, que vous avez condamnée ; on sait bien que je ne cherche pas à m'enrichir ; c'est ma vieille mère que vous avez condamnée à mort — et elle est morte.

On ne la réveillera pas, sous terre.

***

Qu'il me soit permis de me rendre une justice.

Cette accusation d'avoir ri n'est qu'un leurre. On ne voulait pas me condamner autrement parce qu'une femme est plus vite tuée par le ridicule. Rétablissons les faits : ce sont mes convictions qu'on poursuit en moi ; j'ai donc le droit de mettre ici le manifeste de Lyon comme j'avais ma place au procès des anarchistes et j'en partage toutes les idées.

Ceci sera une justice, et cela étant fait, je n'aurai plus besoin de m'inquiéter de mon procès.

MANIFESTE DES ANARCHISTES Ce qu'est l'anarchie, ce que sont les anarchistes, nous allons le dire :

Les anarchistes, messieurs, sont des citoyens qui, dans un siècle où l'on prêche partout la liberté des opinions, ont cru de leur droit et de leur devoir de se recommander de la liberté illimitée.

Oui, messieurs, nous sommes de par le monde quelques milliers, quelques millions peut-être, car nous n'avons d'autre mérite que de dire tout haut ce que la foule pense tout bas, nous sommes quelques millions de travailleurs qui revendiquons la liberté absolue, rien que la liberté, toute la liberté !

Nous voulons la liberté, c'est-à-dire que nous réclamons pour tout être humain le droit et le moyen de faire tout ce qui lui plaît ; de satisfaire intégralement tous ses besoins, sans autre limite que les impossibilités naturelles et les besoins de ses voisins également respectables.

Nous voulons la liberté et nous croyons son existence incompatible avec l'existence d'un pouvoir quelconque, quelle que soit son origine et sa forme, qu'il soit élu ou imposé, monarchique ou républicain, qu'il s'inspire du droit divin ou du droit populaire, de la Sainte-Ampoule ou du suffrage universel.

C'est que l'histoire est là pour nous apprendre que tous les gouvernements se ressemblent et se valent. Les meilleurs sont les pires. Plus de cynisme chez les uns, plus d'hypocrisie chez les autres ! Au fond, toujours les mêmes procédés, toujours la même intolérance. Il n'est pas jusqu'aux plus libéraux en apparence qui n'aient en réserve, sous la poussière des arsenaux législatifs, quelque bonne petite loi sur l'Internationale, à l'usage des oppositions gênantes.

Le mal, en d'autres termes, aux yeux des anarchistes, ne réside pas dans telle forme de gouvernement plutôt que dans telle autre. Il est dans l'idée gouvernementale elle-même, il est dans le principe d'autorité.

La substitution, en un mot, dans les rapports humains, du libre contrat, perpétuellement révisable et résoluble, à la [tutelle] administrative et légale, à la discipline imposée, tel est notre idéal.

Les anarchistes se proposent donc d'apprendre au peuple à se passer de gouvernement comme il commence déjà à se passer de Dieu.

Il apprendra également à se passer de propriétaires. Le pire des tyrans, en effet, ce n'est pas celui qui vous embastille, c'est celui qui vous affame ; ce n'est pas celui qui vous prend au collet, c'est celui qui vous prend au ventre.

Pas de liberté sans égalité ! Pas de liberté dans une société où le capital est monopolisé entre les mains d'une minorité qui va se réduisant tous les jours et où rien n'est également réparti, pas même l'éducation publique, payée cependant des deniers de tous.

Nous croyons, nous, que le capital, patrimoine commun de l'humanité, puisqu'il est le fruit de la collaboration des générations passées et des générations contemporaines, doit être mis à la disposition de tous, de telle sorte que nul ne puisse en être exclu ; que personne, en revanche, ne puisse en accaparer une part au détriment du reste.

Nous voulons en un mot l'égalité ; l'égalité de fait, comme corollaire ou plutôt comme condition primordiale de la liberté. A chacun selon ses facultés, à chacun selon ses besoins ; voilà ce que nous voulons sincèrement, énergiquement ; voilà ce qui sera, car il n'est pas de prescription qui puisse prévaloir contre des revendications à la fois légitimes et nécessaires. Voilà pourquoi l'on veut nous vouer à toutes les flétrissures.

Scélérats que nous sommes ! Nous réclamons le pain pour tous, la science pour tous, le travail pour tous ; pour tous aussi l'indépendance et la justice !

Ce manifeste était signé par le prince Krapotkine, Émile Gautier, Bordat, Bernard et quarante-trois autres prévenus. C'est Gautier qui l'avait rédigé.

Un seul compte rendu me reste des conférences de Lyon pendant le procès. Je ne me rappelle plus à quel journal il est emprunté. Le voici :

« On télégraphie de Lyon, 19 janvier :

Hier soir, à la salle de l'Élysée, Louise Michel a fait une conférence au profit des familles des détenus anarchistes.

Krapotkine et Bernard ont été acclamés présidents d'honneur.

En prenant la parole, Louise Michel reconnaît d'abord que la force seule peut transformer la société, puisqu'on l'emploie pour la détruire.

A Lyon, dit-elle, les anarchistes sont sur le banc des accusés. En Angleterre, ils sont membres de la Chambre des communes.

Elle rapportait, ajouta-t-elle, une adresse, signée par les réfugiés français de Londres, protestant contre le procès de Lyon et se déclarant solidaires des accusés et de leurs théories. Mais, se sachant surveillée par la police, elle a détruit cette pièce, afin de ne compromettre personne.

Louise Michel développe longuement ses idées sur la situation de la femme dans la société actuelle.

Le président met aux voix un ordre du jour concluant à une prise d'armes pour se défendre contre la bourgeoisie.

Cet ordre du jour est adopté.

Un nommé Besson demande l'expulsion des journalistes.

Louise Michel proteste et dit que la liberté doit être égale pour tous.

Un orateur demande que l'assemblée émette un vœu en faveur de l'acquittement des anarchistes.

> Le président répond que cela est l'affaire des juges et non de l'assemblée. Un tel vœu, dit-il, ne peut être émis sans l'assentiment des prévenus.
> La séance est levée au milieu des acclamations des assistants.

A une autre conférence, salle de la Perle, je crois, on imagina de faire passer derrière la tribune, en cassant une vitre, je ne sais quelle fumerolle qui, si nous fussions restés sans nous en occuper en disant que c'était un truc de la police ou des imbéciles, eût fait porter à la fois une grande partie de la foule vers une toute petite sortie où il y aurait eu des accidents.

C'étaient des imbéciles. Honteux ils m'envoyèrent leurs excuses, que je lus publiquement, sans dire les noms bien entendu.

Souvenez-vous de ceci, femmes qui me lisez : On ne nous juge pas comme les hommes.

Quand les hommes, même de mauvaise foi, accusent d'autres hommes, ils ne choisissent pas certaines choses, si monstrueusement bêtes, qu'on se demande si c'est pour tout de bon.

Quand une femme n'est dupe, ni de la souveraineté dont on berne les peuples, ni des hypocrites concessions dont on berne les femmes, c'est comme ça qu'on s'y prend avec elle.

Et il faut qu'une femme ait mille fois plus de calme que les hommes, devant les plus horribles événements. Il ne faut pas que dans la douleur qui lui fouille le cœur elle laisse échapper un mot autre qu'à l'ordinaire.

Car les amis, par la pitié qui les trompe ; les ennemis, par la haine qui les pousse, lui ouvriraient bien vite quelque maison de santé, où elle serait ensevelie, pleine de raison, avec des folles qui, peut-être, ne l'étaient pas en entrant.

L'homme, quel qu'il soit, est le *maître* ; nous sommes l'être intermédiaire entre lui et la bête, que Proudhon classait ainsi : ménagère ou courtisane. Je l'avoue, avec peine toujours, nous sommes la caste à part, rendue telle à travers les âges. Quand nous avons du courage, c'est un cas pathologique ; quand nous nous assimilons facilement certaines connaissances, c'est un cas pathologique.

J'ai ri de cela toute ma vie. Maintenant cela m'est égal comme toutes les erreurs qui tomberont.

Et puis, la *sinistre pécore* des vieux clichés réactionnaires voit, par delà notre époque tourmentée, les temps où l'homme et la femme traverseront ensemble la vie, bons compagnons, la main dans la main, ne songeant pas plus à se disputer la suprématie que les peuples ne songeront à se dire chacun le *premier* peuple du monde ; et c'est bon de regarder en avant.

Plusieurs semaines après le procès de Lyon, il me semblait que j'eusse été complice d'une lâcheté, si je n'employais pas la liberté qu'on me laissait, je ne savais pourquoi, à appeler, au lieu de l'Internationale morte, une nouvelle et immense Internationale debout d'un bout de la terre à l'autre.

Cela, je l'avais dit et fait ouvertement. On ne m'en a pas dit un mot à mon jugement ; c'était convenu que j'avais *ri* sur une porte, un jour que le peuple demandait du travail, et que ma mère m'avait suppliée d'attendre qu'elle fût morte pour aller aux manifestations.

Pendant que certains reporters causaient avec moi dans une maison où je *n'étais pas*, d'autres me voyaient *en partie de plaisir au Bois* où je n'étais pas non plus. J'habitais dans les familles de mes amis Vaughan et Meusy, d'où je me rendais, vêtue en homme, chez ma pauvre mère.

J'aurais pu, sous ce costume, ne pas quitter Paris, ou emmener ma mère à l'étranger.

J'aurais pu, même, continuer à faire de la propagande. Combien de fois suis-je allée dans les réunions d'où les femmes sont exclues ! Combien de fois, au temps de la

Commune, suis-je allée, en garde national ou en lignard, à des endroits où on n'a guère cru avoir affaire à une femme !

Quand vous lirez ceci, amis qui, à ce moment-là, m'avez donné l'hospitalité comme à un membre de la famille, souvenez-vous bien que je regrettais de vous tant tourmenter ; mais il fallait me rendre avant le jugement ; c'est pour nous surtout que nous devons être implacables. Les mensonges étaient trop honteux !

Et vous, Louise et Augustine, souvenez-vous, mes grandes, que vous l'avez senti et que vous m'avez dit : Vous avez raison ! Moi, je ne l'oublie pas, je sais que vous serez ainsi toujours.

S'il faudra du courage à vos frères pour les choses qu'ils verront, il vous en faudra cent fois davantage.

Il faut aujourd'hui, qu'où les hommes pleureraient, les femmes aient les yeux secs.

Et vous, les petites et les petits, croyez-vous que je vous oublie ?

Si Paul et Marius sont un jour ce que je crois qu'ils seront, eux aussi auront besoin de courage ; que l'un poète, l'autre musicien, fassent leur route au grand soleil, cherchant où l'art se lève, dégagé des bandelettes de la mort.

Et vous, Marie et Marguerite, vous aussi, mes petites, vous serez de la grande étape où, l'humanité étant en marche, les femmes ne doivent pas faiblir. Tant pis et tant mieux !

Je reviens à mon procès. Plusieurs de nos amis s'étaient proposés pour me défendre, mais, outre que chacun de nous doit s'expliquer lui-même, il m'était impossible de choisir entre ceux qui déjà avaient défendu nos amis comme on doit défendre des hommes libres et Locamus qui, à Nouméa, défendait les déportés appelés aux tribunaux de la colonie.

Combien de fois nous l'avons vu passer, ses clients étant acquittés et lui condamné pour insultes à la magistrature, et s'en allant en prison *avec les menottes* ! Il tenait à cette mise en scène, et se la faisait appliquer pour achever de la ridiculiser.

Et Locamus riait en passant, de manière à vous faire rire aussi.

Il se carrait avec cela, tout comme Lisbonne sous sa casaque de forçat.

Si ce n'est que Locamus tout droit secouait sa grosse tête frisée, et que Lisbonne, frappant sa béquille, relevait la sienne sous sa crinière ; tous deux avaient des allures de lions.

Ce qui gêne pour parler devant un tribunal quand on est plusieurs accusés, c'est que vos phrases sont guettées pour servir, *quand c'est possible*, à en faire des armes à l'accusateur. J'espère avoir évité cet écueil.

Quant aux jeunes gens déguisés en avocats, ou peut-être avocats de fraîche date, groupés à la façon des chœurs antiques, pour me regarder en riant, ou autres choses de ce genre, j'espère que les trois ou quatre qui ont cessé les insultes ne se sont point laissé enrôler dans la bande qui insulte les morts.

J'espère qu'ils ne regardent point les choses par le petit bout de la lorgnette, et que les noms de Vallès, de Rigault, de Vermorel, de Millière, de Delescluze et de tant d'autres qui, eux aussi, ont été des étudiants, leur viennent quelquefois au souvenir.

Nous ne sommes pas tentés pour la jeunesse des rôles de don Quichotte et tous les fourbissements d'armets de Mambria, tous les combats contre les moulins à vent, ne sont pas la revanche *non d'une seule*, mais de toutes les hontes de l'humanité.

La revanche, c'est la Révolution, semant la liberté et la paix sur la terre entière.

Quand tout monte en sève, il faut prendre rang d'un côté ou de l'autre, s'entasser dans l'ornière avec sa caste ou secouer les délimitations absurdes de castes et prendre sa place au soleil avec l'étape humaine qui se lève.

On a vu, dit-on, à l'enterrement de Vallès une multitude émue, sur laquelle flottaient les bannières noires et rouges.

Est-ce là toute l'armée révolutionnaire ? Est-ce l'avant-garde ? C'est à peine un bataillon.

Quand l'heure sera venue, avancée par les gouvernements féroces et stupides, ce ne sera pas un boulevard, mais la terre entière qui frémira sous la marche de la race humaine.

En attendant, plus large sera le fleuve de sang qui coule de l'échafaud où l'on assassine les nôtres, plus les prisons regorgeront, plus la misère sera grande, plus les tyrannies se feront lourdes et plus vite viendra l'heure, plus nombreux seront les combattants.

Combien d'indignés seront avec nous, jeunes gens, quand les bannières rouges et noires flotteront au vent de colère !

Quel raz de marée, mes amis, quand tout cela montera autour de la vieille épave !

Comme ils fileront doux, les petits jeunes gens qui se prétendent étudiants et qui bornent la patrie aux boues de Sedan !

Nous voulons, nous, pour tous les peuples du monde la revanche de tous les Sedan, où les despotes et les imbéciles ont traîné l'humanité.

La bannière rouge qui fut toujours celle de la liberté effraye les bourreaux, tant elle est vermeille de notre sang.

Le drapeau de noir crêpé de sang de ceux qui veulent vivre en travaillant, ou mourir en combattant, effraie ceux qui veulent vivre du travail des autres.

Oh ! flottez sur nous, bannières noires et rouges ; flottez sur nos deuils et sur notre espoir dans l'aurore qui se lève !

Si l'on était libre dans un pays, libre d'arborer sa bannière où et comment on le voudrait, on verrait, mieux qu'à un vote quelconque, de quel côté se rangerait la foule ; il n'y aurait pas moyen de mettre quelques hommes dans sa poche comme on y met des poignées de bulletins.

Ce serait une bonne manière de s'assurer de la majorité non falsifiée, qui serait cette fois celle du peuple.

Mais il n'est permis d'arborer nos drapeaux que sur les morts. Nous ne sommes pas à Londres.

Cette idée me remet en mémoire la dernière conférence de Blanqui.

La salle était pavoisée de drapeaux tricolores. Il se dressa, le vieux brave, pour maudire les couleurs de Sedan et de Versailles qu'on faisait flotter devant lui, symboles de redditions et d'égorgements.

Cette séance fut la dernière, les hurlements de la réaction couvraient souvent les paroles du vieillard.

Mais souvent aussi le petit souffle de la poitrine de l'agonisant, s'emplissant du souffle immense de l'avenir, dominait à son tour.

Après cette séance il se mit au lit et ne se releva plus.

Ce n'est pas le drapeau vermeil faisant une aurore sous le soleil qu'on poursuit, c'est tout réveil de liberté, ancien et nouveau, ce sont les anciennes communes de France, c'est 1793. c'est Juin, c'est 1871, c'est surtout la prochaine Révolution qui s'avance sous cette aurore. Et nous, c'est tout cela que nous défendons.

Voilà des pages qui auront bien de la peine à passer le seuil de Saint-Lazare ; mais ce n'est pas pour le laisser dans l'oubli qu'il y a un article favorable dans le règlement :

« Les avocats peuvent recevoir *cachetées* les lettres des prisonniers. »

Un d'eux a compris que ces *Mémoires* étant un peu mon testament, j'ai le droit d'y mettre ma pensée telle qu'elle est.

XIV

Je reprends mon récit.

Il y a eu deux ans au 14 Juillet, c'est-à-dire au lendemain matin, que je fus emmenée à la Centrale de Clermont.

Point de bonne fête sans lendemain !

Les prisons de femmes sont moins dures que celles des hommes : je n'y ai souffert ni du froid, ni de la faim, ni d'aucune des vexations faites à nos amis.

Mon livre des prisons s'appellera le *Livre du bagne* ; je n'ai qu'à en rassembler les feuillets ; ils sont nombreux !

Les premières pages seront consacrées à ces pauvres braves ambulancières, condamnées à mort et qu'on a dirigées sur Cayenne, où le climat est meurtrier, parce qu'elles avaient soigné les blessés de la Commune et, en passant, *ceux de Versailles*, quand il s'en trouvait d'abandonnés. Les blessés n'ont pas de camp ; souvent il fut opportun aux Versaillais d'en abandonner. Dame ! ça gênait pour mieux canarder.

Victor Hugo obtint la grâce de ces simples et braves femmes, Retif et Marchais ; Suétens, Papavoine, Lachaise, condamnées aux travaux forcés pour les mêmes faits, les suivirent.

On dut dire au Maître que ces femmes étaient des monstres, mais Versailles ne fut pas longtemps sans se démasquer.

Les chapitres suivants appartiendraient *aux amis* rencontrés dans les prisons, en commençant par les nôtres.

A Satory, des femmes de mes amis prisonnières ne craignirent pas de m'embrasser, quoique je les eusse prévenues qu'on allait me faire *mon affaire*. C'était risquer leur vie.

Aux Chantiers, dans la grande morgue des vivantes, sous les haillons pendus la nuit contre les murs, il en fut de même. Merci aux braves cœurs ; beaucoup, hélas ! sont mortes. La première fut Mme Dereure ; elle ne put survivre aux dures épreuves que, déjà malade, elle eut à subir, et, en plein Paris vaincu, devant les vainqueurs, les couleurs de la Commune suivirent son cercueil.

D'autres, sans doute, sont mortes, que nous n'avons pas revues.

Que de prisons ! ai-je dit quelque part dans ce récit. Oh ! oui, que de prisons ! du bastion 37 à la Nouvelle-Calédonie en passant par Satory, les Chantiers, la Rochelle, la Calédonie, Clermont, Saint-Lazare !...

Quand paraîtra mon livre des prisons, les dix ans et toute la mer qui avaient déjà passé sur les premières pages seront suivis de bien d'autres choses. L'herbe aura poussé encore sur bien des cadavres inconnus. L'idée sera la même : l'irresponsabilité de l'être humain à travers l'abandon, la misère, l'ignorance.

On a trouvé longtemps très joli ce mot impitoyable et illogique : « Que messieurs les assassins commencent. » Est-ce que les assassins, ce ne sont pas les vieux États décrépits où la lutte pour l'existence est si terrible, que les uns tournoient sans cesse au-dessus des autres, réclamant la proie ? On n'y entend que les cris des corbeaux et leurs battements d'ailes sur les peuples couchés à terre. Vous savez les vers d'Hugo :

> Lazare ! Lazare ! Lazare !
> Lève-toi !

Tout n'est que pièges ; les malheureuses s'y prennent.

Est-ce que c'est leur faute à ces malheureuses, s'il n'y a de place pour les unes que sur le trottoir ou à l'amphithéâtre ; pour d'autres, si elles ont pris pour vivre ou pour faire vivre leurs petits, pour la valeur de quelques sous, quand d'autres jettent pour leurs caprices des millions et des milliers d'êtres vivants ?

Tenez, je ne puis m'empêcher de parler de ces choses avec amertume ; tout s'appesantit sur la femme.

A Saint-Lazare, cet entrepôt général d'où elles repartent pour toutes les directions, même pour la liberté, on est bien placé pour les juger.

Mais ce n'est pas en y passant quelques jours, c'est en y restant longtemps qu'on voit juste.

On sent alors combien de cœurs généreux battent sous la honte qui les étouffe.

Oui, lève-toi, malheureuse qui as si longtemps combattu et qui pleures ta honte ; ce n'est pas toi qui es coupable.

Est-ce que c'est toi qui as donné aux gros bourgeois scrofuleux et ballonnés leur faim de chair fraîche ? Est-ce que c'est toi qui as donné aux belles filles qui ne possèdent rien l'idée de se faire marchandise ?

Et les autres, les voleuses, voyons, quand on jette des femmes dans la rue, il est sûr qu'elles iront où l'homme qu'on, appelle leur *souteneur*, — parce qu'il les bat et les exploite — les enverra.

Elles iront seules aussi : est-ce qu'on ne va pas toujours, toujours devant soi quand on est perdue ?

Il y a aussi des ouvrières voleuses, elles ont gardé des bouts d'étoffe. Est-ce que messieurs les grands couturiers envoient reporter les restes ?

D'autres avaient fabriqué des allumettes. Dame ! les enfants avaient faim.

D'autres ont trompé leurs maris ! Est-ce qu'ils ne les ont jamais trompées ?

Si on laissait les gens se choisir eux-mêmes au lieu d'appareiller les fortunes, cela n'arriverait pas si souvent.

D'autres encore (des vieilles le plus souvent), quand elles crèvent de faim et qu'elles ont envie de vivre encore un peu, insultent un agent pour avoir du pain en prison.

Lorsque j'étais prévenue, j'ai vu une de ces vieilles qui n'avait rien mangé depuis si longtemps que, après avoir pris un peu de bouillon, elle s'affaissa comme ivre.

Quelques jours après elle mourait, son estomac ne pouvant plus s'accoutumer à aucune nourriture.

A Clermont, en cellule, je ne voyais personne, mais j'entendais des bouts de conversation. En voici quelques fragments.

Je choisis ceux qui disent la tristesse du fond de la misère.

— *Tu sors demain, tu es heureuse !*
— *Ma foi non !* Il fait trop froid et trop faim dehors.
— Mais ta mère a une bonne place.
— On l'a chassée parce que je suis en prison.
— Où est-elle ?
— Dans la rue !
— Où vas-tu aller ?
— La grosse Chiffe m'a fait demander pour battre le quart ; je donnerai mon pécule à ma mère et j' me *renflanquerai là*.
— Mais tu reviendras encore ici, gage !
— Comment donc que j'ferais pour n'y pas revenir ? *Gna* pas d'ouvrage pour *ceuce* qu'ont des *vannées* de certificats ; c'est pas *pour y en avoir* pour des numérotées.

En voici d'autres :

— D'où que tu sors ?
— D'Saint-Lazare pardi ! puisque je suis d'Paris.
— Qué que t'as fait ?
— Est-ce que je sais. Mon marlou a levé un magot ; y parait que je suis complice.
— T'en savais rien ?
— Est-ce que tu crois qu'y me dit *ous qu'y va* turbiner.
— Y t'a peut-être donné *queque* chose ?

— Lui, me donner ? Y me prend plutôt. Y l'y faut quinze balles par jour.

— *Qué qui* fait de ça ?

— Ah dame ! y n'a pas gras, *faut qu'y* paye un camaro *qu'a* vu ce *qui* fait ? Le camaro mangerait l'morceau sans ça.

— Comment que tu fais pour l'y trouver ses quinze balles ?

— *J'faisais la fenêtre* ; ça vaut mieux que le quart dehors. Faut bien qu'on vive ! Quand je cherchais du travail, on me renvoyait des magasins parce que j'étais pas bien mise. Une fois qu'on m'a prêté une robe, c'était autre chose. J'étais trop bien mise, alors y a un michet qui m'a emmenée et puis voilà. Il a fallu prendre une carte et un marlou par-dessus.

— Où que tu faisais la fenêtre ?

— Chez la Relingue, tu sais bien, celle *que* se fait ramasser pour faire la place pour sa boîte dans les centrales.

— La Relingue ! moi j'aime mieux c'te boîte-ci que la sienne ! Elle gagne trop de balles *su no pauv'* carcasses.

— Et ous que tu veux que j'aboule ? La graine de prison ça ne prend racine que sur le trottoir.

En voici d'autres :

— T'es triste, hein, la *camuse* !
 — C'est que *je vas* retrouver mon malheur.
 — Qué que c'est que ça, ton malheur ?
 — C'est le père de mes enfants.
 — Es-tu mariée ?
 — Non.
 — Pourquoi que tu ne le quittes pas.
 — Parce que c'est le père de mes enfants ! Dans le temps le *pauv' mâtin y* s'est donné du mal pour les premiers ; mais les hommes c'est moins dur à la peine que

les femmes. Quand le mauvais vent souffle *faut* bien *qu'y* couche le champ.

Et après la sortie, n'ayant nulle part pour se réfugier ? Car les asiles qu'on fait pour les femmes sortant de prison ne peuvent les contenir toutes, — c'est offrir une coupe à la cataracte qui coule toujours.

Vous le voyez bien, vous qui êtes de bonne foi, qu'il faut que la Révolution y passe en ne remplaçant pas par des choses mauvaises les mauvaises qu'on détruit ; en ne mettant pas la peste là d'où on ôte le choléra. Mais en assainissant.

Si les femmes des prisons font horreur, moi c'est la société qui me dégoûte !

Qu'on ôte d'abord le cloaque. Quand la place sera nette sous le soleil, personne n'y enfoncera plus dans l'ordure.

Jeunes filles aux voix douces et pures, en voici de votre âge aux voix rudes et cassées. C'est qu'on ne vit pas comme elles vivent, sans boire pour s'étourdir, pour oublier qu'on vit.

Saint-Lazare ! Écoutez, jeunes filles qui n'avez jamais quitté vos mères ; il y a ici des enfants comme vous, des enfants de seize ans. Mais celles-là, ou elles n'ont pas de mères ou leurs mères n'ont pas le loisir de veiller sur elles.

Les pauvres ne peuvent pas garder près d'eux leurs petits, ni prendre le temps de veiller leurs morts.

Elles sont pâles, flétries ; c'est pour vous garder des attaques de ceux qui, disent les imbéciles, se jetteraient sur vous si leur faim de chair fraîche ne trouvait pas à se repaître dans la rue sur la fille du peuple.

On appelle ça de l'égalité et de la justice !

Un coup d'œil sur l'une des plus terribles misères humaines, afin que ce ne soit pas la plainte sur un seul être qui gonfle le cœur du lecteur, mais la révolte contre les crimes sociaux.

C'est peut-être en cellule qu'on est le mieux pour tout entendre. Toute cellule donne sur une cour quelconque et les voix montent ; il n'y a qu'à suivre quelques-unes des parties de cet horrible chœur de la misère.

Écoutez : il y a entre les propriétaires des maisons de prostitution échange de femmes, comme il y a échange de chevaux ou de bœufs entre agriculteurs ; ce sont des troupeaux, le bétail humain est celui qui rapporte le plus.

Quand les michets de telle ou telle ville de province trouvent une femelle trop *surmenée* ou qu'ils en sont las, le propriétaire s'arrange pour que la fille doive à la maison une somme dont elle ne pourra jamais s'acquitter ; cela la fait esclave, alors on la troque dans tous les maquignonnages possibles. Il faut que le bétail aille dans l'étable où il sera plus profitable aux [trafiquants].

Pour d'autres c'est un embauchage. Elles arrivent naïves de leur pays, ou si elles sont Parisiennes et qu'elles n'ignorent pas qu'il y a des ogres pour la chair fraîche ou des appétits à repaître, la misère les assouplit, et puis il y a les oripailleries fausses qu'une fois dans l'antre on leur fera payer six fois la valeur afin de leur créer une dette.

Il y a aussi le recrutement : de vieilles misérables trouvent moyen de se faire emprisonner pendant quelques mois, et elles recrutent, elles racolent toutes les jolies filles qui y sont échouées ; il n'y a plus besoin qu'elles craignent d'avoir faim ; en sortant elles feront la noce.

Oui, elles la feront, la noce, à en crever ! Leur voix deviendra un rauquement, leur corps tombera en lambeaux. C'est la noce — la noce des bourgeois en appétit.

Celles de la rue sont encore les moins misérables, celles des maisons fermées ont une vie si horrible que cela étonne ceux qui ne s'étonnent plus.

Ce que j'entends là-dessus, je l'écrirai, parce que c'est si épouvantable, si honteux, qu'il faut qu'on le sache !

Mais en ce moment les *batteuses de quart* de la rue ont le dessus pour les histoires lugubres.

Est-ce qu'on ne s'apercevra jamais que c'est entretenir tous les crimes, et qu'une fois devenue drôlesse, la femme s'étourdira en se faisant donner de l'argent par des imbéciles qui deviendront des assassins. Tout le monde doit savoir cela ! Alors pourquoi le continuer ?

Si les grands négociants des marchés de femmes qui parcourent l'Europe, faisant la place pour leur négoce, étaient chacun au bout d'une corde, ce n'est pas moi qui irais la couper.

Et si, quand une pauvre fille qui a cru entrer dans une maison honnête (il y en a) s'aperçoit où elle est, et se trouve dans l'impossibilité d'en sortir, elle étranglait de ses mains vengeresses un des misérables qui l'y retiennent ; si elle mettait le feu à ce lieu maudit, cela vaudrait mieux que d'attendre le résultat des plaidoiries à ce sujet, car il n'y en aura jamais d'autre que ce qui existe, tant que les choses seront telles.

Est-ce que les hiboux qui coupent les pattes aux souris pour les garder dans leur trou cesseront jamais d'agir ainsi ?

Si la souris captive, au lieu de pousser son petit cri plaintif entre le ciel et la terre également sourds, essayait de ronger la gorge au hibou qui la dévore, toutes les premières périraient ; mais la peur finirait par prendre la bête avide, et comme tout être veut vivre, elle finirait par se nourrir de graines plutôt que de crever.

C'est ainsi que doit procéder le misérable bétail humain ; la femme n'a pas à perdre son temps en réclamant des droits illusoires (ceux qui les lui promettent n'en jouissent pas eux-mêmes), elle a à prendre sa place en tête de l'étape qui lutte, et en même temps à se délivrer elle-même de la prostitution dont nul autre qu'elle-même ne la délivrera.

Quand elle ne voudra plus être la proie des appétits et des cupidités, elle saura que la mort est préférable à cette vie-là, et elle ne sera pas assez bête pour mourir inutilement.

Voici ce que j'entends pendant que j'écris. C'est l'histoire d'un marché.

— Y a un zig qui m'a fait *psit su* le *bout* des Batignolles ; y voulait me donner que vingt ronds, moi j'avais faim et puis j'avais un *marlou* par *ocas* avec la flique ; fallait que je le paye, y m'aurait donné une *flaupée* ; moi j'ai pas voulu.

— Qué que t'avais fait des *quarante ronds* du vieux qu'était *si plein* ?

— Je les avais donnés, vingt à *not' marlou*, vingt à une petite momiche qui *chiolait* la faim, qu'on ne voulait plus lui faire du pain *à l'œil* ; toute la *chieulée* chez elle allait en crever, qu'elle disait : Moi j'ai pas seulement *lampé* de la journée, j'aime pas quand je suis pas *éméchée*.

— Pourquoi que tu ne t'es pas *carapatée* quand on t'a prise.

— Puisque je te dis que j'avais rien *lampé, autant être là/ M....* ! autant crever !

Oui, vous avez raison, pauvres filles généreuses jusqu'au fond du gouffre où vous êtes, mieux vaut crever que cette vie-là où vous avez besoin de boire pour ne pas sentir l'existence.

Je ne veux pas croire à la nécessité pour l'homme de se repaître à se gorger de toutes les saouleries. Mais il y a nécessité pour la femme, *quelle qu'elle soit*, à ne point être souillée de ces immondes brutalités.

Mais regardons en avant, car dans ces tortures va naître la jeune humanité. C'est elle que Ferré au poteau de Satory ; les nihilistes du haut des potences du tzar, les socialistes allemands la tête sous la hache, saluent comme je le fais devant la vie — plus horrible que la mort.

XV

J'en arrive à la fin.

Maintenant qu'a chanté pour moi l'oiseau noir du champ fauve, il ne sera peut-être pas mauvais d'en jeter quelques lignes comme étude, pour ceux qui ignorent les effets qui se produisent quand on n'a plus rien à craindre, qu'on ne peut souffrir davantage, et que de l'autre côté de la douleur on regarde froidement se tordre les haines qui dardent leur venin, et trottiner les imbécilités gonflées d'envie.

On n'a plus, devant le tas de ces idiots, que l'indifférence du chiffonnier remuant de temps à autre les guenilles avec son crochet ; il n'y a pas de noms, mais chaque chose porte son cachet.

Je n'y ai pas encore trouvé de morceaux de bure ou de toile grossière, j'en ai trouvé de soie et de velours traînés dans les ordures.

Avez-vous remarqué combien certaines choses puent ? Ces saletés sans nom sentent l'odeur fade des détritus !

Si l'activité énorme déployée par certaines gens pour tâcher de me salir eût été mise en mouvement pour une cause raisonnable, ils auraient été utiles. Que de qualités précieuses déviées à travers les bêtises de la société égoïste !

J'ai vu en Calédonie, sur un mamelon émergé dans les cyclones, un grand fucus encore tout visqueux des flots dont il s'était nourri ; deux rameaux qui tombent du haut sur la pente exposée au soleil deviennent déjà une liane nouvelle ; — ils s'accrochent maladroitement encore à la terre qui leur donnera des sucs plus chauds, et les feuilles, d'un vert moins noir, déjà s'imprègnent de la lumière.

Combien d'êtres, eux aussi, s'imprégneraient de lumière dans un autre milieu !

En attendant, que de haines déchaînées contre les murailles d'une prison s'usent inutilement les dents ! Vous cherchez le bonheur pour le ronger, pauvres fous ; passez votre chemin, le bonheur n'est nulle part ; je l'aurais eu si j'avais passé ces deux ans près de ma mère en la sentant heureuse ; mais vous voyez bien qu'il n'y a plus de crainte à avoir, puisqu'elle est morte, rassurez-vous, je ne serai plus jamais heureuse ; mais ne vous agitez pas tant, vos insultes me sont indifférentes.

On comprendra pourquoi, sur ces terribles douleurs, la mort de mon amie et celle de ma mère, je cite plutôt les amis qui ont raconté ces tristes jours que je ne les raconte moi-même.

Le courage a des bornes, on ne les passe que si le devoir l'exige.

Je trouve, dans le *Dossier de la magistrature* d'Odysse Barot, la relation exacte de l'arrestation de Marie Ferré et je cite ces pages écrites sous l'émotion encore vive de l'horrible scène ; elles serviront de préface à sa mort.

> On se rappelle le procès de Théophile Ferré, membre de la Commune, son impassibilité dédaigneuse au poteau de Satory en face des douze chassepots qui allaient lui donner la mort. Cette mort, il l'attendit en souriant, le cigare à la bouche, les yeux non bandés ; chacun sait cela.
>
> Seulement, il y a un détail qu'on ignore et qui n'a été écrit nulle part jusqu'à ce jour : c'est la façon dont fut opérée l'arrestation de Ferré, le moyen auquel on eut recours pour découvrir sa retraite.
>
> Toutes les recherches avaient été infructueuses ; on avait peut-être arrêté cinq ou six pseudo-Ferré comme on a fusillé cinq ou six faux Billioray, cinq ou six Vallès.
>
> Que fait-on ? On se dirige vers la petite maison de

Levallois-Perret, rue Fazilleau, que l'ancien membre de la Commune habitait avec ses parents.

— Évidemment il n'y était pas.

— Parbleu ! on savait fort bien qu'on n'avait aucune chance de le trouver là.

— Eh bien alors, à quoi bon ?

— Que vous êtes naïf ! Ne vous ai-je pas dit qu'il demeurait avec sa famille ? Or, à quoi sert une famille si elle ne sert pas à dénoncer et à livrer les siens ?

On pénètre un peu brutalement, cela va sans dire, dans le petit cottage entouré d'un jardin de la rue Fazilleau. Ah ! tenez, je ne sais si ma plume aura le courage d'achever. L'autre jour, une affaire m'appelait à Levallois ; j'ai passé dans cette rue ; arrivé devant cette maison dont le numéro me revint soudain à la mémoire, je fus forcé de m'arrêter quelques minutes. Le sang me montait au cerveau, la sueur coulait de mon front, un simple souvenir faisait gronder en moi des flots de colère et de rage.

Pardonnez-moi cette émotion involontaire ; car cette indignation, cette colère, cette rage, vous allez les partager. Je continue :

On entre. Le père était parti pour son travail quotidien, il ne restait là que deux femmes, la vieille mère et la jeune sœur de l'homme que l'on recherchait.

Cette dernière, Mlle Ferré, était au lit, malade, dangereusement malade, en proie à une fièvre ardente.

On se rabat sur Mme Ferré ; on la presse de questions, on la somme de révéler la cachette de son fils. Elle affirme qu'elle l'ignore et que, d'ailleurs, la connût-elle, on ne pouvait pas exiger d'une mère qu'elle se fît la dénonciatrice de son propre fils.

On redouble d'instances ; on emploie, tour à tour, la douceur, la menace.

— Arrêtez-moi, si vous voulez, mais je ne puis vous dire ce que j'ignore, et vous n'aurez pas la cruauté de m'arracher d'auprès du lit de ma fille.

La pauvre femme, à cette seule pensée, tremble de tous ses membres. L'un de ces hommes laissa échapper un sourire. Une idée diabolique venait de surgir dans son esprit.

— Puisque vous ne voulez pas nous dire où est votre fils, eh bien, nous allons emmener votre fille.

Un cri de désespoir et d'angoisse s'échappe de la poitrine de Mme Ferré. Ses prières, ses larmes sont impuissantes, on se met en devoir de faire lever et habiller la malade au risque de la tuer.

— Courage, mère, dit Mlle Ferré ; ne t'afflige pas je serai forte ; ce ne sera rien. Il faudra bien qu'on me relâche.

On va l'emmener.

Placée dans cette épouvantable alternative, ou d'envoyer son fils à la mort ou de tuer sa fille en la laissant emmener, affolée de douleur, en dépit des signes suppliants que lui adresse l'héroïque Marie, la malheureuse mère perd la tête, hésite !...

— Tais-toi, mère ! tais-toi ! murmura la malade.

On l'emmène...

Mais c'en était trop pour le pauvre cerveau maternel.

Mme Ferré s'affaisse sur elle-même ; une fièvre chaude se déclare, sa raison s'obscurcit ; des phrases incohérentes s'échappent de sa bouche. Les bourreaux prêtent l'oreille et guettent la moindre parole pouvant servir d'indice.

Dans son délire, la malheureuse mère laisse échapper à plusieurs reprises, ces mots : Rue Saint-Sauveur.

Hélas ! il n'en fallait pas davantage. Tandis que deux de ces hommes gardent à vue la maison Ferré, les autres courent en hâte achever leur œuvre. La rue Saint-Sauveur est cernée, fouillée. Théophile Ferré est arrêté... Quelques mois plus tard, il est fusillé.

Huit jours après l'horrible scène de la rue Fazilleau, on rendait à la courageuse enfant sa liberté. Mais on ne lui rendait pas sa mère, devenue folle et qui mourut bientôt dans un hospice d'aliénés, à l'asile Sainte-Anne.

Marie était encore debout dix ans après ces horribles

choses. Ceux qui avaient leur père ou leur frère en Calédonie ou en exil savent quels étaient son dévouement et son courage infatigable.

A Londres, les proscrits me parlaient des quelques jours qu'elle y avait passés, comme si, en la voyant, ils eussent revu avec elle les amis disparus dans l'hécatombe ; je crois qu'ils l'aimaient plus encore que moi. Nous ne l'avons plus.

Ceux qui dans Paris, où l'on change si souvent de logement, habitent le n° 27 de la rue Condorcet, ancien appartement de Mme Camille Bias, y verront peut-être encore une chambre tendue de rouge ayant la forme d'une lanterne.

Marie Ferré, au moment où Mme Bias arrêta ce logement, me parla beaucoup de la chambre rouge : « C'est un véritable nid, me disait-elle, vous verrez comme on est tranquille. »

C'était un nid, en effet, — le nid de la mort.

Dans la nuit du jeudi au vendredi du 24 février 1882, après une courte maladie à laquelle nous étions loin de supposer une fin aussi terrible, c'est là que nous l'avons perdue.

J'avais été un peu jalouse que ce ne fût pas avec moi qu'elle vînt, mais elle me dit :

— J'y serai si bien ! Au bout de quelques jours ce sera fini.

C'était fini en effet ! S'il y avait un Dieu, ce serait vraiment un monstre de frapper de tels coups.

Le lit était placé en face de la porte, la tête contre le mur.

Pendant les deux jours qu'elle y fut morte, quelqu'un, qui ignorait ce qui se passait là, ne cessa de jouer du violon en face ; cela entrait dans le cœur.

C'est ainsi dans les villes où chaque maison est elle-même une ville.

C'est devant ce lit que nous l'avons couchée au cercueil,

bien enveloppée dans mon grand châle rouge qu'elle aimait.

A la mort de Théophile Ferré, c'est Mme Bias qui, avec la pauvre Marie, ensevelit le fusillé comme l'eût fait sa mère.

En face des magasins du *Louvre*, il y a une petite boutique de lainages ; là, pendant la déportation, ma mère habita longtemps avec une parente pour laquelle elle eut toujours une profonde affection, avant d'aller chez ses parents de Lagny.

Au n° 24 de la rue Polonceau, après mon retour, bien fugitifs furent les instants de joie ; ma mère et Marie près de moi, j'avais presque peur ; le bonheur n'est-il pas un rameau si fragile qu'on le brise toujours en s'y reposant ?

Deux vieilles amies venaient chaque jour voir ma mère, elles avaient pour elle de ces petites attentions qu'aiment tant les vieillards et ma chère Marie restait près d'elle pendant chaque réunion ; tout cela est passé.

* * *

Au 45 du boulevard Ornano, au quatrième étage, c'est là qu'elle subit la longue torture de deux années passées sans moi avant sa mort.

Son lit était placé parallèlement au corridor d'entrée, dans la chambre du milieu.

Au-dessus de la commode était un grand portrait de moi peint par Mme Jacqueline. Combien de fois la pauvre femme y eut les yeux pendant ces deux ans.

Il m'a semblé, pendant les derniers instants où il lui était difficile de parler, qu'elle me faisait comprendre de le donner à Rochefort qui me l'avait conservée pendant ces deux ans.

Par les jours de soleil, tant qu'on put lui faire croire seulement à un an de prison, elle restait longtemps à sa fenêtre : c'était là qu'elle m'avait si souvent attendue quand je revenais des dernières tournées de conférences, où Mme Bias était restée avec elle.

A partir du 14 juillet 1884 il fallut tout lui dire ; elle ne se mit plus à la fenêtre.

Je ne crois pas que cette douleur infligée à la pauvre vieille mère ait été bien profitable au bonheur de qui que ce soit.

Personne au monde n'y peut plus rien, on ne réveille pas les morts.

Elle est morte le 3 janvier 1885, à cinq heures moins trois minutes du matin.

Lorsque j'en descendis l'escalier, le matin du jour de l'enterrement, la laissant couchée dans le cercueil non encore cloué, je songeais à sa douleur depuis deux ans, je me sentais au cœur tout ce qu'elle avait souffert, pauvre mère ! Comme elle eût été heureuse de passer quelques jours avec moi !

On a bien agi en me laissant près d'elle à sa mort ; c'est pourquoi il faudrait peu de pudeur pour me faire grâce sur son cadavre.

Quand tout le monde sortira ou que mon temps sera fini. Jusque-là qu'on me laisse.

* * *

Et les cimetières, là-bas ! Vroncourt dans l'angle en haut, sous les sapins, Andeloncourt, Clefmont !

Et les petites maisons basses et sombres des vieux oncles, la maisonnette enfoncée en terre de la tante Apolline, celle de l'oncle Georges tout en haut de la côte !

Et la maison d'école. Qui donc maintenant y entend le bruit du ruisseau ?

Oh ! maintenant plus que jamais, par la fenêtre ouverte m'arrivent les senteurs des roses, du chaume, des foins coupés au soleil d'été ; l'odeur âcre des niaoulis mêlée à la fraîcheur âcre des flots.

Et tout reparaît, tout revit, les morts et les choses disparues.

Et plus que jamais je voudrais les revoir. Ils m'appellent et pourtant rien ne reste d'eux, plus que du vent qui passe.

Lors même que la pensée serait une sorte d'atmosphère qui enveloppe le corps, ne se dissiperait-elle pas avec elle ?

Qu'importe ! Il faut aller jusqu'au bout ; le travail étourdit, la douleur fait marcher comme un éperon. C'est nécessaire peut-être pour fournir sa carrière.

Des fragments retrouvés dans mes papiers diront mieux que moi le terrible groupement des choses depuis 71 : toutes se tiennent, dérivent les unes des autres et m'apparaissent à la fois.

Le premier qui me tombe sous la main date du 28 novembre 1871.

C'est au camp de Satory, tout ensoleillé dans le matin sur la neige de novembre, qu'avait lieu l'assassinat de Ferré, mon compagnon d'armes ; j'aurais bien aimé y avoir ma place.

Ma mère était forte encore, relativement presque jeune. C'eût été moins cruel que la séparation d'il y a deux ans.

Voici en quels termes un journal réactionnaire raconte la mort héroïque de Ferré :

> ... Les condamnés sont vraiment très fermes, Ferré, adossé à son poteau, jette son chapeau sur le sol. Un sergent s'avance pour lui bander les yeux ; il prend le

bandeau et le jette sur son chapeau... Les trois condamnés restent seuls. Les trois pelotons d'exécution qui viennent de s'avancer font feu.

Rossel et Bourgeois sont tombés sur le coup ; quant à Ferré, il est resté un moment debout et est tombé sur le côté droit. Le chirurgien-major du camp, M. Déjardin, se précipite vers les cadavres. Il fait signe que Rossel est bien mort et appelle les soldats qui doivent donner le coup de grâce à [Ferré] et à Bourgeois.

Enfin, le défilé commence...

Devant le troisième conseil de guerre, où il fut traduit en août, Ferré avait prononcé pour toute défense les paroles suivantes :

« Membre de la Commune, je suis entre les mains de ses vainqueurs :

« Ils veulent ma tête, qu'ils la prennent.

« Jamais je ne sauverai ma vie par la lâcheté. Libre j'ai vécu, j'entends mourir de même.

« Je n'ajoute qu'un mot : La fortune est capricieuse. Je confie à l'avenir le soin de ma mémoire et de ma vengeance. »

(La *Liberté* du 28 novembre 1871.)

Le second, est le fac-similé de la dernière lettre de Ferré à ma chère Marie.

Celui-là m'arrive le 24 mai de cette année ; je n'ai pas besoin qu'il y ait de lettre pour deviner que cela vient de vous, mon cher Avronsart.

Je revois avec ce triste et fier adieu notre comité de vigilance du 41, chaussée Clignancourt.

— Tous des poètes et des sauvages ! me disait Mme Meurice.

C'était vrai ! Comme nous nous aimions là dedans, et comme on y était bien ensemble !

Si bien, qu'on avait les yeux avec une sorte d'anxiété sur la pendule, qui marquait l'heure d'aller dans nos clubs ou dans ceux des partisans des redditions et du plan Trochu, afin d'y jeter des idées subversives, qui tombaient en étincelles sur la foule toujours généreuse qui, *elle*, ne voulait pas se rendre.

C'était vite fait de désorganiser ces réunions de lâcheurs de luttes et de *lécheurs* de sang.

Ils flairaient d'avance le sang des vaincus, et revinrent à leur heure (l'heure des chacals) ; il leur faut la proie morte ou liée.

Je crois avoir toujours, avec la lettre de Marie, la dernière qui me fut envoyée de sa cellule de Versailles, avant qu'on ne m'ait fait partir pour Arras, d'où je fus ramenée comme je l'ai raconté. Le 29 novembre au matin, au même instant où Marie venait chercher le corps du fusillé, nous eûmes la consolation de nous rencontrer.

Je ne crois pas qu'aucune perquisition m'ait enlevé ces papiers, mais les amis n'aiment pas à les remuer, nous tous étant morts ou prisonniers, et je leur laisse ce sentiment de tristesse sans le heurter.

Je dirai seulement que, dans cette lettre, Ferré, au lieu de s'attendrir sur lui-même, regardait, par-dessus le fleuve de sang de 71, la Liberté se lever à l'horizon lointain.

Où donc êtes-vous tous, ô mes amis ?

Si ce livre trouve Burlot dans ses forêts du Morvan, et le vieux brave Louis Moreau, je ne sais dans quel coin du monde, eux aussi se souviendront.

Je m'aperçois que j'écris des noms et ceux qui les portent vivent encore ! Je m'arrête, mais la page restera.

Voici la dernière lettre de Théophile Ferré.

Maison d'arrêt cellulaire de Versailles, n° 6.
Mardi 28 novembre 1871, 5 h. 1/2 matin.

Ma bien chère sœur,

Dans quelques instants je vais mourir ; au dernier moment, ton souvenir me sera présent ; je te prie de demander mon corps et de le réunir à celui de notre malheureuse mère ; si tu le peux, fais insérer dans les journaux l'heure de mon inhumation, afin que des amis puissent m'accompagner ; bien entendu, aucune cérémonie religieuse ; je meurs matérialiste comme j'ai vécu.

Porte une couronne d'immortelles sur la tombe de notre mère.

Tâche de guérir mon frère et de consoler notre père ; dis-leur bien à tous deux combien je les aimais.

Je t'embrasse mille fois et te remercie des bons soins que tu n'as cessé de me prodiguer ; surmonte ta douleur et, comme tu me l'as souvent promis, sois à la hauteur des événements ; quant à moi, je suis heureux, j'en vais finir avec mes souffrances, et il n'y a pas lieu de me plaindre.

Tout à toi,
Ton frère dévoué,

TH. FERRÉ.

Tous mes papiers, mes vêtements et autres objets, doivent être rendus, sauf l'argent du greffe que j'abandonne aux détenus plus malheureux.

TH. FERRÉ.

Je crois devoir donner quelques fragments des journaux de 28 juin 1882, sur les obsèques de Marie.

Hier matin, à 9 heures, ont eu lieu les obsèques de la courageuse citoyenne Marie Ferré, sœur de Théophile Ferré fusillé par la réaction bourgeoise, pour sa participation à la Commune.

La vie de Marie Ferré ne fut qu'abnégation et dévouement à la cause pour laquelle son frère mourut.

Aussi est-ce avec une respectueuse admiration qu'un grand nombre d'amis suivaient hier, à sa dernière demeure, cette martyre de la foi révolutionnaire.

✳ ✳ ✳

Le cortège se composait d'un millier de personnes, parmi lesquelles on remarquait les citoyens Henri Rochefort, Clovis Hugues ; les citoyennes Hubertine Auclert, Camille Bias, Cadolle, Louise Michel.

Avant la levée du corps à la maison mortuaire, des bouquets d'immortelles ont été distribués aux assistants.

Huit couronnes de roses blanches et trois couronnes d'immortelles rouges ont été déposées sur le cercueil.

Les trois couronnes d'immortelles portaient les inscriptions suivantes : A Marie Ferré, le Cercle d'études sociales du XVIIIe arrondissement. A Marie Ferré, la Libre-Pensée de Levallois-Perret.

A neuf heures un quart, le cortège s'est mis en marche pour Levallois-Perret, où se trouve le caveau de la famille Ferré et où le frère de la défunte a été inhumé après avoir été fusillé à Satory.

Le deuil était conduit par le père et le frère de Marie Ferré, Mme Bias et Louise Michel.

En traversant le boulevard des Batignolles, la rue de Levis et la rue de Tocqueville pour gagner la porte d'Asnières, le cortège s'est grossi de quelques centaines de personnes.

Plusieurs discours ont été prononcés par des délégués des groupes révolutionnaires, des cercles d'études sociales, de la libre-pensée et du comité de vigilance du XVIIIe arrondissement.

Le citoyen Edmond Chamolet cite les paroles du poète :

« Elle était :

De verre pour gémir, d'acier pour résister.

« Aussi, malgré les douleurs, malgré les tortures morales et physiques qu'elle subissait, demeurait-elle calme en apparence, sinon résignée, au milieu des combats de l'existence.

« Elle vivait d'une vie trop active, d'une vie de fièvre, et sa nature frêle et délicate fut brisée par les chagrins qui la minaient lentement ; ses forces la trahirent, la mort vient de nous l'enlever à la fleur de l'âge.

« Adieu, Marie, dors auprès de ta pauvre mère, auprès de ton frère mort pour la liberté. »

✳ ✳ ✳

« L'histoire, dit Jules Allix, associera au souvenir de Théophile Ferré le grand et sublime dévouement de sa sœur Marie, dont nous saluons ici la vie simple et grande.

« Frêle et douce comme les femmes, elle était forte comme les plus courageux d'entre les hommes.

« Salut à toi, Marie Ferré ! Ton souvenir vivra malgré le soin que tu prenais à te cacher toi-même ; et nous, les suppliciés, nous, les bannis et les proscrits, nous te faisons ici cortège, pour jusqu'au jour où nous glorifierons nos martyrs, morts pour féconder la liberté.

« La foule qui se presse autour de ta tombe, chère citoyenne au grand cœur, fait plus que tous les discours le panégyrique de ta vie,

« Honneur à toi, Marie Ferré ! Puisse-t-on imiter ton exemple, afin qu'au lieu du martyre on ait le triomphe. Vive la République ! Vive la Révolution ! »

✳ ✳ ✳

« En 71, dit le citoyen Dereure, Marie Ferré qui s'était levée de son lit pour marcher à la prison, avait sa mère morte, son frère fusillé, son père et son second frère prisonniers.

« Rendue à la liberté, seule entre ces tombes sanglantes et ces prisons, elle veillait avec un courage surhumain sur ses morts et sur ceux qui lui restaient. »

Quelques mots de Louise Michel et d'Émile Gautier terminent la douloureuse séance.

« Citoyens, c'est sur le cœur même de la Révolution que nous remettons la pierre de cette tombe : Souvenons-nous, souvenons-nous ! »

« Vous avez bien dit, Louise, termine Émile Gautier ; souvenons-nous ! Que les souvenirs revivent, nous faisant entrevoir l'aurore des jours où régneront la liberté, l'égalité et la justice. »

A la mort de Marie Ferré, les femmes révolutionnaires de Lyon du groupe Louise Michel prirent le nom de « groupe Marie Ferré ».

Merci aux justes et aux vaillantes.

J'ai, parmi les fragments du 28 février 1882, bien des pages touchantes écrites sur l'héroïque et touchante amie que nous avons perdue.

> Quand je la revis dernièrement à mon retour d'exil, dit Rochefort, j'avais gardé de la jeune fille d'alors un souvenir ineffaçable, que sa mort inattendue vient de raviver.
>
> Je la vois encore, glissant comme une ombre dans ses vêtements noirs, le long du corridor qui menait au parloir ; nous nous rencontrions ordinairement trois dans ces sortes de boites qui faisaient de la pièce entière comme une variété d'omnibus cellulaires : Rossel, Ferré et moi. Étant tous les trois marqués pour la mort, nous avions été logés l'un à côté de l'autre au rez-de-chaussée de la prison avec deux surveillants qui, à travers nos guichets ouverts, braquaient curieusement sur nous leurs yeux inquiets.
>
> Au parloir, Mlle Rossel, Mlle Ferré et mes enfants se retrouvaient dans une inquiétude commune.
>
> Je n'oublierai jamais, quand elles surent que je n'étais condamné qu'à la déportation perpétuelle dans une enceinte fortifiée, le regard de convoitise sympathique que les deux jeunes filles adressèrent aux miens et qui semblait dire :

— Votre père est simplement destiné à finir ses jours à six mille cinq cents lieues, chez les anthropophages. Êtes-vous heureux !

Comme la sœur de Delescluze, la sœur de Ferré a lutté bravement contre l'amertume de ses regrets, puis elle est tombée vaincue.

Le jour où le calendrier clérical, que le facteur nous apporte tous les ans, aura été remplacé par le calendrier républicain, le nom de cette martyre y brillera parmi les plus mémorables et si jamais le baptême civil succède au baptême religieux, c'est sous l'égide de sa mémoire et de sa vertu que les honnêtes femmes placeront leurs enfants.

XVI

Ma mère me restait et, forte comme elle était, elle eût vécu longtemps si les miettes de pain prises par quelques enfants affamés (et à qui on en avait donné d'abord) n'eussent été aussi chères.

Hélas ! le pain est cher sous la troisième république.

Voici comment fut raconté l'enterrement de la pauvre femme, qui eut lieu le 5 janvier 1885.

Comme elle ne souffrait plus, je n'ai pas demandé à aller jusque-là. Elle morte, je n'avais plus rien à demander.

A LA MAISON MORTUAIRE

Comme aux grands jours de réveil populaire, les faubourgs vidaient leurs ruelles sombres. De tous les côtés arrivait en masse le peuple, le vrai, celui des « repaires » et de l'atelier.

Devant le n° 45 du boulevard Ornano, l'affluence était telle que toute circulation était devenue impossible.

A onze heures précises — trop précises, car des milliers de citoyens sont arrivés dans la demi-heure qui a suivi le départ, — le cercueil a été placé sur le corbillard.

Louise Michel, avant de retourner à Saint-Lazare, a voulu placer auprès du corps de sa mère quelques souvenirs : une photographie d'elle accoudée sur un rocher, encadrée de peluche rouge ; une mèche de ses cheveux attachée avec un ruban noir et mélangée au bouquet d'immortelles rouges qu'elle a rapporté de l'enterrement de son amie Marie Ferré ; le portrait de cette dernière ; enfin quelques-unes des fleurs apportées à la malade ces derniers jours.

Le citoyen Clémenceau était venu présenter ses condoléances à la famille et s'excuser de ne pouvoir suivre le cortège.

De nombreuses couronnes ont été déposées sur le cercueil et derrière le char : *A la mère de Louise Michel, l'Intransigeant* ; la *Libre-Pensée* ; la *Bataille* ; etc. ; beaucoup de bouquets aussi, formés de fleurs naturelles, viennent se mêler aux couronnes. Celle de Louise Michel est en perles noires et ne porte que ces mots : *A ma mére !*

Le cortège s'est mis en marche dans l'ordre suivant :

Immédiatement après le char venait le plus proche parent de la défunte, M. Michel, vieillard à cheveux blancs, accompagné de ses deux filles, les cousines de la prisonnière.

Derrière, marchaient le citoyen Henri Rochefort, son fils aîné, Vaughan et toute la rédaction de l'*Intransigeant*.

Venaient ensuite les compagnons de lutte de la citoyenne, ceux qui la suivirent dans la proscription et qui continuent dans la presse ou à la tribune le combat révolutionnaire. Citons notamment : Alphonse Humbert, Joffrin, Eudes, Vaillant, Granger, Lissagaray, Champy, Henri Maret, Lucipia, Odysse Barot, S. Pichon, conseiller municipal de Paris ; Antonio de la Calle, ancien membre du gouvernement révolutionnaire de Carthagène ; Moïse, conseiller d'arrondissement ; Frédéric Cournet ; Victor Simond et Titard, du *Radical*, etc., beaucoup d'anciens déportés de la presqu'île Ducos et de forçats de l'île Nou.

Signalons encore la présence du citoyen Deneuvillers, ancien proscrit de 1871, correspondant de l'*Intransigeant* à Bruxelles ; du citoyen Théleni, représentant du *Radical des Alpes* ; Bariol, délégué du cercle des *Droits de l'homme* (Vaucluse) ; P. Arnal, délégué de l'Association fraternelle des républicains des Basses-Alpes, de Vaucluse et du Var ; beaucoup d'autres citoyens, délégués de groupes de province et de Paris, dont nous regrettons de ne pouvoir donner les noms.

Au milieu de ce cortège d'anciens combattants de 1871 et d'hommes éprouvés, se trouvait mêlée l'ardente jeunesse des groupes révolutionnaires récemment créés. Ceux-là, parmi lesquels une centaine d'anarchistes, ont déployé, sitôt que le cortège s'est mis en marche, trois drapeaux rouges dont l'un portait cette inscription : *La sentinelle révolutionnaire du XVIIIe arrondissement.*

Derrière, et tenant toute la largeur de la chaussée, venait une foule immense apportant à Louise Michel, dans cette circonstance douloureuse, le tribut de son respect et de sa reconnaissance.

SUR LE PARCOURS

Depuis l'enterrement de Blanqui, cet imposant spectacle d'une démonstration populaire ne s'était pas renouvelé, grandiose et majestueux comme il l'était hier.

Le cortège s'est dirigé vers le cimetière de Levallois-Perret par les boulevards Ornano, Ney, Bessières, Berthier et la porte de Courcelles.

Les talus des remparts étaient garnis de nombreux spectateurs qui s'étageaient sur les déclivités. Du côté opposé, les murailles, les toits, les fenêtres étaient également remplis de curieux.

De toutes les rues qui débouchent sur la route stratégique, une nouvelle foule d'ouvriers, de malheureux, se rangeaient respectueusement sur le passage du cortège ou venaient le grossir.

La police ne se montrait pas ; aussi le calme n'avait-il pas cessé de régner et aucun tumulte ne s'était produit. Un simple service d'ordre était fait par deux gardiens sous la conduite d'un sous-brigadier.

Cependant, des mesures extraordinaires avaient été prises pour lancer, au besoin, sur les manifestants, la meute armée : la garde républicaine se trouvait rue Ordener, et sur tout le parcours on avait placé, dans l'intérieur des postes-casernes, des gardiens de la paix. Dans la cour de la caserne de la Pépinière, place Saint-

Augustin, était rangé un bataillon d'infanterie, sac au dos, prêt à marcher.

A la porte Ornano, le cortège pouvait être évalué à plus de douze mille personnes.

De temps en temps un cri puissant de « Vive la Commune ! » ou de « Vive la Révolution sociale ! » sortait de cette immense foule.

Arrivé près du pont du chemin de fer de l'Ouest, deux cuirassiers porteurs de dépêches se sont montrés. Comme ce va-et-vient d'estafettes officielles n'est jamais de bon augure, les cris de Vive la Révolution ont redoublé. Les deux cavaliers se sont empressés de se retirer sitôt leur besogne accomplie.

Au boulevard Berthier, devant le bastion 49, se trouvaient rangés une vingtaine d'agents de police commandés par l'officier de paix du XVIIe arrondissement, Florentin le même qui vient d'être médaillé pour avoir couvert de sa protection le mouchard provocateur Pottery.

Le sieur Florentin s'était sans doute promis de faire merveille et de gagner de nouveaux galons et de nouvelles médailles.

Au moment, en effet, où le char passe devant le poste, le Florentin, suivi de ses hommes, intercepte le boulevard et intime l'ordre de faire disparaître les drapeaux rouges.

D'immenses cris de « Vive la Révolution ! Vive la Commune ! » lui répondent, et les manifestants, faisant bonne garde autour des drapeaux, semblent défier le sauveur de mouchards.

Le citoyen Rochefort s'avance alors vers l'officier de paix, en lui disant :

— Votre attitude constitue une véritable provocation ; tout s'est passé jusqu'ici dans l'ordre le plus parfait ; votre intervention est absolument déplacée.

— J'ai reçu de M. Caubet l'ordre formel d'empêcher la circulation du drapeau rouge, répond Florentin, visiblement intimidé.

— Ces drapeaux rouges dont vous parlez, répond

Rochefort, sont des bannières de sociétés qui ont parfaitement le droit de choisir la couleur qui leur convient. Il y en avait aussi, des bannières rouges, derrière le cercueil de Gambetta, et personne n'osa s'opposer à ce qu'elles fussent déployées.

Ces paroles et l'attitude énergique des citoyens présents firent réfléchir le nommé Florentin, qui se radoucit instantanément et prit lui-même, avec ses vingt-cinq hommes, la tête du cortège en avant du corbillard.

Mais quand la police n'est pas féroce, elle essaye d'être perfide ; c'est ce qui est arrivé hier encore.

A la porte d'Asnières, sitôt que le char eut franchi la grille de l'octroi, les agents qui avaient prémédité leur coup, voulurent refermer vivement les portes pour couper le cortège et empêcher cette exhibition des drapeaux rouges qu'ils avaient tant à cœur.

Ils comptaient sans la résolution des révolutionnaires ; les portes cédèrent sous la pression du peuple. Quelques voitures même, rentrant à Paris, durent à cette circonstance de n'être pas visitées.

Un dernier incident : pendant que le cortège longeait la ligne du chemin de fer de ceinture, un train passa ; tous les voyageurs étaient aux portières, et reconnaissant le convoi de la mère de Louise Michel, un grand nombre d'entre eux se mirent à agiter leurs chapeaux et leurs mouchoirs.

C'est ainsi qu'on arriva à Levallois-Perret.

AU CIMETIÈRE

La petite ville de Levallois-Perret était toute révolutionnée. Depuis longtemps on n'y avait vu autant de monde. Beaucoup de voitures stationnaient aux abords du cimetière. Tous les habitants étaient sur pied et formaient la haie sur le chemin où devait passer le cortège.

Le petit cimetière avait fait sa toilette. Les portes étaient grandes ouvertes, et déjà beaucoup de citoyens, plus pressés que les autres, prenaient leur place autour de l'endroit choisi pour l'inhumation.

C'est la tombe de Ferré assassiné à Satory par les Versaillais. Il y est enterré avec sa sœur, Marie Ferré, qui fut l'amie intime, la compagne dévouée de Louise Michel.

Le monument est modeste, entouré d'une grille et couvert d'une large dalle. Une pierre debout porte les noms du martyr et de sa sœur.

La cloche sonne, annonçant l'arrivée du cortège funèbre. En un clin d'œil la foule a envahi ce champ des morts... C'est avec une peine extrême que les porteurs parviennent avec le corps jusqu'à la tombe, et ce n'est qu'en faisant passer de main en main les couronnes qu'on peut les transporter du char au cercueil. Les drapeaux rouges sont déployés, les tombes disparaissent sous le flot vivant qui s'étage du sol jusqu'au sommet des monuments funèbres. Le spectacle est saisissant de grandeur et de majesté.

LES DISCOURS

Après un moment d'attente plein de silence et de recueillement, notre collaborateur, ERNEST ROCHE, prend le premier la parole.

Voici le résumé de son discours, fréquemment interrompu par les approbations de la foule :

« Qui sommes-nous, ici, autour de ce cercueil d'une femme simple et bonne, qui ne songea jamais à la célébrité ?

« Pourquoi, en cette circonstance, cette confusion des nuances républicaines et socialistes les plus diverses ?

« Quel sentiment nous anime tous ? quelle attraction nous amène ? quelle communion des cœurs nous donne à chacun devant cette morte le même respect et la même indignation ?

« Laissez-moi vous le dire.

« Il est un drapeau sacré entre tous, celui que les peuples n'arborent qu'à certaines époques solennelles, drapeau qui électrise plus que les étoffes éclatantes : c'est le drapeau de nos martyrs, de nos héros.

« Le cadavre de Lucrèce renversa les Tarquins et fonda la République romaine ; les cadavres des hommes obscurs, foudroyés le 23 février par les soldats de Louis-Philippe, provoquèrent l'écroulement de son trône ; le cadavre de Victor Noir causa l'ébranlement de l'Empire et précipita sa chute.

« Le cadavre de la pauvre mère de Louise Michel est notre trait d'union ; car il fait naître en la conscience de chacun de nous le même sentiment d'horreur pour les criminels qui l'ont assassinée.

« Ah ! ne vous retranchez pas derrière l'âge de votre victime, Basiles ! Ce ne peut être un argument pour atténuer l'odieux de votre forfait.

« Certes, ce n'est pas elle, nous le savons bien, que vous préméditiez d'atteindre. Pas plus que l'Empire n'avait de haine particulière contre Victor Noir. Que nous importe que votre férocité fauche dans nos rangs un modeste, un inconnu ou un illustre ? Ce martyre dont vous le couronnez suffit à notre colère, comme il suffit à son illustration.

« Pauvres femmes ! Ceux qui les ont connues savent combien elles étaient indispensables l'une à l'autre. La mère vivait de cette atmosphère d'amour filial dont l'entourait sa fille. En la lui enlevant, vous l'avez tuée, et cette mort entraînera peut-être une seconde victime.

« Après elle, ce sera le tour de Kropotkine, qui agonise dans les cachots ; puis viendront les autres, plus obscurs mais non moins malheureux.

« Et vous ne voulez pas que nous nous emparions de ces cadavres, que nous nous rallions autour d'eux dans une même pensée de défense légitime contre ces voleurs de milliards qui ruinent notre malheureux pays en attendant qu'ils le vendent à l'enchère !

« C'est là le pacte de danger, de vengeance et de justice que nous sommes venus signer devant la tombe de Ferré, assassiné par les balles versaillaises. devant le cercueil de cette femme empoisonnée par la douleur.

« Il me reste à dire, de la part de nos amis et collaborateurs de l'*Intransigeant*, au nom desquels je prends la parole, de la part de ceux qui combattirent à côté de la vaillante citoyenne, qui partagèrent ses supplices de la proscription et ses joies du retour, combien nous sommes touchés de la douleur qui afflige notre amie Louise Michel, et combien nous voudrions en alléger le poids, si l'amitié et l'estime pouvaient être des compensations à une telle perte. »

Le citoyen CHABERT s'exprime en ces termes :

« Ici, dit-il, il y a unanimité entre les socialistes comme au jour de la bataille où tous, les armes à la main, on descendra sur le terrain.

« Tous, nous sommes d'accord sur le but, nous ne différons que sur le choix des moyens.

« Déjà, on peut voir poindre le jour des revendications sociales, car les opportunistes bourgeois ne se contentent plus de tuer les hommes : ils tuent maintenant les femmes.

« Soyons unis et à l'avance déclarons bien que, si nous devenons les maîtres, nous ne voulons plus aucune forme de gouvernement.

« Il faut que le peuple soit enfin le maître.

« Ceux de nos élus qui chercheraient à nous tromper et à s'ériger en gouvernants, nous n'avons à les châtier que par la mort.

« La bataille qui s'engagera présage notre victoire, parce que la situation est telle que tous devront participer à l'action.

« Les opportunistes se laissent aller à la quiétude, ils comptent sur le parlementarisme ; mais ce parlementarisme, nous le battons en brèche et nous sommes sur le point d'en enfoncer la porte. »

Le citoyen DIGEON prend alors la parole :

« Au nom des groupes anarchistes, dit-il, nous venons glorifier l'héroïne de la manifestation des Invalides.

« Devant cette tombe, réalisons l'alliance de tous les révolutionnaires, je le veux bien, mais sur le terrain de la liberté absolue et sans arrière-pensée.

« Je ne veux pas finir sans exprimer tout ce que j'ai amassé de haine contre les jouisseurs qui nous oppriment. Nous sommes les déshérités de l'ordre social ; c'est pourquoi nous avons hâte de voir l'avènement de la justice.

Puis, le citoyen CHAMPY vient rendre hommage à Louise Michel ; il s'associe à sa douleur : « Il faut, dit-il, que la Révolution dont elle était l'apôtre donne au peuple l'égalité, le bien-être et la satisfaction de ses droits imprescriptibles, qu'il conquiert par son travail. »

Les citoyens TORTELIER, ODDIN, prennent ensuite la parole.

La foule s'est alors écoulée dans le plus grand calme ; cela s'explique aisément d'ailleurs. Il n'y avait pas d'agents.

Merci, amis, vous tous qui étiez là.

Ainsi, je vous revois, amis, je vous reverrai toujours autour de ma pauvre morte, réunis, sans distinction de groupes, dans une même douleur, dans une même espérance. C'est qu'après nous plus personne ne souffrira ainsi les mères séparées des filles pendant deux ans d'agonie.

Dans la dernière lettre qu'elle ait dictée pour moi, ma mère me disait le 27 novembre 1884 :

Ma chère fille.

Ne te tourmente pas, je ne vais pas plus mal ; ce qui me fait de la peine est que tu t'inquiètes toujours.

Je t'envoie des soies, fais tes tapisseries ; tu feras de ma part les vues de la mer dont je t'ai parlé.

Ta dernière tapisserie n'est pas aussi bien que les autres, je vois que tu t'attristes et tu as tort.

Ne fais pas de tricots pour moi, j'en ai assez ; il ne me faut plus rien ; on dépense déjà trop pour moi.

Surtout ne te tourmente pas ; je t'embrasse de tout cœur.

La pauvre femme mentait en disant qu'elle n'allait pas plus mal, elle était déjà au lit et ne se releva plus.

Quant aux tapisseries dont elle me parle, les vues de la mer ne sont pas encore faites ; la dernière — « qui n'était pas si bien que les autres », c'est que je la sentais mourir — représentait le grand chêne frappé au cœur, où attendait la cognée restée dans la blessure d'où coulait la sève, triste souvenir que n'en gardera que mieux celui pour qui elle fut faite, un Talleyrand-Périgord, qui tôt ou tard suivra le chemin pris par Krapotkine et les autres fils de féodaux qui se sentent dans les veines du sang de braves, car bandits c'est vrai, mais lâches non, étaient les grands fauves féodaux.

J'ai gardé les aiguilles qu'elle m'avait envoyées. Elles ne serviront plus, pourtant je lui obéirai, un jour. Je ferai *de sa part* les vues de la mer qu'elle a promises.

Voici la copie de plusieurs lettres ; les unes, au moment où, le choléra sévissant à Paris, j'avais doublement le droit d'être rapprochée de ma mère et de la ville que je n'ai jamais quittée aux jours d'épreuves ; les autres, au moment où, ma mère étant à ses derniers jours, je demandais à être conduite près d'elle.

Ces copies de lettres doivent être au livre des morts ; elles contenaient une double agonie, celle de ma mère et la mienne.

Ceux qui s'imaginaient que je m'occupais de questions de nourriture me croyaient bien heureuse.

J'étais bien traitée, mais quand il en aurait été autrement, est-ce que je sentais autre chose que le chagrin de ma pauvre mère ?

Centrale de Clermont (Oise), n° 1327. **21 novembre 1884,**

Monsieur le ministre,

Je n'ai que ma mère au monde. Si je pouvais élever la voix, mes plus cruels ennemis demanderaient pour moi, vu les circonstances présentes, un transfèrement immédiat à Paris, puisque d'un instant à l'autre elle peut doublement m'être enlevée.

Je ne demande ni visites, ni lettres dans la prison où on me mettra. Je n'aurai pas d'extraction si l'on veut, mais je serai à Paris respirant le même air, et ma mère me saura là ; c'est vivante et non morte qu'elle peut éprouver ce bonheur.

Recevez l'assurance de mon respect,

Louise Michel.

Centrale de Clermont (Oise), n° 1327. Dimanche, 15 novembre 84

(personnelle)

Monsieur le président de la République,

Voici la vérité ; s'il n'est pas un cœur d'homme pour le comprendre, qu'elle soit mon témoin.

Depuis dix-huit mois je n'ai pas lu une ligne de journal ; mais, à travers le mur de ronde qui nous sépare de la promenade, il m'est parvenu un lambeau de phrase : le choléra est à Paris ; il y a déjà longtemps de cela, toutes les dénégations n'y feront rien pour moi.

Puisque pas un ne se souvient que j'y ai ma place en cette circonstance, fût-ce dans un cachot sous terre, c'est à vous que je dis : Si on me traite en criminelle d'État, qu'on se souvienne que je viens loyalement me remettre moi-même aux mains des juges, et qu'on agisse de même à mon égard.

Louise Michel.

Autres fragments de lettres dans lesquelles je demandais à être conduite près de ma mère.

> Je serai aussi loyale en offrant en échange d'une extraction ou d'un séjour dans une autre prison, que ce soit à Paris près de ma mère, de partir pour la Nouvelle-Calédonie quand elle n'y sera plus ; j'y ai déjà été utile et je puis l'être encore en fondant des écoles au milieu des tribus.

Le commencement me manque ; cela était sans doute adressé au ministre de l'intérieur.

Autre fragment encore :

> Je n'ai point eu de réponse et n'en aurai probablement jamais. Qui sait pourtant si dans le temps où nous vivons un de vos petits-fils, dans la même situation, ne regrettera pas que vous ne m'ayez pas répondu.
> Du reste, ce n'est pas une question politique, mais la question de toutes les mères, car je ne serai malheureusement pas la dernière prisonnière.
>
> Louise Michel.

Que ces épaves disent un peu de ce que j'ai souffert.

Pendant longtemps je n'eus pas de réponse ; enfin je fus transférée à Saint-Lazare. Si on m'y avait amenée plus tôt, ma mère, avec sa puissante nature qui tout de suite reprenait vie à chaque visite, ne serait pas morte.

Pourtant on a bien agi avec moi, car j'ai pu rester près d'elle jusqu'à la fin, et l'ayant moi-même couchée comme elle aimait à l'être, j'ai quitté pour toujours la maison.

Elle ne souffrait plus. Que justice soit rendue à tout le monde, surtout aux petits.

Les agents, au lieu de me tourmenter, nous ont aidés à transporter ma mère sans secousse d'un lit à l'autre chaque fois qu'elle le désirait.

Elle les a remerciés et je m'en souviens.

Ils ne sont pas de ceux qui s'occupent des politiques et je crois qu'ils n'ont pas été non plus de ceux qui assommèrent le peuple le 24 mai de cette année au Père-Lachaise. Et puis, qui donc, si ce n'est l'horrible engrenage des vieilles lois, répond des états offerts aux enfants du peuple ? Ils ne viennent pas au monde avec du pain sur leur berceau.

Que le gouvernement qui a bien agi envers moi, en me laissant près de ma mère mourante, ne salisse pas cette générosité d'une grâce après sa mort.

Qu'ai-je fait plus que les autres, pour qu'on remue toujours cette question ?

Une grâce ! A l'anniversaire de ce 14 Juillet où, il y a deux ans, on m'emmena de Paris où elle me crut pendant un an !

Qu'ai-je fait à ceux qui me croient capable de la recevoir ?

C'est si peu de chose qu'une femme qu'ennemis comme amis sont toujours heureux de lui faire un sort avilissant, même quand ils savent aussi bien les uns que les autres qu'elle ne faiblira pas.

En Russie, en Allemagne où on lutte avec les vieux grands fauves, la lutte est plus terrible et partant plus propre ; on dédaigne de salir les révolutionnaires. La corde et le billot sont là, je préfère cela.

Une courte notice sur la vie de ma mère. Ceux qui l'ont connue savent combien elle était simple et bonne, sans manquer pour cela d'intelligence et même d'une certaine gaîté de conversation.

Ma grand'mère me parlait souvent de toutes les peines subies courageusement par ma mère. Je n'ai vu, moi, que son inépuisable dévouement et les horribles douleurs qu'elle a supportées de 1870 à 1885.

Je savais bien que je l'aimais, mais j'ignorais l'immense étendue de cette affection ; c'est en brisant son existence que la mort me l'a fait sentir.

Ma grand'mère, Marguerite Michel, étant restée veuve avec six enfants, ma mère fut élevée au château de Vroncourt ; elle m'a souvent raconté sa vie craintive de petite fille, transportée du nid : mais combien elle aimait ceux qui l'élevèrent avec leurs fils et leur fille !

Peut-être raconterai-je plus tard sa vie laborieuse et modeste.

Elle contribua à leur dissimuler que l'aisance n'était plus à la maison et à leur adoucir la tristesse de la mort qui frappait largement autour d'eux.

Je suis ce qu'on appelle bâtarde ; mais ceux qui m'ont fait le mauvais présent de la vie étaient libres, ils s'aimaient et aucun des misérables contes faits sur ma naissance n'est vrai et ne peut atteindre ma mère. Jamais je n'ai vu de femme plus honnête.

Jamais je n'ai vu plus de réserve et de délicatesse ; jamais plus grand courage ; car elle ne se plaignait jamais et pourtant sa vie fut une vie de douleur.

Deux jours avant sa mort, elle me dit : « J'ai été bien malheureuse de ne plus te voir et de tant coûter aux amis. » C'est la seule fois qu'elle m'a parlé d'un accent aussi triste, sa voix qui n'était plus qu'un souffle avait retrouvé un gémissement.

Nos amis ont reconnu souvent combien ma mère était spirituelle et causait bien, dans sa simplicité. Moi seule, je sais combien elle était bonne, malgré la peine qu'elle se donnait pour le cacher ; elle aimait souvent à paraître brusque et en riait comme un enfant.

Des ennemis *anonymes* m'avaient menacée, pour troubler ses derniers instants, de faire passer sa paralysie pour une maladie *contagieuse*. Ils n'ont pas réussi, quoique tout soit possible sur la crédulité publique après des époques de choléra ; ces vipères n'ont pu y parvenir cependant.

Ils s'en consolent en ce moment en écrivant de fausses

lettres, en mon nom, à ceux qui sont assez crédules pour y croire.

J'envie le bonheur des gens qu'on pourrait ennuyer avec ces choses-là, je ne les sens plus.

Tout le venin du monde peut tomber sur moi, sans que je m'en aperçoive.

Ce sont quelques gouttes d'eau où tout l'océan a passé.

O mes mortes bien-aimées ! Par vous j'ai commencé ce livre, quand l'une de vous vivait encore ; par vous je le termine, courbée sur la terre où vous dormez.

Ceux qui m'aiment et vous aimaient y ont conservé ma place.

Mortes toutes deux !

Oui, la pierre du foyer est renversée.

Seul, dans la chambre où les amis m'ont rangé le lit et les meubles de ma pauvre mère comme de son vivant, un petit oiseau s'est glissé entre les lames des jalousies : il a fait son nid sur la fenêtre.

Tant mieux ! la place en est moins délaissée. Ses pauvres vieux meubles, qui faisaient comme partie de son vêtement, ont sur eux les battements d'ailes de ces innocentes bêtes.

Ce sont eux qui entendent sonner la vieille pendule qui a marqué sa mort.

A bientôt, ma bien-aimée !

Myriam ! Que votre nom à toutes deux termine ce livre avec le tien, Révolution !

Fin de la seconde partie.

Appendice
Mes procès

***

Premier procès la commune

compte rendu de la Gazette des tribunaux.

VIe CONSEIL DE GUERRE (séant à Versailles).

PRÉSIDENCE DE M. DELAPORTE, COLONEL DU 12e CHASSEURS A CHEVAL

Audience du 16 décembre 1871.

La Commune n'avait pas assez pour se défendre des hommes dévoués qui composaient la garde nationale, elle avait institué des compagnies d'enfants sous le nom de « Pupilles de la Commune » ; elle voulut organiser un bataillon d'amazones ; et, si ce corps ne fut pas constitué, on put voir cependant des femmes portant un costume militaire, plus ou moins fantaisiste, et la carabine sur l'épaule, précédant les bataillons qui se rendaient aux remparts.

Parmi celles qui paraissent avoir exercé une influence considérable dans certains quartiers, on remarquait Louise Michel, ex-institutrice aux Batignolles, qui ne cessa de montrer un dévouement sans bornes au gouvernement insurrectionnel.

Louise Michel a trente-six ans ; petite, brune, le front très développé, puis fuyant brusquement ; le nez et le bas du visage très proéminents ; ses traits révèlent une extrême dureté. Elle est entièrement vêtue de noir. Son exaltation est la même qu'aux premiers jours de sa captivité, et quand on l'amène devant le conseil, relevant brusquement son voile, elle regarde fixement ses juges.

M. le capitaine Dailly occupe le siège du ministère public.

Mᵉ Haussmann, nommé d'office, assiste l'accusée, qui cependant a déclaré refuser le concours de tout avocat.

M. le greffier Duplan donne lecture du rapport suivant :

C'est en 1870, à l'occasion de la mort de Victor Noir, que Louise Michel commença à afficher ses idées révolutionnaires.

Institutrice obscure, presque sans élèves, il ne nous a pas été possible de savoir quelles étaient alors ses relations et la part à lui attribuer dans les événements précurseurs du monstrueux attentat qui a épouvanté notre malheureux pays.

Il est inutile, sans doute, de retracer en entier les incidents du 18 Mars, et comme point de départ de l'accusation, nous nous bornerons à préciser la part prise par Louise Michel dans le drame sanglant dont les buttes Montmartre et la rue des Rosiers furent le théâtre.

La complice de l'arrestation des infortunés généraux Lecomte et Clément Thomas craint de voir les deux victimes lui échapper. « Ne les lâchez pas ! » crie-t-elle de toutes ses forces aux misérables qui les entourent.

Et plus tard, lorsque le meurtre est accompli, en présence, pour ainsi dire, des cadavres mutilés, elle témoigne toute sa joie pour le sang versé et ose proclamer « que c'est bien fait » ; puis, radieuse et satisfaite de la bonne journée, elle se rend à Belleville et à la Villette, pour s'assurer « que ces quartiers sont restés armés ».

Le 19, elle rentre chez elle, après avoir pris la précaution de se dépouiller de l'uniforme fédéré qui peut la compromettre ; mais elle éprouve le besoin de causer un peu des événements avec sa concierge.

— Ah ! s'écrie-t-elle, si Clémenceau était arrivé quelques instants plus tôt rue des Rosiers, on n'aurait pas fusillé les généraux, parce qu'il s'y serait opposé, étant du côté des Versaillais.

Enfin « l'heure de l'avènement du peuple a sonné ». Paris, au pouvoir de l'étranger et des vauriens accourus de tous les coins du monde, proclame la Commune.

Secrétaire de la société dite de « Moralisation des ouvrières par le travail », Louise Michel organise le fameux Comité central de l'Union des femmes, ainsi que les comités de vigilance chargés de recruter les ambulanciers, et, au moment suprême, des travailleuses pour les barricades, peut-être même des incendiaires.

Une copie de manifeste trouvée à la mairie du Xe arrondissement indique le rôle joué par elle dans lesdits comités, aux derniers jours de la lutte. Nous reproduisons textuellement cet écrit.

« Au nom de la révolution sociale que nous acclamons, au nom de la revendication des droits du travail, de l'égalité et de la justice, l'Union des femmes pour la défense de Paris et les soins aux blessés proteste de toutes ses forces comme l'indigne proclamation aux citoyennes, affichée avant-hier et émanant d'un groupe de réactionnaires.

« Ladite proclamation porte que les femmes de Paris en appellent à la générosité de Versailles et demandent la paix à tout prix.

« Non, ce n'est pas la paix, mais bien la guerre à outrance que les travailleuses de Paris viennent réclamer.

« Aujourd'hui une conciliation serait une trahison. Ce serait renier toutes les aspirations ouvrières acclamant la rénovation sociale absolue, l'anéantissement de tous les rapports juridiques et sociaux existant actuellement, la suppression de tous les privilèges, de toutes les exploitations, la substitution du règne du travail à celui du capital, en un mot, l'affranchissement du travailleur par lui-même !

« Six mois de souffrances et de trahison pendant le siège, six semaines de luttes gigantesques contre les exploiteurs coalisés, les flots de sang versés pour la cause de la liberté, sont nos titres de gloire et de vengeance !

« La lutte actuelle ne peut avoir pour issue que le triomphe de la cause populaire... Paris ne reculera pas, car il porte le drapeau de l'avenir. L'heure suprême a sonné ! Place aux travailleurs ! Arrière leurs bourreaux ! Des actes ! de l'énergie !

« L'arbre de la liberté croît, arrosé par le sang de ses ennemis !...

« Toutes unies et résolues, grandies et éclairées par les souffrances que les crises sociales entraînent à leur suite, profondément convaincues que la Commune, représentant les principes internationaux et révolutionnaires des peuples, porte en elle les germes de la révolution sociale, les femmes de Paris prouveront à la France et au monde qu'elles aussi sauront, au moment du danger suprême, aux barricades, sur les remparts de Paris, si la réaction forçait les portes, donner, comme leurs frères, leur sang et leur vie pour la défense et le triomphe de la Commune, c'est-à-dire du peuple ! Alors victorieux, à même de s'unir et de s'entendre sur leurs intérêts communs, travailleurs et travailleuses, tous solidaires par un dernier effort... » (Cette dernière phrase est restée inachevée.) Vive la République universelle ! Vive la Commune ! »

Cumulant tous les emplois, elle dirigeait une école, rue Oudot, 24. Là, du haut de sa chaire, elle professait, à ses rares loisirs, les doctrines de la libre pensée et faisait chanter à ses jeunes élèves les poésies tombées de sa plume, entre autres la chanson intitulée : les *Vengeurs*.

Présidente du club de la Révolution, tenu à l'église Saint-Bernard, Louise Michel est responsable du vote rendu dans la séance du 18 mai (21 floréal an LXXIX), et ayant pour but :

> « La suppression de la magistrature, l'anéantissement des Codes, leur remplacement par une commission de justice ;
>
> « La suppression des cultes, l'arrestation immédiate des prêtres, la vente de leurs biens et de ceux des fuyards et des traîtres qui ont soutenu les misérables de Versailles ;
>
> « L'exécution d'un otage sérieux toutes les vingt-quatre heures, jusqu'à la mise en liberté et l'arrivée à Paris du citoyen Blanqui, nommé membre de la Commune. »

Ce n'était point assez, cependant, pour cette âme ardente, comme veut bien la qualifier l'auteur d'une notice fantaisiste qui figure au dossier, de soulever la populace, d'applaudir à l'assassinat, de corrompre l'enfance, de prêcher une lutte fratricide, de pousser en un mot à tous les crimes, il fallait encore donner l'exemple et payer de sa personne !

Aussi la trouvons-nous à Issy, à Clamart et à Montmartre, combattant au premier rang, faisant le coup de feu ou ralliant les fuyards.

Le *Cri du peuple* l'atteste ainsi dans son numéro du 14 avril :

> « La citoyenne Louise Michel, qui a combattu si vaillamment aux Moulineaux, a été blessée au fort d'Issy. »

Très heureusement pour elle, nous nous empressons de le reconnaître, l'héroïne de Jules Vallès était sortie de cette brillante affaire avec une simple entorse.

Quel est le mobile qui a poussé Louise Michel dans la voie fatale de la politique et de la révolution ?

C'est évidemment l'orgueil.

Fille illégitime élevée par charité, au lieu de remercier la Providence qui lui avait donné une instruction supérieure et les moyens de vivre heureuse avec sa mère, elle se laisse aller à son imagination exaltée, à son caractère irascible et, après avoir rompu avec ses bienfaiteurs, va courir l'aventure à Paris.

Le vent de la Révolution commence à souffler : Victor Noir vient de mourir.

C'est le moment d'entrer en scène ; mais le rôle de comparse répugne à Louise Michel ; son nom doit frapper l'attention publique et figurer en première ligne dans les proclamations et les réclames trompeuses.

Il ne nous reste plus qu'à donner la qualification légale aux actes commis par cette énergumène depuis le commencement de la crise épouvantable que la France vient de traverser jusqu'à la fin du combat impie auquel elle prit part au milieu des tombes du cimetière Montmartre.

Elle a assisté, avec connaissance, les auteurs de l'arrestation des généraux Lecomte et Clément Thomas dans les faits qui l'ont consommée, et cette arrestation a été suivie de tortures corporelles et de la mort de ces deux infortunés.

Intimement liée avec les membres de la Commune, elle connaissait d'avance tous leurs plans. Elle les a aidés de toutes ses forces, de toute sa volonté ; bien plus, elle les a assistés et souvent elle les a dépassés. Elle leur a offert de se rendre à Versailles et d'assassiner le président de la République, afin de terrifier l'Assemblée et, selon elle, de faire cesser la lutte.

Elle est aussi coupable que « Ferré le fier républicain », qu'elle défend d'une façon si étrange, et dont la tête, pour nous servir de son expression, « est un défi jeté aux consciences et la réponse une révolution ».

Elle a excité les passions de la foule, prêché la guerre sans merci ni trêve et, louve avide de sang, elle a provoqué la mort des otages par ses machinations infernales.

En conséquence, notre avis est qu'il y a lieu de mettre Louise Michel en jugement pour :

1º Attentat ayant pour but de changer le gouvernement ;

2° Attentat ayant pour but d'exciter la guerre civile en portant les citoyens à s'armer les uns contre les autres ;

3° Pour avoir, dans un mouvement insurrectionnel, porté des armes apparentes et un uniforme militaire, et fait usage de ces armes ;

4° Faux en écriture privée par supposition de personnes ;

5° Usage d'une pièce fausse ;

6° Complicité par provocation et machination d'assassinat des personnes retenues soi-disant comme otages par la Commune ;

7° Complicité d'arrestations illégales, suivies de tortures corporelles et de mort, en assistant avec connaissance les auteurs de l'action dans les faits qui l'ont consommée ;

Crimes prévus par les articles 87, 91, 150, 151, 59, 60, 302, 341, 344 du code pénal et 5 de la loi du 24 mai 1834.

INTERROGATOIRE DE L'ACCUSÉE.

M. le président : Vous avez entendu les faits dont on vous accuse ; qu'avez-vous à dire pour votre défense ?

L'accusée : Je ne veux pas me défendre, je ne veux pas être défendue ; j'appartiens tout entière à la révolution sociale, et je déclare accepter la responsabilité de tous mes actes. Je l'accepte tout entière et sans restriction. Vous me reprochez d'avoir participé à l'assassinat des généraux ? A cela, je répondrais oui, si me j'étais trouvée à Montmartre quand ils ont voulu faire tirer sur le peuple ; je n'aurais pas hésité à faire tirer moi-même sur ceux qui donnaient des ordres semblables ; mais lorsqu'ils ont été prisonniers, je ne comprends pas qu'on les ait fusillés, et je regarde cet acte comme une insigne lâcheté !

Quant à l'incendie de Paris, oui, j'y ai participé. Je voulais opposer une barrière de flammes aux envahisseurs de Versailles. Je n'ai pas de complices pour ce fait, j'ai agi d'après mon propre mouvement.

On me dit aussi que je suis complice de la Commune ! Assurément oui, puisque la Commune voulait avant tout la révolution sociale, et que la révolution sociale est le plus cher de mes vœux ; bien plus, je me fais honneur d'être l'un des promoteurs de la Commune qui n'est d'ailleurs pour rien, pour rien, qu'on le sache bien, dans les assassinats et les incendies : moi qui ai assisté à toutes les séances de l'Hôtel de Ville, je déclare que jamais il n'y a été question d'assassinat ou d'incendie. Voulez-vous connaître les vrais coupables ? Ce sont les gens de la police, et plus tard, peut-être, la lumière se fera sur tous ces événements dont on trouve aujourd'hui tout naturel de rendre responsables tous les partisans de la révolution sociale.

Un jour, je proposais à Ferré d'envahir l'Assemblée ; je voulais deux victimes, M. Thiers et moi, car j'avais fait le sacrifice de ma vie, et j'étais décidée à le frapper.

M. le président : Dans une proclamation, vous avez dit qu'on devait, tous les vingt-quatre heures, fusiller un otage ?

R. Non, j'ai seulement voulu menacer. Mais pourquoi me défendrais-je ? Je vous l'ai déjà déclaré, je me refuse à le faire. Vous êtes des hommes qui allez me juger ; vous êtes devant moi à visage découvert ; vous êtes des hommes, et moi je ne suis qu'une femme, et pourtant je vous regarde en face. Je sais bien que tout ce que je pourrai vous dire ne changera en rien votre sentence. Donc un seul et dernier mot avant de m'asseoir. Nous n'avons jamais voulu que le triomphe des grands principes de la Révolution ; je le jure par nos martyrs tombés sur le champ de Satory, par nos martyrs que j'acclame encore ici hautement, et qui un jour trouveront bien un vengeur.

Encore une fois, je vous appartiens ; faites de moi ce qu'il vous plaira. Prenez ma vie si vous la voulez ; je ne suis pas femme à vous la disputer un seul instant.

M. le président : Vous déclarez ne pas avoir approuvé

l'assassinat des généraux, et cependant on raconte que, quand on vous l'a appris, vous vous êtes écriée : « On les a fusillés, c'est bien fait. » — R. Oui, j'ai dit cela, je l'avoue. (Je me rappelle même que c'était en présence des citoyens Le Moussu et Ferré.)

D. Vous approuviez donc l'assassinat ? — R. Permettez, cela n'en était pas une preuve ; les paroles que j'ai prononcées avaient pour but de ne pas arrêter l'élan révolutionnaire.

D. Vous écriviez aussi dans les journaux ; dans le *Cri du peuple*, par exemple ? — R. Oui, je ne m'en cache pas.

D. Ces journaux demandaient chaque jour la confiscation des biens du clergé et autres mesures révolutionnaires semblables. Telles étaient donc vos opinions ? — R. En effet ; mais remarquez bien que nous n'avons jamais voulu prendre ces biens pour nous ; nous ne songions qu'à les donner au peuple pour le bien-être.

D. Vous avez demandé la suppression de la magistrature ? — R. C'est que j'avais toujours devant les yeux les exemples de ses erreurs. Je me rappelais l'affaire Lesurques et tant d'autres.

D. Vous reconnaissez avoir voulu assassiner M. Thiers ? — R. Parfaitement... Je l'ai déjà dit et je le répète.

D. Il paraît que vous portiez divers costumes sous la Commune ? — R. J'étais vêtue comme d'habitude ; je n'ajoutais qu'une ceinture rouge sur mes vêtements.

D. N'avez-vous pas porté plusieurs fois un costume d'homme ? — Une seule fois : c'était le 18 Mars ; je m'habillai en garde national, pour ne pas attirer les regards.

Peu de témoins ont été assignés, les faits reprochés à Louise Michel n'étant pas discutés par elle.

On entend d'abord la *femme Poulain*, marchande.

M. le président : Vous connaissiez l'accusée ? Vous savez quelles étaient ses idées politiques ? — R. Oui, monsieur le président, et elle ne s'en cachait pas. Très exaltée, on ne voyait qu'elle dans les clubs ; elle écrivait aussi dans les journaux.

D. Vous l'avez entendue dire, à propos de l'assassinat des généraux : « C'est bien fait ! » — R. Oui, monsieur le président.

Louise Michel : Mais j'ai avoué le fait, c'est inutile que des témoins viennent le certifier.

Femme Botin, peintre.

M. le président : Louise Michel n'a-t-elle pas dénoncé un de vos frères pour le forcer à servir dans la garde nationale ? — R. Oui, monsieur le président.

Louise Michel : Le témoin avait un frère, je le croyais brave et je voulais qu'il servît la Commune.

M. le président (au témoin) : Vous avez vu l'accusée un jour dans une voiture se promenant au milieu des gardes et leur faisant des saluts de reine, selon votre expression ? — R. Oui, monsieur le président.

Louise Michel : Mais cela ne peut pas être vrai, car je ne pouvais vouloir imiter ces reines dont on parle et que je voudrais toutes voir décapitées comme Marie-Antoinette. La vérité est que j'étais tout simplement montée en voiture parce que je souffrais d'une entorse qui était la suite d'une chute faite à Issy.

La femme Pompon, concierge, répète tout ce qui se racontait sur le compte de l'accusée. On la connaissait comme très exaltée.

Cécile Denéziat, sans profession, connaissait beaucoup l'accusée.

M. le président : L'avez-vous vue habillée en garde national ? — R. Oui, une fois, vers le 17 mars.

D. Portait-elle une carabine ? — R. Je l'ai dit, mais je ne me rappelle pas bien ce fait.

D. Vous l'avez vue se promenant en voiture, au milieu des gardes nationaux ? — R. Oui, monsieur le président, mais je ne me rappelle pas exactement les détails de ce fait.

D. Vous avez aussi déjà dit que vous pensiez qu'elle s'était trouvée au premier rang quand on avait assassiné les généraux Clément Thomas et Lecomte ? — R. Je ne faisais que répéter ce qu'on avait dit autour de moi.

M. le capitaine Dailly prend la parole. Il demande au conseil de retrancher de la société l'accusée, qui est pour elle un danger continuel. Il abandonne l'accusation sur tous les chefs, excepté sur celui de port d'armes apparentes ou cachées dans un mouvement insurrectionnel.

Mᵉ Haussman, à qui la parole est ensuite donnée, déclare que devant la volonté formelle de l'accusée de ne pas être défendue, il s'en rapporte simplement à la sagesse du conseil.

M. le président : Accusée, avez-vous quelque chose à dire pour votre défense ?

Louise Michel : Ce que je réclame de vous, qui vous affirmez conseil de guerre, qui vous donnez comme mes juges, qui ne vous cachez pas comme la commission des grâces, de vous qui êtes des militaires et qui jugez à la face de tous, c'est le champ de Satory, où sont déjà tombés nos frères.

Il faut me retrancher de la société ; on vous dit de le faire ; eh bien ! le commissaire de la République a raison. Puisqu'il semble que tout cœur qui bat pour la liberté n'a droit qu'à un peu de plomb, j'en réclame une part, moi ! Si vous me laissez vivre, je ne cesserai de crier vengeance, et je dénoncerai à la vengeance de mes frères les assassins de la commission des grâces...

M. le président : Je ne puis vous laisser la parole si vous continuez sur ce ton.

Louise Michel : J'ai fini... Si vous n'êtes pas des lâches, tuez-moi...

Après ces paroles, qui ont causé une profonde émotion dans l'auditoire, le conseil se retire pour délibérer. Au bout de quelques instants, il rentre en séance, et, aux termes du verdict, Louise Michel est à l'unanimité condamnée à la déportation dans une enceinte fortifiée.

On ramène l'accusée et on lui donne connaissance du jugement. Quand le greffier lui dit qu'elle a vingt-quatre heures pour se pourvoir en révision : « Non ! s'écrie-t-elle, il n'y a point d'appel ; mais je préférerais la mort ! »

OBSERVATIONS

Je me bornerai à relever quelques erreurs :

1° Je n'ai pas été élevée par charité, mais par les grands-parents qui ont trouvé juste de le faire.

J'ai quitté Vroncourt après leur mort seulement, et pour me préparer à mon diplôme d'institutrice ; je croyais ainsi pouvoir être utile à ma mère.

2° Le chiffre de mes élèves à Montmartre était de cent cinquante. Ce qui a été constaté par la mairie au temps du siège.

3° Peut-être n'est-il pas inutile de dire que contrairement à la description de ma personne faite au commencement du compte rendu de la *Gazette des tribunaux*, je suis plutôt grande que petite ; il est bon, par le temps où nous vivons, de ne passer que pour soi-même.

Deuxième procès
Anniversairee de Blanqui

extrait de l'*Intransigeant* du 7 janvier 1882.

Police correctionnelle.

La première accusée appelée est Louise Michel. La vaillante citoyenne est très calme. C'est de sa voix lente et d'une façon très précise qu'elle répond aux questions du président.

— Vous ëtes prévenue d'outrages aux agents, lui dit M. Puget.

— Ce serait plutôt à nous de nous plaindre de brutalités et d'outrages, répond Louise Michel, car nous avons été très calmes. Voici ce qui s'est passé et ce qui motive sans doute ma présence ici :
En arrivant chez le commissaire de police, j'ai vu en bas plusieurs agents qui frappaient violemment un homme. Ne voulant rien dire à ces agents qui étaient très surexcités, je suis montée au premier ; j'ai trouvé là deux autres agents plus calmes auxquels j'ai dit : Descendez vite, on assassine en bas.

M. le président : Ce récit est en désaccord avec la déposition des témoins que nous allons entendre.

Louise Michel : Ce que j'ai dit est la vérité. D'ailleurs, j'ai avoué des choses plus terribles que celle-là.

Le témoin appelé est un nommé Conar, gardien de la paix. Il raconte qu'il a trouvé en arrivant chez le commissaire de police deux femmes, dont Louise Michel, et que celle-ci lui a dit : Vous êtes des assassins et des *feignants (sic)*.

Louise. Michel : **C'est faux !**

L'agent persiste à affirmer la véracité de son récit.

Louise Michel répète qu'elle a dit la vérité et qu'elle ne peut dire autre chose.

Malgré l'invraisemblance du récit de l'agent, le tribunal, en vertu de l'article 224 du code pénal, condamne Louise Michel à quinze jours de prison.

Note

Je cite ici l'*Intransigeant,* non pour étaler un compte rendu plus favorable, mais parce que le procès ne se trouve pas dans la *Gazette des tribunaux.*

Nos amis ont raison de trouver invraisemblables les paroles qui me sont attribuées. J'ai dit : on assassine ici, au lieu de la phrase d'argot qui m'est prêtée — le mot *feignant* n'est pas de mon vocabulaire.

Troisième procès Manifestation de l'esplanade des invalides

extrait de la *Gazette des tribunaux*.

COUR D'ASSISES DE LA SEINE

présidence de M. Ramé

Audience du 21 juin 1883.

Je crois inutile de donner le texte de l'acte d'accusation, dont voici les conclusions.

Louise Michel ; Jean-Joseph-Émile Pouget ; Eugène Mareuil, sont accusés :

1° D'avoir été, en mars 1883 à Paris, les chefs et instigateurs du pillage, commis en bande et à force ouverte, des pains appartenant aux époux Augereau, boulangers ;

2° D'avoir été, à la même époque et au même lieu, les chefs et instigateurs du pillage, commis en bande et à force ouverte, des pains appartenant aux époux Bouché, boulangers ;

3° D'avoir été, à la même époque et au même lieu les chefs et instigateurs du pillage, commis en bande et à force ouverte, des pains appartenant aux époux Moricet, boulangers.

INTERROGATOIRE DE LOUISE MICHEL

D. Avez-vous déjà été poursuivie ? — R. Oui, en 1871.

D. Il ne peut plus en être question. Ces faits ont été couverts par l'amnistie. Avez-vous été condamnée depuis ?

— R. J'ai été condamnée à quinze jours de prison pour la manifestation de Blanqui.

D. Vous prenez donc part à toutes les manifestations ? — R. Hélas oui ! Je suis toujours avec les misérables.

D. C'est pour cela que vous avez assisté à la manifestation de l'esplanade des Invalides. Quel résultat en espériez-vous ? — R. Une manifestation pacifique est toujours sans résultat, mais je pensais que le gouvernement userait de ses moyens habituels et qu'une manifestation serait balayée par le canon et il eût été lâche de ma part de ne pas y aller.

D. Vous avez recruté des adhérents pour cette manifestation. Connaissiez-vous Pouget ? — R. J'avais rencontré Pouget dans quelques réunions.

D. Pouget était votre secrétaire. C'était lui qui devait distribuer en province les brochures propageant vos idées. Il recueillait le nom de vos adhérents. — R. Ce ne sont pas à proprement parler des adhérents. Ce sont des personnes curieuses de nos idées.

D. Vous êtes le chef d'une petite manifestation spéciale qui a suivi la manifestation générale, mais nous devons d'abord nous occuper de celle-ci. Vous êtes allée aux Invalides et vous avez rencontré Pouget ? — R. Oui, monsieur.

D. Étiez-vous d'accord avec Pouget et Mareuil pour vous rendre à l'esplanade ? — R. Non, monsieur, nous nous sommes rencontrés par hasard.

D. Est-ce qu'il n'y avait à cette réunion que des ouvriers sans ouvrage ? — Oui, monsieur.

D. Est-ce que vous croyez que cette manifestation pouvait donner du travail ? — R. Je vous ai déjà dit que non. J'y ai été par devoir.

D. La manifestation a été dispersée. N'est-ce pas à ce moment que vous avez voulu faire votre petite manifestation ? — R. Ce n'était pas une manifestation, c'était le cri des travailleurs que je voulais faire entendre.

D. Vous avez demandé un drapeau noir ? — R. Oui, et on m'a apporté un chiffon noir.

D. Qui est-ce qui vous l'a donné ? — R. Un inconnu.

D. On ne trouve pourtant pas si facilement et par hasard un drapeau sur l'esplanade des Invalides ? — R. Il suffit d'un haillon noir et d'un manche à balai.

D. Il résulte de ce fait que la manifestation était préparée. Qui avait préparé ce drapeau ? — R. Personne, et ce serait quelqu'un que je ne désignerais pas cette personne, ainsi que vous pensez bien.

D. N'avez-vous pas quitté l'esplanade avec l'intention de faire une manifestation ? — R. Je me suis mise simplement à la tête d'un groupe.

D. Pouget et Mareuil n'en étaient-ils pas ? — R. Oui ils se sont entêtés à me protéger.

D. Quel était votre but en parcourant Paris, avec un drapeau noir ? Croyez-vous que vous procureriez ainsi du pain aux ouvriers ? — R. Non, mais je voulais faire voir qu'ils en manquaient et qu'ils avaient faim. C'est le drapeau des grèves, le drapeau des famines que je tenais.

M. le président ordonne à l'huissier de prendre sur la table des pièces à conviction un drapeau noir que Louise Michel reconnaît pour être celui qu'elle portait le 9 mars.

D. Vous êtes arrivée au boulevard Saint-Germain. Pourquoi vous êtes-vous arrêtée devant la boulangerie du sieur Bouché ? — R. J'ai constamment marché. Les gamins m'ont dit qu'on leur donnait du pain, je ne me suis pas occupée de ces détails.

D. Vous prétendez qu'on donnait volontairement du pain. — R. Oui, monsieur, les gamins nous ont dit qu'on leur donnait du pain et des sous. J'en ai même été très humiliée.

D. Et les hommes armés de gourdins, est-ce qu'on leur donnait volontairement du pain ? — R. Nous n'avions pas avec nous de personnes armées de gourdins, ils ne sont pas au banc des accusés, ceux-là !

D. Vous ne pouvez pas contester le fait : le témoin Bouché vous a vue arriver à la tête d'une bande, et quinze ou vingt individus s'en sont détachés pour piller la boutique, en criant : « Du pain, du travail, ou du plomb. » — R. Ils n'étaient pas des nôtres. C'est la mise en scène de la police, cela.

D. Vous avez dit dans un interrogatoire que vous ne regardiez pas comme un délit de prendre du pain. — R. Oui, mais jamais je n'en ai pris, jamais je n'en prendrai quand même je mourrais de faim.

D. Quand vous avez été arrêtée, place Maubert, avez-vous dit à l'officier de police : « Ne me faites pas de mal, nous ne demandons que du pain » ? — R. Je n'ai pas dit : « Ne me faites pas de mal, » mais j'ai peut être dit : « Nous ne demandons que du pain, on ne vous fera pas de mal. »

D. En somme la boulangerie de M. Bouché a été complètement pillée. — R. Je n'ai même pas vu de boulangerie, je ne connais pas M. Bouché.

D. La boutique avance sur la rue ; elle crève les yeux. — R. Je ne pensais qu'à la misère, je ne pensais pas aux boutiques des boulangers.

D. Vous êtes arrivée ensuite devant la boutique de M. Augereau ? — R. Je ne connais pas M. Augereau.

D. Avez-vous levé votre drapeau devant cette boutique. — R. J'ai pu le lever et le baisser bien des fois.

D. Avez-vous dit : « Allez » ? — R. J'ai pu le dire mais, j'ai dû dire bien des fois : « Allons ou marchons » ; je ne m'en souviens pas.

D. Combien aviez-vous de personnes devant vous ? — R. Je ne sais pas.

D. Bref, la boutique de M. Augereau a été complètement pillée. — R. Je ne sais pas et je m'étonne que M. Augereau se soit occupé de ces misères. J'ai vu piller et tuer bien autre chose.

D. Alors cela vous est absolument indifférent ? — R. Oui, absolument indifférent.

D. Vous avez débouché ensuite sur le boulevard Saint-Germain. Vous êtes-vous arrêtée devant la boutique Moricet ? — R. Je ne sais pas et je ne comprends pas que vous me posiez une pareille question.

D. Vous êtes-vous mise à rire devant la boutique ? — R. Je ne sais pas ce qui aurait pu me faire rire ? Est-ce la misère de ceux qui m'environnaient, est-ce ce triste état de choses qui nous ramène avant 1789 ?

D. En somme vous vous prétendez étrangère à tous ces faits-là. — R. Oui, monsieur.

D. Mais ces trois commerçants dévalisés prétendent que la foule obéissait à un signal. — R. C'est inepte. Pour obéir à un signal il faut qu'il soit convenu ; il aurait donc fallu faire savoir dans tout Paris que je lèverais ou baisserais le drapeau devant les boulangeries.

D. Alors c'est un mouvement populaire instinctif. — R. C'est l'œuvre de quelques enfants. Les gens raisonnables qui m'environnaient ne s'en sont pas occupés.

D. Vous avez quitté la manifestation place Maubert, laissant aux mains de la police Pouget et Mareuil qui se sont fait arrêter pour vous sauver. Vous avez disparu. — R. Mes amis ont exigé que je ne me fasse pas arrêter ce jour-là.

D. Avez-vous eu connaissance de la distribution faite en province par Pouget d'une brochure intitulée : *A l'armée ?* — R. Au moment où les d'Orléans embauchaient ouvertement contre la République, j'ai voulu embaucher pour la République, et c'est sous mon inspiration qu'a été distribuée cette brochure. C'était un cri de détresse !

D. Aviez-vous connaissance des études spéciales auxquelles Pouget se livrait sur les matières incendiaires ? — R. Tout le monde aujourd'hui s'occupe de science. Tout le monde lit la *Revue scientifique* et cherche par là à améliorer le sort des travailleurs.

D. Nous ne sommes pas ici pour faire des théories. — Étiez-vous au courant des études auxquelles se livrait Pouget ? — R. Je ne m'occupe pas de savoir si on lit ou si on ne lit pas les revues scientifiques.

M. le président procède ensuite à l'interrogatoire de Pouget.

AUDITION DES TÉMOINS

Bouché (Jules), boulanger rue des Canettes : Le 9 mars, vers une heure de l'après-midi, une vingtaine d'individus ont envahi ma boulangerie. Ils étaient armés de cannes plombées et demandaient « du pain ou du travail ! » Je leur ai dit : « Si vous voulez du pain, prenez en mais ne cassez rien !

D. Reconnaissez-vous l'accusée ? — R. Non, monsieur.

D. Avez-vous laissé prendre votre pain, parce que vous ne pouviez faire autrement ? — R. Il n'y avait moyen de rien faire ; toute résistance était impossible.

D. Était-ce des enfants qui sont entrés chez vous ? — R. Non, monsieur, c'étaient des gens raisonnables. (Rires.)

Louise Michel : Les gens armés de cannes plombées n'étaient pas des nôtres, je sais bien d'où ils viennent.

D. D'où venaient-ils donc ? — R. De la police. (Rires.)

Femme Augereau, boulangère, rue du Four-Saint-Germain :

J'ai vu dans l'après-midi du 9 mars, Mme Louise Michel s'arrêter devant ma porte. On a crié : « Du pain ! du pain ! » Ces messieurs sont entrés et ont volé du pain, des biscuits. Ils ont cassé une assiette et deux carreaux.

D. Était-ce des gamins qui ont pillé votre boutique ? — R. Oh ! il y avait plus de grandes personnes que de gamins.

D. Mais où était Louise Michel pendant qu'on pillait ? — R. Elle était plantée juste au milieu de la rue.

D. Est-ce volontairement que vous avez donné votre pain ? — R. Oh non, monsieur.

D. Combien y en avait-il ? — R. Je ne puis pas vous le dire, mais il y en avait beaucoup ; c'était un véritable pillage.

Fille Augereau (Rosalie), rue du Four-Saint-Germain : Le 9 mars dernier, nous avons vu arriver une bande, à la tête de laquelle il y avait une femme avec un drapeau noir, arrivée devant chez nous, elle a frappé la terre avec son drapeau, quelqu'un a dit : « Allez ! » On a envahi la maison et tout a été pillé.

D. (à Louise Michel) : Voilà le second témoin qui vous a vue arrêtée devant la boutique.

Louise Michel : Je ne puis prendre ces dépositions-là au sérieux. Je ne puis, devant des hommes sérieux, discuter ces choses-là. (Rires.)

D. (au témoin) : Est-ce une voix de femme qui a dit « Allez ! » — R. Oui, monsieur.

D. Y avait-il d'autres femmes dans la foule ? — Je n'en ai pas vu.

Moricet, boulanger, boulevard Saint-Germain, 125 : Le 9 mars dernier, j'étais couché quand ma petite-fille est venue me réveiller. Il y avait du monde plein la boutique, j'ai vu une femme qui s'en allait avec un drapeau noir.

Femme Moricet, boulangère, boulevard Saint-Germain, 125 : Le 9 mars dernier, la foule s'est amassée devant ma boutique. Elle avait à sa tête Louise Michel ; cette dernière s'est arrêtée devant chez moi, a frappé la terre de son drapeau et s'est mise à rire. Ils demandaient du pain ou du travail ! Je me suis mise à leur donner du pain, mais ils n'ont pas tardé à le prendre eux-mêmes et à tout casser.

D. (à Louise Michel) : Que pensez-vous de cette déposition ? Elle est assez nette ?

Louise Michel : Tellement nette que je n'ai jamais rien vu de pareil. (Rires.) Comment ai-je pu rire ? Madame l'a complètement rêvé.

Le témoin : Je suis ici pour dire ce que j'ai vu.

Louise Michel : Vous êtes libre de dire ce que vous voulez, mais je suis libre de dire que vous [l'avez] rêvé.

D. (au témoin) : Ce n'est pas librement que vous donniez votre pain à ces gens-là ? — R. Non, monsieur, c'est qu'ils arrivaient avec des gestes effrayants ; ils criaient : « Du travail et du pain ! »

Louise Michel : Oh ! ils étaient bien effrayants ! J'étais aussi bien effrayante ! Ces dames étaient complètement hallucinées d'effroi ; elles regardaient Louise Michel comme une espèce d'hydre.

Cornat, officier de paix du VIe arrondissement : Le 9 mars dernier, apprenant qu'une bande parcourait l'arrondissement en poussant des cris séditieux, je vais à sa poursuite et je l'atteignis place Maubert. La bande était dirigée par Louise Michel, ayant à ses côtés Pouget et Mareuil. J'arrêtai ces deux derniers et Pouget me traita de lâche et de canaille. Quant à Louise Michel elle put s'esquiver. Tous ces gens-là criaient : « Vive la Révolution ! à bas la police ! »

D. Louise Michel ne vous a-t-elle pas dit quelque chose ? — R. Elle m'a dit : « Ne me faites pas de mal ! »

Blanc, gardien de la paix au VIe arrondissement : Le 9 mars dernier, un gardien est venu prévenir l'officier de paix qu'on pillait une boulangerie rue des Canettes. Nous nous sommes mis à la poursuite de la bande et nous l'avons atteinte place Maubert. M. l'officier de paix a arrêté Louise Michel qui lui a dit : Ne nous faites pas de mal, nous ne demandons que du pain ! Pouget a traité M. l'officier de paix de lâche et de canaille. Mareuil criait : « A bas la police ! à bas Vidocq ! Vive la révolution sociale ! » Les assaillants avaient des cannes plombées, des revolvers et des couteaux.

Louise Michel : Je n'ai jamais dit : « Ne nous faites pas de mal, » mais seulement : « On ne vous fera pas de mal. »

Tous ces messieurs étaient dans le plus grand trouble.

D. (à Louise Michel) : Il n'y avait que vous de sang-froid ? — R. Nous en avons tant vu ! je proteste pour l'honneur de la Révolution ! J'ai bien le droit de relever les variations des témoins. Je ne me suis jamais prosternée devant personne. Je n'ai jamais demandé grâce. Vous pouvez dire tout ce que vous voudrez, vous pouvez nous condamner, mais je ne veux pas que vous nous déshonoriez.

Audience du 22 juin
suite des témoins a charge

Demoiselle Moricet : Le 9 mars dernier, j'étais dans la boutique avec ma sœur et ma mère, quand j'ai vu arriver devant la maison une bande conduite par une femme armée d'un drapeau noir.

Cette femme s'est arrêtée devant la boutique, a frappé la terre de son drapeau et s'est *mise à rire* !

Aussitôt la bande s'est jetée dans la boutique, a pris tout le pain et les gâteaux qui étaient là, puis on a cassé les assiettes et les vitres ; j'ai été vite chercher mon père.

D. Vous êtes bien sûre d'avoir vu Louise Michel s'arrêter devant la boutique et rire en frappant la terre de son drapeau ? — R. Oui, monsieur.

Louise Michel : Je suis honteuse de répondre à des choses comme celles-là !

Quand la petite Moricet amènerait sa sœur, sa cousine, son petit frère, et qui elle voudra je ne m'arrêterai pas à répondre à des choses aussi peu sérieuses.

J'attends le réquisitoire pour y répondre.

Demoiselle Moricet, sœur de la précédente : J'étais dans la boutique avec ma mère, j'ai vu, tout d'un coup, toute une bande avec une femme à sa tête ; c'était madame. Elle s'est *mise à rire* en regardant la boutique et j'ai même dit à ma mère : Tiens, elle te connaît donc ! A ce moment tout le monde s'est jeté sur la boutique et l'a mise au pillage.

Louise Michel : Je répéterai ce que j'ai dit tout à l'heure : il est honteux de voir des enfants réciter ici les leçons que leurs parents leur ont apprises.

Chaussadat, peintre, quai du Louvre, entendu sur la demande de la défense :

Le 9 mars, j'étais au coin de la rue de Seine, en face la boulangerie Moricet, j'ai vu arriver la foule de loin, Mlle Louise Michel est passée sans s'arrêter ; — j'ai entendu plus tard, parler du pillage de la boulangerie (ou plutôt j'ai vu jeter du pain.)

D. Vous n'appelez pas ça piller ?

R. J'ai vu qu'on jetait du pain et les malheureux le ramassaient.

Louise Michel : J'ai à remercier le témoin de rendre hommage à la vérité !

Henri Rochefort, publiciste : Un jour, en parlant des manifestations du mois de mars, Louise Michel me dit que les journaux avaient beaucoup parlé d'une somme de 60 francs environ qui avait été trouvée sur un des accusés ; elle ajouta que cette somme provenait d'une collecte faite à une réunion. Louise Michel m'a fait cette communication au moment où elle s'est rendue chez M. Camescasse pour se constituer prisonnière. Le même jour, elle m'a confirmé le caractère absolument pacifique de la manifestation à laquelle elle s'était livrée. Elle n'avait même pas voulu prendre le drapeau rouge. J'ai été très surpris de cette accusation de pillage portée contre Louise Michel.

Vaughan, publiciste : Mlle Louise Michel, le soir même de la manifestation, m'a dit que son ami Pouget serait trouvé porteur d'une somme de 60 ou 70 francs qui lui avait été remise par elle-même et qui était le produit d'une collecte faite à une réunion. Je suis heureux de manifester à la citoyenne Louise Michel ma très vive sympathie.

Louise Michel : Citoyen, je vous remercie et je tâcherai qu'aucun citoyen n'ait jamais à rougir de moi.

Rouillon, voisin de la mère de Louise Michel : La citoyenne Louise Michel n'avait aucune confiance dans les suites de la manifestation. Elle me l'a déclaré avant d'y aller. La citoyenne n'y allait que par devoir.

Le témoin entre ensuite dans d'assez longs détails sur des violences et des menaces dont auraient été l'objet Louise Michel et sa famille.

Louise Michel : Vous voyez bien qu'on assassine nos familles chez nous, et cela est permis !
Meusy, rédacteur de l'*Intransigeant*, confirme ce qu'a rapporté le témoin Vaughan à propos de la somme de 71 francs trouvée sur l'accusé Pouget.
C'est le dernier témoin à décharge.

La parole est donnée ensuite à l'avocat général Quesnay de Beaurepaire. Puis M. Balandreau, avocat nommé d'office, déclare que Louise Michel entend se défendre elle-même.

plaidoirie de louise michel

C'est un véritable procès politique qui nous est fait ; ce n'est pas nous qu'on poursuit, c'est le parti anarchiste que l'on poursuit en nous, et c'est pour cela que j'ai dû refuser les offres qui m'étaient faites par Me Balandreau et par notre ami Laguerre qui, il n'y a pas longtemps, prenait si chaleureusement la défense de nos amis de Lyon.

M. l'avocat général a invoqué contre nous la loi de 1871 ; je ne m'occuperai pas de savoir si cette loi de 1871 n'a pas été faite par les vainqueurs contre les vaincus, contre ceux qu'ils écrasaient alors comme la meule écrase le grain ; c'était le moment où on chassait le fédéré dans les plaines, où Gallifet nous poursuivait dans les catacombes, où il y avait de chaque côté des rues de Paris des monceaux de cadavres. Il y a une chose qui vous étonne, qui vous épouvante, c'est une femme qui ose se défendre.

On n'est pas habitué à voir une femme qui ose penser ; on veut selon l'expression de Proudhon, voir dans la femme une ménagère ou une courtisane !

Nous avons pris le drapeau noir parce que la manifestation devait être essentiellement pacifique, parce que c'est le drapeau noir des grèves, le drapeau de ceux qui ont faim. Pouvions-nous en prendre un autre ? Le drapeau rouge est cloué dans les cimetières et on ne doit le reprendre que quand on peut le défendre. Or, nous ne le pouvions pas ; je vous l'ai dit et je le répète, c'était une manifestation essentiellement pacifique.

Je suis allée à la manifestation, je devais y aller. Pourquoi m'a-t-on arrêtée ? J'ai parcouru l'Europe, disant que je ne reconnaissais pas de frontières, disant que l'humanité entière a droit à l'héritage de l'humanité. Et cet héritage, il n'appartiendra pas à nous, habitués à vivre dans l'esclavage, mais à ceux qui auront la liberté et qui sauront en jouir. Voilà comment nous défendons la République et quand on nous dit que nous sommes ses ennemis, nous n'avons qu'une chose à répondre, c'est que nous l'avons fondée sur trente-cinq mille de nos cadavres.

Vous parlez de discipline, de soldats qui tirent sur leurs chefs. Croyez-vous, monsieur l'avocat général, que si, à Sedan, ils avaient tiré sur leurs chefs qui les trahissaient, ils n'auraient pas bien fait. Nous n'aurions pas eu les boues de Sedan.

M. l'avocat général a beaucoup parlé des soldats ; il a vanté ceux qui rapportaient les manifestes anarchistes à leurs chefs. Y a-t-il beaucoup d'officiers, y a-t-il beaucoup de généraux qui aient rapporté les largesses de Chantilly et les manifestes de M. Bonaparte ? Non pas que je fasse le procès aux d'Orléans ou à M. Bonaparte, nous ne faisons le procès qu'aux idées. On a acquitté M. Bonaparte et on nous poursuit ; je pardonne à ceux qui commettent le crime, je ne pardonne pas au crime. Est-ce que ce n'est pas la loi des forts qui nous domine ? Nous voulons la remplacer par le droit, et c'est là tout notre crime !

Au-dessus des tribunaux, au-delà des vingt ans de bagne que vous pouvez prononcer, au-delà même de l'éternité du bagne si vous voulez, je vois l'aurore de la liberté et de l'égalité qui se lève. Et tenez, vous aussi, vous en êtes las, vous en êtes écœurés de ce qui se passe autour de vous !... Peut-on voir de sang-froid le prolétaire souffrir constamment de la faim pendant que d'autres se gorgent.

Nous savions que la manifestation des Invalides n'aboutirait pas et cependant il fallait y aller. Nous sommes aujourd'hui en pleine misère... Nous n'appelons pas ce régime-là une république. Nous appellerions république un régime où on irait de l'avant, où il y aurait une justice, où il y aurait du pain pour tous. Mais en quoi votre République [diffère-t-elle] de l'Empire ? Que parlez-vous de liberté de la tribune avec cinq ans de bagne au bout ?

Je n'ai pas voulu que le cri des travailleurs fût perdu, vous ferez de moi ce que vous voudrez ; il ne s'agit pas de moi, il s'agit d'une grande partie de la France, d'une grande partie du monde, car on devient de plus en plus anarchiste. On est écœuré de voir le pouvoir tel qu'il était sous M. Bonaparte. On a déjà fait bien des révolutions ! Sedan nous a débarrassés de M. Bonaparte, on en a fait une au 18 Mars. Vous en verrez sans doute encore, et c'est pour cela que nous marchons pleins de confiance vers l'avenir ! Sans l'autorité d'un seul, il y aurait la lumière, il y aurait la vérité, il y aurait la justice. L'autorité d'un seul, c'est un crime. Ce que nous voulons, c'est l'autorité de tous. M. l'avocat général m'accusait de vouloir être chef : j'ai trop d'orgueil pour cela, car je ne saurais m'abaisser et être chef c'est s'abaisser.

Nous voilà bien loin de M. Moricet, et j'ai quelque peine à revenir à ces détails. Faut-il parler de ces miettes distribuées à des enfants ? Ce n'est pas ce pain-là qu'il nous fallait, c'était le pain du travail qu'on demandait. Comment voulez-vous que des hommes raisonnables s'amusent à prendre quelques pains ? Que des gamins aient été recueillir des miettes, je le veux bien, mais il m'est pénible de discuter des choses aussi peu sérieuses. J'aime mieux revenir à de grandes idées. Que la jeunesse travaille au lieu d'aller au café, et elle apprendra à lutter pour améliorer le sort des misérables, pour préparer l'avenir.

On ne connaît de patrie que pour en faire un foyer de guerre ; on ne connaît de frontières que pour en faire l'objet de tripotages. La patrie, la famille, nous les concevons plus larges, plus étendues. Voilà nos crimes.

Nous sommes à une époque d'anxiété, tout le monde cherche sa route, nous dirons quand même : Advienne que pourra ! Que la liberté se fasse ! Que l'égalité se fasse, et nous serons heureux !

L'audience est levée à cinq heures, et la suite des débats est renvoyée à demain.

Audience du 23 juin.

La parole est donnée à Me Pierre, défenseur de Pouget, puis à Pouget lui-même. Me Pierre défend ensuite Moreau, qui avait été arrêté pendant le procès.

Me Laguerre prend la parole le dernier en faveur des trois prévenus restés libres.

Après quelques mots de réplique de M. l'avocat général, M. le président demande aux accusés s'ils ont quelque chose à ajouter pour leur défense. Louise Michel, seule, prend la parole en ces termes :

Je ne veux dire qu'un mot : ce procès est un procès politique ; c'est un procès politique que vous allez avoir à juger. Quant à moi, on me donne le rôle de première accusée. Je l'accepte. Oui, je suis la seule ; j'ai fanatisé tous mes amis ;

mais, alors, frappez-moi seule ! Il y a longtemps que j'ai fait le sacrifice de ma personne et que le niveau a passé sur ce qui peut m'être agréable ou désagréable. Je ne vois plus que la Révolution ! C'est elle que je servirai toujours ; c'est elle que je salue ! Puisse-t-elle se lever sur des hommes au lieu de se lever sur des ruines !

A trois heures moins un quart, le jury entre dans la chambre de ses délibérations ; il n'en sort qu'à quatre heures un quart.

Le chef du jury donne lecture du verdict. Il est affirmatif, mais mitigé par des circonstances atténuantes, en ce qui concerne Louise Michel, Pouget et Moreau, dit Gareau ; négatif pour les autres accusés.

En conséquence de ce verdict, Mareuil, Onfroy, Martinet et la femme Bouillet sont immédiatement acquittés.

Après une demi-heure de délibération, la cour rend un arrêt par lequel elle condamne les deux accusés coutumaces, Gorget et Thierry, chacun à deux ans de prison, Louise Michel, à six ans de réclusion, Pouget à huit ans de réclusion, et Moreau dit Gareau à un an de prison.

Louise Michel et Pouget sont en outre placés sous la surveillance de la haute police pendant dix années.

M. le président : Condamnés, vous avez trois jours francs pour vous pourvoir en cassation contre l'arrêt qui vient d'être rendu.
Louise Michel : Jamais ! Vous imitez trop bien les magistrats de l'Empire.

De violentes protestations, parties du fond de la salle, ont accueilli la condamnation des accusés. Quelques cris : « Vive Louise Michel ! » se font entendre et c'est au milieu du bruit et des cris les plus variés que l'audience est levée.

Le tumulte se continue en dehors et le citoyen Lisbonne, qui se fait remarquer par la véhémence de ses protestations, est expulsé du Palais. La foule continue à stationner pendant quelque temps sur la place Dauphine.

Note

Puisque c'est aujourd'hui à la foule que je m'adresse, je dirai ce que je n'ai pas cru devoir dire devant l'accusation ; nous ne chercherions pas à apitoyer nos juges (chose inutile du reste ; nous sommes jugés d'avance).

Non seulement je ne me suis pas mise à rire bêtement sur une porte ; mais venant de quitter ma mère qui me suppliait d'attendre qu'elle n'y soit plus pour aller aux manifestations j'avais peu envie de rire.

Quant à choisir la boulangerie Moricet pour citadelle d'un mouvement révolutionnaire, je n'ai pas besoin de me défendre de cette absurdité.

Ce n'est pas une miette de pain, c'est la moisson du monde entier qu'il faut à la race humaine tout entière, sans exploiteurs et sans exploités.

Fin de l'appendice